137

Zürcher Studien zum öffentlichen Recht

Herausgegeben im Auftrag der Rechtswissenschaftlichen Fakultät der Universität Zürich
von G. Biaggini, W. Haller, T. Jaag, A. Kölz, G. Müller, H. Rausch, M. Reich, D. Thürer
und B. Weber-Dürler

Thomas Wipf

Das Koordinationsgesetz des Bundes

Die Koordination, Vereinfachung und Beschleunigung von bodenbezogenen Entscheidverfahren im Bund

Schulthess § Zürich 2001

Zürcher Studien zum öffentlichen Recht

Diese Reihe setzt zusammen mit den

Zürcher Studien zum Privatrecht
Zürcher Studien zum Strafrecht
Zürcher Studien zum Verfahrensrecht
Zürcher Studien zur Rechtsgeschichte
Zürcher Studien zur Rechts- und Staatsphilosophie

die Zürcher Beiträge zur Rechtswissenschaft fort.

Abdruck der der Rechtswissenschaftlichen Fakultät
der Universität Zürich vorgelegten Dissertation

© Schulthess Juristische Medien AG, Zürich 2001
ISBN 3 7255 4181 7

VORWORT

Ausgangspunkt dieser Arbeit war mein Interesse am Staats- und Verwaltungsrecht. Als im Herbst 1998 die Botschaft zu einem Bundesgesetz über die Koordination und Vereinfachung von Entscheidverfahren erschien, in der Folge die parlamentarischen Beratungen in den Eidgenössischen Räten stattfanden und das neue Bundesgesetz in der Sommersession 1999 vom Parlament verabschiedet wurde, erschienen mir sowohl die Thematik als auch der Zeitpunkt für die Ausarbeitung einer Dissertation günstig und sinnvoll. Einerseits bot die Terminierung der Gesetzgebungsarbeiten die Möglichkeit, die Entstehung des neuen Bundesgesetzes selbst mitverfolgen zu können. Anderseits wurden mit dem Bundesgesetz über die Koordination und Vereinfachung von Entscheidverfahren teilweise radikale Änderungen am bisherigen Verfahrensrecht vorgenommen, weshalb sich auch inhaltlich eine Auseinandersetzung mit dieser Thematik im Rahmen einer Dissertation rechtfertigte.

Grosser Dank gebührt Herrn Prof. Dr. Tobias Jaag, welcher mich von Anfang an in meinem Vorhaben unterstützte und mir während der Ausarbeitung der Dissertation wertvolle Anregungen zukommen liess. Weiter danke ich dem Fonds des Zürcher Hochschul-Vereins zur Förderung des akademischen Nachwuchses sowie der Buseltra Stiftung, ohne deren grosszügige finanzielle Unterstützung die vorliegende Arbeit nicht bzw. nicht in dieser relativ kurzen Zeit hätte verwirklicht werden können. Zu grossem Dank verpflichtet bin ich auch den Herren PD Dr. Arnold Marti, RA lic. iur. Thomas M. Meyer und lic. phil. Michael Derrer sowie meinem Vater Bruno Wipf, welche meine Textvorschläge eingehend auf inhaltliche bzw. redaktionelle Mängel überprüften und dabei zu vielen wertvollen Verbesserungsvorschlägen anregten.

Schliesslich bedanke ich mich bei meiner lieben Ehefrau Márcia für ihre moralische Unterstützung sowie für ihre hingebungsvolle Zuwendung für unser Töchterchen Valeria, welches während der Ausarbeitung dieser Dissertation gesund und munter das Licht der Welt erblickte. Ihnen beiden ist denn auch die vorliegende Arbeit gewidmet.

INHALTSÜBERSICHT

Vorwort	III
Inhaltsverzeichnis	VII
Materialien	XIII
Literaturverzeichnis	XV
Verzeichnis der Rechtserlasse	XXIII
Abkürzungsverzeichnis	XXVII

I.	Einleitung		1
	A.	Problemstellung	1
	B.	Zielsetzung	2
	C.	Abgrenzung	3
	D.	Begriffe	5
	E.	Aufbau der Arbeit	7
II.	Die Entwicklung der bodenbezogenen Entscheidverfahren im Bund		9
	A.	Einleitung	9
	B.	Die bundesgerichtliche Rechtsprechung zur Koordination	10
	C.	Die neuere gesetzgeberische Entwicklung	15
	D.	Das Bundesgesetz über die Koordination und Vereinfachung von Entscheidverfahren	32
III.	Das Konzentrationsmodell mit Anhörungsverfahren		47
	A.	Einleitung	47
	B.	Das Konzentrationsmodell	49
	C.	Das Anhörungsverfahren	62
	D.	Würdigung	87

IV.	Die Verfahrenszusammenlegung	91
	A. Einleitung	91
	B. Die Zusammenlegung von Plangenehmigungs- und Enteignungsverfahren	93
	C. Die Zusammenlegung von Plangenehmigungs- und Konzessionsverfahren	100
	D. Die Zusammenlegung von Plangenehmigungs- und Subventionsverfahren	107
	E. Würdigung	116
V.	Der Rechtsschutz	121
	A. Einleitung	121
	B. Der einheitliche Rechtsmittelweg	122
	C. Das Beschwerderecht von ideellen Verbänden und von Behörden	142
	D. Die missbräuchliche Beschwerdeführung	164
	E. Rechtsschutz und Demokratie	168
	F. Würdigung	171
VI.	Fristvorgaben	177
	A. Einleitung	177
	B. Grundlagen	178
	C. Die neuere gesetzgeberische Entwicklung	188
	D. Das Bundesgesetz über die Koordination und Vereinfachung von Entscheidverfahren	193
	E. Würdigung	202
VII.	Abschliessende Würdigung	207
	A. Das Bundesgesetz über die Koordination und Vereinfachung von Entscheidverfahren	207
	B. Ausblick	211

Sachregister 219

INHALTSVERZEICHNIS

Vorwort	III
Inhaltsübersicht	V
Materialien	XIII
Literaturverzeichnis	XV
Verzeichnis der Rechtserlasse	XXIII
Abkürzungsverzeichnis	XXVII

I. Einleitung ... 1
    A. Problemstellung ... 1
    B. Zielsetzung ... 2
    C. Abgrenzung ... 3
    D. Begriffe ... 5
        1. Separations-, Koordinations- und Konzentrationsmodell ... 6
        2. Zustimmungs- und Anhörungsverfahren ... 6
    E. Aufbau der Arbeit ... 7

II. Die Entwicklung der bodenbezogenen Entscheidverfahren im Bund ... 9
    A. Einleitung ... 9
    B. Die bundesgerichtliche Rechtsprechung zur Koordination ... 10
        1. Ausgangslage ... 10
        2. Erste bundesgerichtliche Entscheide zur Koordination ... 10
        3. Die neuere Rechtsprechung, insbesondere der Entscheid „Chrüzlen I" ... 12

	C.	Die neuere gesetzgeberische Entwicklung	15
		1. Vorbemerkungen	15
		2. Die eisenbahnrechtlichen Bundesbeschlüsse	17
		a. Grundlagen	17
		b. Verfahrensmängel	18
		c. Der Bundesbeschluss über das Plangenehmigungsverfahren für Eisenbahn-Grossprojekte	19
		d. Der Bundesbeschluss über den Bau der schweizerischen Eisenbahn-Alpentransversale	24
		3. Die Revision des Luftfahrtgesetzes	26
		4. Die Revision des Natur- und Heimatschutzgesetzes	28
		5. Das neue Militärgesetz	29
		6. Die Revision des Raumplanungsgesetzes	30
	D.	Das Bundesgesetz über die Koordination und Vereinfachung von Entscheidverfahren	32
		1. Die Vorarbeiten	32
		2. Der Vorentwurf und die Vernehmlassung	34
		3. Der bundesrätliche Entwurf und die parlamentarischen Beratungen	37
		4. Die Inkraftsetzung des neuen Bundesgesetzes	43
III.	Das Konzentrationsmodell mit Anhörungsverfahren		47
	A.	Einleitung	47
	B.	Das Konzentrationsmodell	49
		1. Die verschiedenen Modelle	49
		a. Das Separationsmodell	49
		b. Das Koordinationsmodell	50
		c. Das Konzentrationsmodell	51
		2. Die Wahl des Konzentrationsmodells	53
		a. Die Rechtsprechung des Bundesgerichts	53
		b. Die neuere gesetzgeberische Entwicklung	53
		c. Das Bundesgesetz über die Koordination und Vereinfachung von Entscheidverfahren	54
		3. Die Ausgestaltung des Konzentrationsmodells	56
		a. Die Konzentrationsbehörde	56
		b. Der Gesamtentscheid	60

C.	Das Anhörungsverfahren	62
	1. Die verschiedenen Verfahrensmodelle	62
	2. Die Wahl des Anhörungsverfahrens	65
	a. Die Rechtsprechung des Bundesgerichts	65
	b. Die neuere gesetzgeberische Entwicklung	65
	c. Das Bundesgesetz über die Koordination und Vereinfachung von Entscheidverfahren	67
	3. Die Ausgestaltung des Anhörungsverfahrens	77
	a. Grundlagen	77
	b. Die Anhörung	79
	c. Die Bereinigung von Differenzen	80
D.	Würdigung	87

IV. Die Verfahrenszusammenlegung 91
- A. Einleitung 91
- B. Die Zusammenlegung von Plangenehmigungs- und Enteignungsverfahren 93
  1. Die neuere gesetzgeberische Entwicklung 93
  2. Das Bundesgesetz über die Koordination und Vereinfachung von Entscheidverfahren 94
- C. Die Zusammenlegung von Plangenehmigungs- und Konzessionsverfahren 100
  1. Grenzkraftwerke 101
  2. Rohrleitungsanlagen 104
  3. Öffentliche Flugplätze (Flughäfen) 106
- D. Die Zusammenlegung von Plangenehmigungs- und Subventionsverfahren 107
  1. Die Rechtsprechung des Bundesgerichts 107
  2. Die neuere gesetzgeberische Entwicklung 110
  3. Das Bundesgesetz über die Koordination und Vereinfachung von Entscheidverfahren 112
- E. Würdigung 116

V.	Der Rechtsschutz	121
A.	Einleitung	121
B.	Der einheitliche Rechtsmittelweg	122
	1. Grundlagen	122
	a. Die Rechtsprechung des Bundesgerichts	122
	b. Die neuere gesetzgeberische Entwicklung	124
	c. Das Bundesgesetz über die Koordination und Vereinfachung von Entscheidverfahren	127
	2. Die Beschwerde an die Rekurskommission UVEK	130
	a. Die Schaffung der Rekurskommission UVEK	130
	b. Die sachliche Zuständigkeit der Rekurskommission UVEK	136
	3. Die Verwaltungsgerichtsbeschwerde an das Bundesgericht	137
C.	Das Beschwerderecht von ideellen Verbänden und von Behörden	142
	1. Grundlagen	142
	2. Die Beschwerdelegitimation von ideellen Verbänden und von Behörden	144
	a. Die Rechtsprechung des Bundesgerichts	144
	b. Die neuere gesetzgeberische Entwicklung	146
	c. Das Bundesgesetz über die Koordination und Vereinfachung von Entscheidverfahren	152
	3. Die ideelle Verbandsbeschwerde als politischer Dauer(b)renner	158
D.	Die missbräuchliche Beschwerdeführung	164
E.	Rechtsschutz und Demokratie	168
F.	Würdigung	171

VI.	Fristvorgaben	177
A.	Einleitung	177
B.	Grundlagen	178
	1. Grundrechtliche Vorgaben an die Verfahrensbeschleunigung	178
	a. Rechtsquellen	178
	b. Rechtsverweigerung und Rechtsverzögerung	180
	c. Folgen einer Rechtsverweigerung bzw. Rechtsverzögerung	181

		2.	Die verschiedenen Arten von Fristen	182
		a.	Sanktionslose und sanktionierte Fristen	183
		b.	Normalfristen und Maximalfristen	186
		c.	Fristen zur Abgabe von Stellungnahmen und Entscheidungsfristen	188
	C.	Die neuere gesetzgeberische Entwicklung		188
	D.	Das Bundesgesetz über die Koordination und Vereinfachung von Entscheidverfahren		193
	E.	Würdigung		202

VII. Abschliessende Würdigung 207

    A. Das Bundesgesetz über die Koordination und Vereinfachung
       von Entscheidverfahren 207
    B. Ausblick 211

Sachregister 219

MATERIALIEN

Bericht des Bundesrates über Massnahmen zur Deregulierung und administrativen Entlastung vom 3. November 1999 (BBl 2000, 994 ff.)

Bericht des Bundesrates über ein Inventar und eine Evaluation der wirtschaftsrechtlichen Verfahren in der Bundesgesetzgebung vom 17. Februar 1999 (BBl 1999, 8387 ff.)

Teilrevision des Bundesrechtspflegegesetzes zur Entlastung des Bundesgerichts. Bericht der Geschäftsprüfungskommissionen des Ständerates und des Nationalrates vom 4. und 8. September 1999 (BBl 1999, 9518 ff.)

Botschaft über die Schaffung und die Anpassung gesetzlicher Grundlagen für die Bearbeitung von Personendaten vom 25. August 1999 (BBl 1999, 9005 ff.)

Botschaft zu einem Bundesgesetz über die Koordination und Vereinfachung der Plangenehmigungsverfahren vom 25. Februar 1998 (BBl 1998, 2591 ff.)

Ergänzung zur Botschaft zu einem Bundesgesetz über die Koordination und Vereinfachung der Plangenehmigungsverfahren (Änderung des Bundesgesetzes über die Nationalstrassen) vom 4. November 1998 (BBl 1999, 931 ff.)

Botschaft zu einer Revision des Bundesgesetzes über die Raumplanung (RPG) vom 30. Mai 1994 (BBl 1994 III 1075 ff.)

Botschaft betreffend das Bundesgesetz über die Armee und die Militärverwaltung sowie den Bundesbeschluss über die Organisation der Armee vom 8. September 1993 (BBl 1993 IV 1 ff.)

Botschaft über die Änderung des Luftfahrtgesetzes vom 20. November 1991 (BBl 1992 I 607 ff.)

Botschaft über die Änderung des Bundesgesetzes über den Natur- und Heimatschutz (NHG) vom 26. Juni 1991 (BBl 1991 III 1121 ff.)

Botschaft betreffend die Änderung des Bundesgesetzes über die Organisation der Bundesrechtspflege sowie die Änderung des Bundesbeschlusses über eine vorübergehende Erhöhung der Zahl der Ersatzrichter und der Urteilsredaktoren des Bundesgerichts vom 18. März 1991 (BBl 1991 II 465 ff.)

Botschaft zum Bundesbeschluss über das Plangenehmigungsverfahren für Eisenbahn-Grossprojekte vom 30. Januar 1991 (BBl 1991 I 977 ff.)

Alexandre Flückiger/Charles-Albert Morand/Thierry Tanquerel, Evaluation du droit de recours des organisations de protection de l'environnement, Hrsg. BUWAL, Bern 2000 (zit. GUTACHTEN FLÜCKIGER/MORAND/TANQUEREL)

Expertenkommission für die Totalrevision der Bundesrechtspflege. Schlussbericht an das Eidgenössische Justiz- und Polizeidepartement, Bern 1997 (zit. EXPERTENBERICHT)

Ulrich Zimmerli/Stephan Scheidegger, Verbesserung der Koordination der Entscheidverfahren für bodenbezogene Grossprojekte. Machbarkeitsstudie erstellt im Auftrag der Verwaltungskontrolle des Bundesrates, Bern 1993 (zit. GUTACHTEN ZIMMERLI/SCHEIDEGGER)

Verwaltungskontrolle des Bundesrates, Koordination der Entscheidverfahren. Gesamtbericht der Interdepartementalen Arbeitsgruppe zuhanden des Leitungsausschusses, Bern 1994 (zit. GESAMTBERICHT IDAG)

Literaturverzeichnis

AEMISEGGER HEINZ, Verfahrensvereinfachung und Verfahrensbeschleunigung: Möglichkeiten und Grenzen im föderalistischen Rechtsstaat, in: Raumplanung vor neuen Herausforderungen, Schriftenfolge Nr. 61 der Schweizerischen Vereinigung für Landesplanung, Bern 1994, S. 81 ff.

AEMISEGGER/KUTTLER/MOOR/RUCH (Hrsg.), Kommentar zum Bundesgesetz über die Raumplanung, Zürich 1999 (zit. Autor, in: Kommentar RPG, Artikel)

AUBERT JEAN-FRANÇOIS/EICHENBERGER KURT/MÜLLER JÖRG PAUL/RHINOW RENÉ A./SCHINDLER DIETRICH (Hrsg.), Kommentar zur Bundesverfassung der Schweizerischen Eidgenossenschaft vom 29. Mai 1874, Basel/Zürich/ Bern 1987 ff. (zit. Autor, in: Kommentar aBV, Artikel)

BALLENEGGER JACQUES, Le droit de recours des organisations de protection de l'environnement, URP 1992, S. 209 ff.

BOSONNET ROGER, Das eisenbahnrechtliche Plangenehmigungsverfahren. Eine Darstellung unter besonderer Berücksichtigung von Schieneninfrastruktur-Grossprojekten, Diss., Zürich 1999

BULLINGER MARTIN, Beschleunigte Genehmigungsverfahren für eilbedürftige Vorhaben. Ein Beitrag zur zeitlichen Harmonisierung von Verwaltung, Wirtschaft und Gesellschaft, Baden-Baden 1991

CHABLAIS ALAIN, Protection de l'environnement et droit cantonal des constructions, Diss., Fribourg 1996

GADOLA ATTILIO R., Beteiligung ideeller Verbände am Verfahren vor den unteren kantonalen Instanzen – Pflicht oder blosse Obliegenheit?, ZBl 93/1992, S. 97 ff. (zit. GADOLA, Beteiligung)

GADOLA ATTILIO R., Die Behördenbeschwerde in der Verwaltungsrechtspflege des Bundes – ein "abstraktes" Beschwerderecht?, AJP 1993, S. 1458 ff. (zit. GADOLA, Behördenbeschwerde)

GADOLA ATTILIO R., Die unbegründete Drittbeschwerde im öffentlichrechtlichen Bauprozess – Korrektive zum Schutz des Baubewilligungspetenten, ZBl 95/1994, S. 97 ff. (zit. GADOLA, Drittbeschwerde)

HÄFELIN ULRICH/HALLER WALTER, Schweizerisches Bundesstaatsrecht, 4. Auflage, Zürich 1998

HÄFELIN ULRICH/MÜLLER GEORG, Grundriss des Allgemeinen Verwaltungsrechts, 3. Auflage, Zürich 1998

HALLER WALTER/KARLEN PETER, Raumplanungs-, Bau- und Umweltrecht, 3. Auflage, Band I, Zürich 1999

HÄNNI PETER, Verhindertes Bauen – Vom Gebrauch und Missbrauch des öffentlichen Baurechts, in: Seminar für Schweizerisches Baurecht, Baurechtstagung 1993, Band I, Freiburg 1993, S. 41 ff.

HESS HEINZ/WEIBEL HEINRICH, Das Enteignungsrecht des Bundes. Kommentar zum Bundesgesetz über die Enteignung, zu den verfassungsrechtlichen Grundlagen und zur Spezialgesetzgebung des Bundes, 2 Bände, Bern 1986 (zit. HESS/WEIBEL)

HUBMANN TRÄCHSEL MICHÈLE, Die Koordination von Bewilligungsverfahren für Bauten und Anlagen im Kanton Zürich, Diss., Zürich 1995 (zit. HUBMANN TRÄCHSEL, Bewilligungsverfahren)

HUBMANN TRÄCHSEL MICHÈLE, Koordination – kein alter Hut!, URP 1996, S. 761 ff. (zit. HUBMANN TRÄCHSEL, Koordination)

JAAG TOBIAS, Der Flughafen Zürich im Spannungsfeld von lokalem, nationalem und internationalem Recht, in: Das Recht in Raum und Zeit, Festschrift für Martin Lendi, Zürich 1998, S. 203 ff.

JAAG TOBIAS/MÜLLER GEORG/TSCHANNEN PIERRE/ZIMMERLI ULRICH, Ausgewählte Gebiete des Bundesverwaltungsrechts, 3. Auflage, Basel/Genf/München 1999

JARASS HANS D., Konkurrenz, Konzentration und Bindungswirkung von Genehmigungen. Probleme und Lösungen am Beispiel der baulichen Anlagen, Berlin 1984

KÄGI-DIENER REGULA, Koordinative Verfahrensmodelle – Leitverfahren und Mittlerverfahren, AJP 1995, S. 691 ff.

KARLEN PETER, Raumplanung und Umweltschutz. Zur Harmonisierung zweier komplexer Staatsaufgaben, ZBl 99/1998, S. 145 ff.

KELLER PETER M., Das Beschwerderecht der Umweltorganisationen. Was gilt nach der Teilrevision des Natur- und Heimatschutzgesetzes? AJP 1995, S. 1125 ff.

KELLER PETER M./ZUFFEREY JEAN-BAPTISTE/FAHRLÄNDER KARL LUDWIG (Hrsg.), Kommentar NHG. Kommentar zum Bundesgesetz über den Natur- und Heimatschutz, Zürich 1997 (zit. Autor, in: Kommentar NHG, Artikel)

KNAPP BLAISE, Les procédures administratives complexes, AJP 1992, S. 839 ff.

KOLB DANIEL, Grossprojekte als Demokratieproblem. Zum Verwaltungsreferendum für Grossprojekte, insbesondere am Fallbeispiel der Neuen Eisenbahn-Alpentransversalen (NEAT), Diss., Zürich 1999

KÖLZ ALFRED, Die Vertretung des öffentlichen Interesses in der Verwaltungsrechtspflege, ZBl 86/1985, S. 49 ff.

KÖLZ ALFRED/HÄNER ISABELLE, Verwaltungsverfahren und Verwaltungsrechtspflege des Bundes, 2. Auflage, Zürich 1998

KÖLZ ALFRED/KELLER HELEN, Koordination umweltrelevanter Bewilligungsverfahren als Rechtsproblem, URP 1990, S. 385 ff.

LENDI MARTIN, Lebensraum Technik Recht, 2., unveränderte Auflage, Zürich 1997

MARTI ARNOLD, Bewilligung von Bauten und Anlagen – Koordination oder Konzentration der Verfahren?, AJP 1994, S. 1535 ff. (zit. MARTI, Bewilligung)

MARTI ARNOLD, Botschaft zum Bundeskoordinationsgesetz verabschiedet, URP 1998, S. 183 ff. (zit. MARTI, Botschaft)

MARTI ARNOLD, Das Bundesgesetz über die Koordination und die Vereinfachung der Entscheidverfahren. Zum Vernehmlassungsentwurf des Bundesrates, URP 1996, S. 857 ff. (zit. MARTI, Vernehmlassungsentwurf)

MARTI ARNOLD, Verbesserung der Bewilligungsverfahren für Bauten und Anlagen. Zum Stand der Gesetzgebung in Bund und Kantonen, Gesetzgebung heute, LeGes 1995/1, S. 11 ff. (zit. MARTI, Gesetzgebung)

MARTI ARNOLD, Verfahrensrechtliche Möglichkeiten der Koordination bei der ersten Instanz, URP 1991, S. 226 ff. (zit. MARTI, Möglichkeiten)

MARTI ARNOLD, Verfahrensvereinfachung und Verfahrensbeschleunigung: Möglichkeiten und Grenzen im föderalistischen Rechtsstaat, in: Raumplanung vor neuen Herausforderungen, Schriftenfolge Nr. 61 der Schweizerischen Vereinigung für Landesplanung, Bern 1994, S. 62 ff. (zit. MARTI, Verfahrensvereinfachung)

MARTI ARNOLD, Zum Inkrafttreten des Bundeskoordinationsgesetzes und weiteren Neuerungen im Bereich des Umwelt-, Bau- und Planungsrechts, URP 2000, S. 291 ff. (zit. MARTI, Bundeskoordinationsgesetz)

MORAND CHARLES-ALBERT, La simplification des procédures ou comment faire simple avec du complexe?, in: Charles-Albert Morand (Hrsg.), Aménagement du territoire et protection de l'environnement: la simplification des procédures, Basel/Frankfurt a./M. 1995, S. 247 ff.

MOSER ANDRÉ/UEBERSAX PETER, Prozessieren vor eidgenössischen Rekurskommissionen. Die erstinstanzliche nachträgliche Verwaltungsgerichtsbarkeit im Bund, Basel/Frankfurt a./M. 1998

MÜLLER GEORG, Elemente einer Rechtssetzungslehre, Zürich 1999 (zit. GEORG MÜLLER)

MÜLLER JÖRG PAUL, Grundrechte in der Schweiz. Im Rahmen der Bundesverfassung von 1999, der UNO-Pakte und der EMRK, Bern 1999 (zit. JÖRG PAUL MÜLLER)

PFISTERER THOMAS, Beschleunigung von Bau- und Raumplanungsverfahren – Neuordnung im Kanton Aargau, in: Alfred Koller (Hrsg.), Aktuelle Probleme des privaten und öffentlichen Baurechts, St. Gallen 1994, S. 339 ff.

RIVA ENRICO, Die Beschwerdebefugnis der Natur- und Heimatschutzvereinigungen im schweizerischen Recht, Diss., Bern 1980

ROMBACH PAUL, Der Faktor Zeit in umweltrechtlichen Genehmigungsverfahren, Diss., Baden-Baden 1994

SALADIN PETER, Koordination im Rechtsmittelverfahren, URP 1991, S. 276 ff.

SCHMIDT-JORTZIG EDZARD, Mehr als ein Schlagwort – Die Beschleunigung von Planungs- und Genehmigungsverfahren als Baustein zum Schlanken Staat, in: Hans-Werner Rengeling (Hrsg.), Beschleunigung von Planungs- und Genehmigungsverfahren – Deregulierung. Aktuelle Entwicklungen der Rechtsetzung in Deutschland und in der Europäischen Union, Köln/Berlin/Bonn/München 1997, S. 1 ff.

SCHMITZ HERIBERT, Fortentwicklung des Verwaltungsverfahrensrechts im Schlanken Staat, in: Jan Ziekow (Hrsg.), Beschleunigung von Planungs- und Genehmigungsverfahren, Berlin 1998, S. 171 ff.

SCHULTE STEPHAN, Möglichkeiten zur Beschleunigung baulicher Vorhaben, Diss., Berlin 1996

SCHÜRMANN LEO/HÄNNI PETER, Planungs-, Bau- und besonderes Umweltschutzrecht, 3. Auflage, Bern 1995

SCHWEIZER RAINER J., Die erstinstanzliche Verwaltungsgerichtsbarkeit des Bundes durch Rekurs- und Schiedskommissionen – aktuelle Situation und Reformbedürfnisse. Gutachten zuhanden der Expertenkommission für die Totalrevision der Bundesrechtspflege, Basel/Frankfurt a./M. 1998 (zit. SCHWEIZER)

SCHWEIZER RAINER J., Auf dem Weg zu einem schweizerischen Verwaltungsverfahrens- und Verwaltungsprozessrecht, ZBl 91/1990, S. 193 ff. (zit. SCHWEIZER, Verwaltungsprozessrecht)

VALLENDER KLAUS A./MORELL RETO, Umweltrecht, Bern 1997

VILLIGER MARK E., Handbuch der Europäischen Menschenrechtskonvention (EMRK) unter besonderer Berücksichtigung der schweizerischen Rechtslage, 2. Auflage, Zürich 1999

WAGNER MICHAEL A., Die Genehmigung umweltrelevanter Vorhaben in parallelen und konzentrierten Verfahren, Diss., Berlin 1987

WULLSCHLEGER STEPHAN, Das Beschwerderecht der ideellen Verbände und das Erfordernis der formellen Beschwer, ZBl 94/1993, S. 359 ff. (zit. WULLSCHLEGER, Beschwerderecht)

WULLSCHLEGER STEPHAN, Interessenabwägung im Umweltrecht, URP 1995, S. 75 ff. (zit. WULLSCHLEGER, Interessenabwägung)

ZIMMERLI ULRICH, Die Koordination und Vereinfachung von Plangenehmigungsverfahren macht auch beim Bund Fortschritte, Baurecht 4/98, S. 145 ff.

ZIMMERMANN ROBERT, Droit de recours – quo vadis? URP 1996, S. 788 ff.

Verzeichnis der Rechtserlasse

aBV	Bundesverfassung der Schweizerischen Eidgenossenschaft vom 29. Mai 1874
aMBV	Verordnung über das Bewilligungsverfahren für militärische Bauten und Anlagen (Militärische Baubewilligungsverordnung) vom 25. September 1995
ArG	Bundesgesetz über die Arbeit in Industrie, Gewerbe und Handel vom 13. März 1964 (SR 822.11)
BauPG	Bundesgesetz über Bauprodukte (Bauproduktegesetz) vom 8. Oktober 1999 (noch nicht in Kraft)
BB EGP	Bundesbeschluss über das Plangenehmigungsverfahren für Eisenbahn-Grossprojekte vom 21. Juni 1991 (ausser Kraft)
BGF	Bundesgesetz über die Fischerei vom 21. Juni 1991 (SR 923.0)
BSG	Bundesgesetz über die Binnenschiffahrt vom 3. Oktober 1975 (SR 747.201)
BV	Bundesverfassung der Schweizerischen Eidgenossenschaft vom 18. April 1999 (SR 101)
E-BBG	Entwurf der Expertenkommission für die Totalrevision der Bundesrechtspflege zu einem Bundesgesetz über das Bundesgericht (Bundesgerichtsgesetz) vom Juni 1997
EBG	Eisenbahngesetz vom 20. Dezember 1957 (SR 742.101)
E-KEG	Vernehmlassungsentwurf zu einem Kernenergiegesetz (KEG) vom 6. März 2000
EleG	Bundesgesetz betreffend die elektrischen Schwach- und Starkstromanlagen vom 24. Juni 1902 (SR 734.0)

EMRK	Konvention zum Schutze der Menschenrechte und Grundfreiheiten (Europäische Menschenrechtskonvention) vom 4. November 1950 (SR 0.101)
EntG	Bundesgesetz über die Enteignung vom 20. Juni 1930 (SR 711)
FMG	Fernmeldegesetz vom 30. April 1997 (SR 784.10)
FWG	Bundesgesetz über Fuss- und Wanderwege vom 4. Oktober 1985 (SR 704)
GSchG	Bundesgesetz über den Schutz der Gewässer vom 24. Januar 1991 (SR 814.20)
LFG	Bundesgesetz über die Luftfahrt vom 21. Dezember 1948 (SR 748.0)
MG	Bundesgesetz über die Armee und die Militärverwaltung vom 3. Februar 1995 (SR 510.10)
MPV	Verordnung über das Plangenehmigungsverfahren für militärische Bauten und Anlagen (Militärische Plangenehmigungsverordnung) vom 13. Dezember 1999 (SR 510.51)
NHG	Bundesgesetz über den Natur- und Heimatschutz vom 1. Juli 1966 (SR 451)
NSG	Bundesgesetz über die Nationalstrassen vom 8. März 1960 (SR 725.11)
OG	Bundesgesetz über die Organisation der Bundesrechtspflege (Bundesrechtspflegegesetz) vom 16. Dezember 1943 (SR 173.110)
PG	Postgesetz vom 30. April 1997 (SR 783.0)
PlVV	Verordnung über die Planvorlagen für Eisenbahnbauten vom 23. Dezember 1932 (ausser Kraft)
PublG	Bundesgesetz über die Gesetzessammlungen und das Bundesblatt (Publikationsgesetz) vom 21. März 1986 (SR 170.512)

RLG	Bundesgesetz über die Rohrleitungsanlagen zur Beförderung flüssiger oder gasförmiger Brenn- oder Treibstoffe vom 4. Oktober 1963 (SR 746.1)
RLV	Rohrleitungsverordnung vom 2. Februar 2000 (SR 746.11)
RPG	Bundesgesetz über die Raumplanung vom 22. Juni 1979 (SR 700)
RVOG	Regierungs- und Verwaltungsorganisationsgesetz vom 21. März 1997 (SR 172.010)
TBG	Bundesgesetz über die Trolleybusunternehmungen vom 29. März 1950 (SR 744.21)
UNO-Pakt II	Internationaler Pakt über bürgerliche und politische Rechte vom 16. Dezember 1966 (SR 0.103.2)
USG	Bundesgesetz über den Umweltschutz vom 7. Oktober 1983 (SR 814.01)
UVPV	Verordnung über die Umweltverträglichkeitsprüfung vom 19. Oktober 1988 (SR 814.011)
VBO	Verordnung über die Bezeichnung der im Bereich des Umweltschutzes sowie des Natur- und Heimatschutzes beschwerdeberechtigten Organisationen vom 27. Juni 1990 (SR 814.076)
VPeA	Verordnung über das Plangenehmigungsverfahren für elektrische Anlagen vom 2. Februar 2000 (SR 734.25)
VPVE	Verordnung über das Plangenehmigungsverfahren für Eisenbahnanlagen vom 2. Februar 2000 (SR 742.142.1)
VRSK	Verordnung über Organisation und Verfahren eidgenössischer Rekurs- und Schiedskommissionen vom 3. Februar 1993 (SR 173.31)
VwVG	Bundesgesetz über das Verwaltungsverfahren vom 20. Dezember 1968 (SR 172.021)

WaG	Bundesgesetz über den Wald vom 4. Oktober 1991 (SR 921.0)
WRG	Bundesgesetz über die Nutzbarmachung der Wasserkräfte vom 22. Dezember 1916 (SR 721.8)
WRV	Verordnung über die Nutzbarmachung der Wasserkräfte (Wasserrechtsverordnung) vom 2. Februar 2000 (SR 721.801)

ABKÜRZUNGSVERZEICHNIS

Hinweis: Die wichtigsten *Rechtserlasse* werden gemäss separatem Verzeichnis zitiert (vgl. S. XXIII bis XXVI).

a...	alt...
Abs.	Absatz
AJP	Aktuelle Juristische Praxis
Amtl.Bull.	Amtliches Bulletin der Bundesversammlung
Art.	Artikel
AS	Amtliche Sammlung des Bundesrechts
BAV	Bundesamt für Verkehr
BB	Bundesbeschluss
BBl	Schweizerisches Bundesblatt
BGE	Amtliche Sammlung der Entscheidungen des Schweizerischen Bundesgerichts
BGer	Bundesgericht
BJ	Bundesamt für Justiz
BUWAL	Bundesamt für Umwelt, Wald und Landschaft
bzw.	beziehungsweise
CVP	Christlich-Demokratische Volkspartei
d. h.	das heisst
Diss.	Dissertation
E.	Erwägung
EMD	Eidgenössisches Militärdepartement (heute VBS)
EStI	Eidgenössisches Starkstrominspektorat

EVED	Eidgenössisches Verkehrs- und Energiewirtschaftsdepartement (heute UVEK)
EWR	Europäischer Wirtschaftsraum
f./ff.	folgende
FDP	Freisinnig-Demokratische Partei
FN	Fussnote
FPS	Freiheitspartei der Schweiz
GPS	Grüne Partei der Schweiz
Hrsg.	Herausgeber
IDAG	Interdepartementale Arbeitsgruppe
insb.	insbesondere
i. V. m.	in Verbindung mit
LA	Leitender Ausschuss
LdU	Landesring der Unabhängigen
lit.	litera
LPS	Liberale Partei der Schweiz
LS	Zürcher Loseblattsammlung
m. E.	meines Erachtens
N	Note
NEAT	Neue Eisenbahn-Alpentransversale
NR	Nationalrat
Nr.	Nummer
NZZ	Neue Zürcher Zeitung
resp.	respektive
S.	Seite(n)
sog.	sogenannt(e)
SPS	Sozialdemokratische Partei der Schweiz
SR	Systematische Sammlung des Bundesrechts

StR	Ständerat
SVP	Schweizerische Volkspartei
u. a.	unter anderem
UREK	Kommission für Umwelt, Raumplanung und Energie
URP	Umweltrecht in der Praxis
UVEK	Eidgenössisches Departement für Umwelt, Verkehr, Energie und Kommunikation (früher EVED)
UVP	Umweltverträglichkeitsprüfung
v. a.	vor allem
VBS	Eidgenössisches Departement für Verteidigung, Bevölkerungsschutz und Sport (früher EMD)
vgl.	vergleiche
VPB	Verwaltungspraxis der Bundesbehörden
z. B.	zum Beispiel
ZBl	Schweizerisches Zentralblatt für Staats- und Verwaltungsrecht (bis 1988: Schweizerisches Zentralblatt für Staats- und Gemeindeverwaltung)
Ziff.	Ziffer(n)
zit.	zitiert

I. Einleitung

A. Problemstellung

Vor dem Hintergrund der technologischen, wirtschaftlichen und gesellschaftlichen Entwicklung legiferierte der Bundesgesetzgeber in der jüngeren Vergangenheit in den verschiedensten Rechtsbereichen, so insbesondere auch zum Schutz der natürlichen Lebensgrundlagen Wasser, Boden und Luft. Dies brachte im Bereich des Verwaltungsrechts eine erhebliche Erhöhung der Regelungsdichte mit sich, was gerade bei der Erstellung bzw. Änderung von Bauten und Anlagen dazu führte, dass einer Vielzahl von Vorschriften Genüge zu leisten war.

Dabei gliederte der Gesetzgeber vorerst mehr oder weniger zufällig und dem jeweiligen politischen Bedürfnis entsprechend spezialgesetzliche Materien aus dem Bereich des allgemeinen Polizeirechts aus und führte regelmässig besondere Bewilligungsvorbehalte ein. Erst in den letzten beiden Jahrzehnten wurden auch die Querschnittaufgaben der Raumplanung und des Umweltschutzes kodifiziert, wobei allerdings die zuvor erlassenen sektoriellen Spezialgesetze mit ihren besonderen Bewilligungsverfahren weitgehend bestehen blieben[1]. Diese Entwicklung bewirkte, dass die verschiedenen Spezialerlasse sowohl in materieller wie auch in verfahrensrechtlicher Hinsicht zahlreiche Unterschiede aufwiesen, weshalb nicht nur die zur Anwendung gelangenden Rechtsnormen inhaltlich in Übereinstimmung gebracht werden mussten, sondern oftmals auch eine Vielzahl von bundes- und kantonalrechtlichen Bewilligungen erfor-

---

[1] MARTI, Möglichkeiten, S. 230 f.; HÄNNI, S. 47 f. und 58; KÄGI-DIENER, S. 691 f. Als Beispiel für ein sektorielles Spezialgesetz, welches auch nach Erlass der nominalen Umweltschutzgesetzgebung erhalten blieb, kann das Gewässerschutzgesetz (GSchG; SR 814.20) angeführt werden.

derlich war[2]. Insbesondere im Zusammenhang mit der Erstellung bzw. Änderung von Bauten und Anlagen bedeutete dies unnötige verfahrensrechtliche Doppelspurigkeiten, nicht hinreichend koordinierte Teilgenehmigungen sowie letztlich auch erhebliche zeitliche Verzögerungen. In diesem Sinn äusserte sich auch der Bundesrat in seiner Botschaft zur Revision des Raumplanungsgesetzes vom 30. Mai 1994:[3]

> "Das Hauptproblem bei der Bewilligung von Bauten und Anlagen besteht heute wohl darin, dass in der Regel mehrere oder gar eine Vielzahl von Bewilligungen verschiedener Behörden für das gleiche Vorhaben erforderlich sind. Diese Situation ist nicht nur für die Beteiligten in jeder Hinsicht aufwendig und unangenehm. Sie führt vielmehr immer wieder zu widersprüchlichen, nicht aufeinander abgestimmten Entscheiden und zu unvollständiger Rechtsanwendung."

B. Zielsetzung

Die soeben geschilderte Problematik stellte sowohl die Praxis wie auch die Rechtsetzung vor neue Herausforderungen. Sie führte in den letzten Jahren zu intensiven juristischen und politischen Auseinandersetzungen über mögliche Instrumentarien zur verfahrensrechtlichen Koordination, Vereinfachung und Beschleunigung von bodenbezogenen Entscheidverfahren und fand schliesslich in verschiedenen gesetzgeberischen Reformprojekten seinen Niederschlag. Einen vorläufigen Schlusspunkt bildet das *Bundesgesetz über die Koordination und Vereinfachung von Entscheidverfahren*, welches von den Eidgenössischen Räten am 18. Juni 1999 ver-

---

[2] MARTI, in: Kommentar RPG, N 1 zu Art. 25a; SCHÜRMANN/HÄNNI, S. 342 f. Zur inhaltlichen Normabstimmung vgl. etwa KARLEN, S. 145 ff., welcher den nach wie vor bestehenden Harmonisierungsbedarf zwischen Raumplanung und Umweltschutz aufzeigt.
[3] BBl 1994 III 1083.

I. Einleitung

abschiedet wurde und – mit einer Ausnahme – per 1. Januar 2000 in Kraft getreten ist.

Die vorliegende Arbeit will hauptsächlich die Neugestaltung des Verfahrensrechts, wie sie mit diesem Bundesgesetz vorgenommen worden ist, darstellen und auf möglichen weiteren Reformbedarf im Bereich der bodenbezogenen Entscheidverfahren hinweisen. Allerdings werden – neben der neueren bundesgerichtlichen Rechtsprechung – auch andere Rechtserlasse und Revisionsvorlagen beleuchtet, die dem neuen Bundesgesetz zeitlich vorangingen und ebenso die verfahrensrechtliche Koordination, Vereinfachung und Beschleunigung betrafen. In den einzelnen Kapiteln erfolgt dabei jeweils eine Darstellung der entsprechenden Gesetzgebungsarbeiten von Regierung und Parlament, um das Verständnis für die verschiedenen Lösungsansätze und deren Umsetzung durch den Gesetzgeber zu erleichtern.

C. Abgrenzung

Wie aus dem Titel der Arbeit hervorgeht, wird die verfahrensrechtliche Koordination, Vereinfachung und Beschleunigung lediglich anhand der *bodenbezogenen* Entscheidverfahren behandelt. Diese Abgrenzung erklärt sich damit, dass vom neuen Bundesgesetz bloss Entscheidverfahren erfasst werden, welche – wenn auch teilweise im weitesten Sinn – einen Bezug zum Boden aufweisen. Mit dem gewählten Titel wird somit dem Umstand Rechnung getragen, dass im Bereich des Staats- und Verwaltungsrechts verschiedene Arten von Entscheidverfahren bestehen, welche keinen Bodenbezug aufweisen und deshalb auch nicht Gegenstand des neuen Bundesgesetzes bilden[4].

---

[4] Zu nennen sind für den Bereich des Staatsrechts etwa die (politischen) Entscheidverfahren von Parlament und Regierung, für den Bereich des Verwaltungsrechts beispielsweise die Entscheidverfahren bei der Forschungsförderung.

Anders als im neuen Bundesgesetz, in dessen Titel bloss die Koordination und Vereinfachung erscheint, wird in dieser Arbeit die *Verfahrensbeschleunigung* in den Titel aufgenommen und nachfolgend auch thematisiert. Abgesehen davon, dass Instrumentarien zur Koordination und Vereinfachung von Entscheidverfahren regelmässig auch eine Verfahrensbeschleunigung mit sich bringen dürften, war eine der herausragenden Neuerungen des neuen Bundesgesetzes die Statuierung von Fristvorgaben, womit klarerweise auf eine Verfahrensbeschleunigung abgezielt wurde. Vor diesem Hintergrund erscheint der von den Eidgenössischen Räten gewählte Titel für den neuen Rechtserlass zu eng und bedarf mithin einer Erweiterung[5].

In der vorliegenden Arbeit werden grundsätzlich nur die bodenbezogenen Entscheidverfahren, bei welchen dem *Bund* die Bewilligungshoheit zukommt, thematisiert. Dabei handelt es sich namentlich um Entscheidverfahren zur Realisierung von Infrastrukturprojekten wie militärische Bauten und Anlagen, Eisenbahnwerke, Flugplätze und Nationalstrassen[6]. Allerdings wird verschiedentlich auch auf entsprechende Koordinations-, Vereinfachungs- und Beschleunigungsbemühungen im Zusammenhang mit kantonalen Entscheidverfahren hingewiesen[7].

---

[5] Die Nichtaufnahme des Aspekts der Beschleunigung in den Titel hängt wohl damit zusammen, dass der Bundesrat ursprünglich auf Fristvorgaben im neuen Bundesgesetz verzichten wollte. Zwecks Verfahrensbeschleunigung wurden solche Fristvorgaben in der Vernehmlassung und in den parlamentarischen Beratungen allerdings verschiedentlich gefordert und schliesslich auch eingeführt. Vgl. dazu hinten II.D. und VI.D.

[6] Zu den in der Bewilligungshoheit des Bundes liegenden bodenbezogenen Entscheidverfahren vgl. etwa HALLER/KARLEN, N 100 ff.; SCHÜRMANN/HÄNNI, S. 362 ff.; MARTI, Verfahrensvereinfachung, S. 73 f.

[7] So insbesondere im Zusammenhang mit der bundesgerichtlichen Rechtsprechung zur Koordination (vgl. hinten II.B. und II.C.6.).

I. Einleitung

Schliesslich beschränken sich die nachfolgenden Ausführungen im Wesentlichen auf eine Darstellung der Entwicklung der bodenbezogenen Entscheidverfahren, wie sie auf *Gesetzesebene* stattgefunden hat, weshalb Rechtserlasse und Revisionsvorlagen auf Verordnungsstufe nicht oder nur am Rande berücksichtigt werden.

D. Begriffe

Die organisatorische Verfahrensausgestaltung ist von zentraler Bedeutung für die Thematik dieser Arbeit. Dabei wird nachfolgend die in der Schweiz insbesondere von ARNOLD MARTI geprägte und mittlerweile auch gebräuchliche Begriffsbestimmung verwendet, nach welcher die drei Modelle der Separation, der Koordination und der Konzentration unterschieden werden. Bei letzerem Modell findet zusätzlich eine Differenzierung zwischen dem Prinzip der Zustimmung und demjenigen der Anhörung statt[8].

---

[8] MARTI, Möglichkeiten, S. 234 ff.; MARTI, Verfahrensvereinfachung, S. 69; MARTI, Bewilligung, S. 1535 ff., insb. 1537; MARTI, in: Kommentar RPG, N 3 zu Art. 25a. Vgl. auch CHABLAIS, S. 143 ff.; SCHÜRMANN/HÄNNI, S. 345 f.; MORAND, S. 255 f.; REGULA KÄGI-DIENER, Entscheidfindung in komplexen Verwaltungsverhältnissen, Basel/Frankfurt a./M. 1994, S. 646 f. In seinem Leitentscheid zur Koordinationspflicht beschrieb das Bundesgericht diese drei Modelle, ohne jedoch die hier verwendete Terminologie explizit zu gebrauchen (BGE 116 Ib 50 ff. ["Chrüzlen I"]; zu den Einzelheiten vgl. hinten II.B.3.). Soweit ersichtlich, sind die drei Begriffe in der bundesgerichtlichen Rechtsprechung bis heute nicht verwendet worden (immerhin wird in BGE 125 II 18 ff. [E. 4b/aa] ein Aufsatz von MARTI zitiert). Demgegenüber bedienen sich Bundesrat und Parlament bereits seit längerer Zeit der von MARTI entwickelten Begriffsbestimmung (vgl. etwa BBl 1994 III 1084 f. und 1089; BBl 1998, 2600 und 2618; Amtl.Bull. NR 1999, 49 und 55).

1. Separations-, Koordinations- und Konzentrationsmodell

Beim *Separationsmodell* werden die Entscheidungskompetenzen der verschiedenen Behörden gegeneinander abgegrenzt, indem die massgeblichen Normen auf die im Einzelfall erforderlichen Bewilligungen aufgeteilt und den betreffenden Entscheidungsträgern abschliessend zugeordnet werden. Auch das *Koordinationsmodell* beinhaltet eine Mehrzahl von Verfahren und Bewilligungsbehörden, doch werden die verschiedenen Verfahren nicht losgelöst und unabhängig voneinander durchgeführt, sondern vielmehr koordiniert, indem eine Behörde für die gleichzeitige Einleitung aller Verfahren, die inhaltliche Abstimmung und die gemeinsame Entscheideröffnung sorgt. Demgegenüber sind beim *Konzentrationsmodell* nicht mehr verschiedene Bewilligungsverfahren notwendig, sondern eine Bewilligung ersetzt alle anderen Bewilligungen, so dass anstelle der bisherigen Spezialbewilligungen ein einziger Hauptentscheid tritt und nur noch ein Verfahren durchgeführt werden muss.

2. Zustimmungs- und Anhörungsverfahren

Mit der Wahl des zuletzt beschriebenen Konzentrationsmodells muss zusätzlich entschieden werden, wie die bisher zuständigen Fachbehörden in das nunmehr bei der Leitbehörde konzentrierte Bewilligungsverfahren miteinbezogen werden sollen. Beim *Zustimmungsverfahren* darf die Konzentrationsbehörde die Gesamtbewilligung nur erteilen, wenn die bis anhin zuständigen Fachbehörden dem konkreten Vorhaben ebenfalls zustimmen bzw. ihr Einverständnis erklären. Demgegenüber werden beim *Anhörungsverfahren* die bisher kompetenten Spezialbewilligungsbehörden von der Leitbehörde zur Abgabe einer ihren Fachbereich betreffenden Stellungnahme veranlasst, wobei diesen Stellungnahmen bloss die Funktion von Anträgen auf Erteilung bzw. Verweigerung der Gesamtbewilligung zukommt.

E. Aufbau der Arbeit

Eingangs wird in einem historischen Teil die Entwicklung der bodenbezogenen Entscheidverfahren beleuchtet (II. Kapitel). Danach folgt eine Darstellung des mit dem neuen Bundesgesetz eingeführten Konzentrationsmodells mit Anhörungsverfahren (III. Kapitel), um anschliessend aufzuzeigen, wie durch die Verfahrenszusammenlegung sowie die teilweise Neugestaltung des Rechtsschutzes eine Koordination, Vereinfachung und Beschleunigung der Verfahren angestrebt wurde (IV. und V. Kapitel). Hierauf werden die Fristvorgaben besprochen (VI. Kapitel), um schliesslich das neue Bundesgesetz gesamthaft zu würdigen sowie Überlegungen de lege ferenda anzustellen (VII. Kapitel).

II. Die Entwicklung der bodenbezogenen Entscheidverfahren im Bund

A. Einleitung

Wie im ersten Kapitel dargestellt, bedingte die Erstellung bzw. Änderung von Bauten und Anlagen oftmals das Durchlaufen verschiedener paralleler oder gar zeitlich gestaffelter Bewilligungsverfahren. Diese Verfahrensvielfalt wurde zusätzlich durch die Unterschiedlichkeit der bundes- und kantonalrechtlichen Verfahrensordnungen noch verstärkt, was im Ergebnis zu unnötigen Doppelspurigkeiten und nicht hinreichend koordinierten Teilgenehmigungen führte sowie erhebliche zeitliche Verzögerungen mit sich brachte[9].

Sowohl die Praxis wie auch die Politik wurden durch diese Entwicklung vor neue Herausforderungen gestellt, was in diesem Kapitel thematisiert werden soll. In einem historischen Überblick wird dargestellt, wie sich die bundesgerichtliche Praxis zur Koordinationsproblematik entwickelte (II.B.), auf welche Weise in der neueren eidgenössischen Gesetzgebung die Verfahren koordiniert, vereinfacht und beschleunigt wurden (II.C.) und wie der Bundesgesetzgeber mit dem Bundesgesetz über die Koordination und Vereinfachung von Entscheidverfahren einen vorläufigen Schlusspunkt setzte (II.D.).

---

[9] In der Botschaft zum neuen Koordinationsgesetz wurde diese Problematik auf eindrückliche Weise anhand des Genehmigungsverfahrens für den Bau einer Hochspannungsleitung mit dazugehöriger Enteignung und Rodung illustriert (vgl. BBl 1998, 2597). Ins Auge stechen insbesondere die weitgehende Separation von Plangenehmigungs- und Enteignungsverfahren, die Notwendigkeit der Koordination von Rodungsbewilligung und Plangenehmigung sowie die unterschiedlichen und mehrstufigen Rechtsmittelmöglichkeiten. Vgl. in diesem Zusammenhang auch KÖLZ/HÄNER, N 67, wo am Beispiel des Bauvorhabens eines Wasserkraftwerks die dafür notwendigen Bewilligungen aufgeführt werden.

B. Die bundesgerichtliche Rechtsprechung zur Koordination

1. Ausgangslage

Mit der soeben geschilderten (Teil-)Problematik der ungenügenden Koordination musste sich zunächst das Bundesgericht befassen, wobei es jeweils zwei Aspekte zu unterscheiden hatte: Einerseits stellte sich die Frage nach der *materiellen Koordination*, d. h. nach der inhaltlichen Abstimmung von Sachentscheiden. Anderseits war unter dem Stichwort der *formellen Koordination* die Frage zu beantworten, wie eine Harmonisierung der verschiedenen Entscheidverfahren sichergestellt werden kann[10].

Die nachfolgend behandelten höchstrichterlichen Entscheide betreffen schwergewichtig die formelle Koordination und sollen einen Überblick über die diesbezügliche Praxis des Bundesgerichts geben. Wohl wurde in der angeführten Rechtsprechung hauptsächlich die Ausgestaltung der kantonalen Verfahrensordnungen thematisiert. Trotzdem rechtfertigt sich eine kurze Darstellung im Rahmen dieser Arbeit, weil sich verschiedene Fragestellungen und Lösungsansätze auch auf die in der Bewilligungshoheit des Bundes liegenden Verfahren beziehen resp. auf diese übertragen lassen.

2. Erste bundesgerichtliche Entscheide zur Koordination

Erste Ansätze zur Koordination finden sich in einem Entscheid aus dem Jahr 1978, in welchem das Bundesgericht zur Verwirklichung des materiellen Rechts Anforderungen an die Ausgestaltung des kantonalen Verfahrensrechts stellte. In diesem den Kanton Graubünden betreffenden Entscheid hatte das Bundesgericht eine kantonale Regelung zu beurteilen, nach welcher Zonenpläne bei zwei verschiedenen, hierarchisch gleichge-

II. Die Entwicklung der bodenbezogenen Entscheidverfahren im Bund 11

stellten Rechtsmittelbehörden (Regierung und Verwaltungsgericht) angefochten werden konnten, wobei aber keine von beiden Behörden über eine umfassende Prüfungsbefugnis verfügte. Das Bundesgericht hielt fest, dass dieses Verfahrenssystem die Gefahr in sich berge, dass jede der beiden Beschwerdeinstanzen – unter Hinweis auf die partielle Zuständigkeit der anderen Instanz – von einer umfassenden Interessenabwägung absehe, wodurch eine wirksame materielle Überprüfung erschwert werde; sinnvollerweise könne darüber nur in einem einzigen Entscheid befunden werden[11].

Nach weiteren Entscheiden zur Koordinationspflicht[12] fasste das Bundesgericht in einem Entscheid aus dem Jahr 1988[13], welcher den Kanton Wallis betraf, seine bisher entwickelten Koordinationsgrundsätze zusammen. Dabei hielt es in E. 7e fest:

> „Im übrigen muss einmal mehr betont werden, dass bei Unternehmen, die mehrere Gesetzgebungen betreffen, eben von Anfang an zu koordinieren ist. Von Beginn an kann erwogen werden, was für Bewilligungen, Zustimmungen usw. erforderlich sind. Die entsprechenden Verfahren können dann unverzüglich und möglichst frühzei-

---

[10] MARTI, Bewilligung, S. 1536; VALLENDER/MORELL, S. 433 f.; KÖLZ/HÄNER, N 70.
[11] BGE 104 Ia 181 ff. (E. 2c).
[12] BGE 111 Ib 308 ff. (E. 5), in welchem das Bundesgericht festhielt, dass die Interessenabwägung umfassend sein müsse und von der gleichen Behörde vorzunehmen sei. Ebenso BGE 112 Ib 119 ff., welcher die Vorschrift von Art. 24 Abs. 1 lit. b des Raumplanungsgesetzes (RPG) betraf; diese Bestimmung verlangt explizit eine umfassende Interessenabwägung und trug entscheidend zur bundesgerichtlichen Rechtsprechung betreffend die Koordinationspflicht bei. BGE 112 Ib 424 ff. (E. 5b), welcher sich wiederum mit der Frage der Koordination mehrerer bundesrechtlicher Bewilligungen befasste und dabei eine umfassende Interessenabwägung als unverzichtbar erklärte. Allerdings fordert das Bundesgericht eine umfassende Interessenabwägung, d. h. eine materielle Koordination nur bei Vorliegen eines engen Sachzusammenhangs (vgl. etwa BGE 117 Ib 35 ff. [E. 3e]).
[13] BGE 114 Ib 224 ff.

tig, allenfalls gar gleichzeitig eingeleitet werden. (...) Die Forderung nach einem sachlich umfassenden, ganzheitlichen Denken darf nicht an der historisch gewachsenen Aufteilung in verschiedene Verfahren scheitern."

3. Die neuere Rechtsprechung, insbesondere der Entscheid „Chrüzlen I"

Anlässlich des Entscheides „Chrüzlen I", welcher eine Deponieanlage im Kanton Zürich betraf, äusserte sich das Bundesgericht in umfassender Weise zur Koordinationsproblematik, weshalb diesem Entscheid Leitcharakter zukam. Anders als in seiner bisherigen Rechtsprechung zeigte das Bundesgericht in diesem Entscheid nicht nur einzelfallweise Mängel der Verfahrens- und Rechtsmittelordnungen auf, sondern erhob klare und einschneidende Forderungen. So führte das höchste nationale Gericht zur Koordination der erstinstanzlichen Verfahren und Rechtsmittelverfahren auf kantonaler Ebene aus:[14]

> „Sind für die Verwirklichung eines Projektes verschiedene materiellrechtliche Vorschriften anzuwenden und besteht zwischen diesen Vorschriften ein derart enger Sachzusammenhang, dass sie nicht getrennt und unabhängig voneinander angewendet werden dürfen, so muss diese Rechtsanwendung materiell koordiniert erfolgen (...). Dies wird am besten erreicht, wenn dafür eine einzige erste Instanz zuständig ist. Sind zur Beurteilung einzelner der materiellen Koordination bedürftiger Rechtsfragen verschiedene erstinstanzliche Behörden zuständig, so müssen diese die Rechtsanwendung in einer Weise abstimmen, dass qualitativ ein gleichwertiges Koordinationsergebnis erzielt wird. Die koordinierte Anwendung des materiellen Rechts kann durch die Kantone somit auf verschiedene Weise sichergestellt werden. Die in der Regel wohl zweck-

---

[14] BGE 116 Ib 50 ff. (E. 4b).

mässigste Möglichkeit besteht darin, die verschiedenen anwendbaren bundes- und kantonalrechtlichen Vorschriften durch eine Instanz erstinstanzlich beurteilen zu lassen. Wird das nicht gemacht, so müssen die verschiedenen zuständigen kantonalen und gegebenenfalls auch kommunalen Behörden die Rechtsanwendung im erstinstanzlichen Verfahren zunächst materiell koordinieren und anschliessend verfahrensmässig so vorgehen, dass die verschiedenen getrennt erlassenen Entscheide in einem einheitlichen Rechtsmittelverfahren angefochten werden können."

Das Bundesgericht hatte somit für das erstinstanzliche Verfahren das Konzentrationsmodell privilegiert, den Kantonen jedoch auch die Möglichkeit der Verfahrensausgestaltung nach dem Koordinationsmodell eingeräumt. Demgegenüber erklärte das höchste nationale Gericht – wenn auch nicht ausdrücklich, so doch im Resultat – für das Rechtsmittelverfahren das Konzentrationsmodell als massgebend. Schliesslich befasste sich das Bundesgericht mit der Koordination zwischen Bundes- und Kantonsbehörden:[15]

„Ein von diesen Darlegungen abweichendes Vorgehen drängt sich auf, wenn die zur Bewilligung eines Vorhabens zu beurteilenden Rechtsfragen mit engem Sachzusammenhang erstinstanzlich teils durch Bundesbehörden und teils durch kantonale Behörden zu beurteilen sind. (...) In solchen Fällen muss die materielle Koordination zwischen den erstinstanzlichen Behörden auch sichergestellt werden. Eine verfahrensrechtlich und zeitlich verbundene Eröffnung der Bewilligungen mit anschliessendem einheitlichem Rechtsmittelverfahren ist indessen hier bei der gegebenen Rechtslage nicht möglich. Wie in solchen Fällen vorzugehen ist, muss im vorliegenden Fall nicht entschieden werden. Denkbar wäre beispielsweise bei der Erteilung

---

[15] BGE 116 Ib 50 ff. (E. 4b).

von Rodungsbewilligungen (...), dass die Bundesbehörde im Koordinationsprozess im erstinstanzlichen und in allfälligen kantonalen Rechtsmittelverfahren bis zur letzten kantonalen Instanz mitwirken würde. Sie wäre dabei vorbehältlich neuer Erkenntnisse im Laufe des Verfahrens an ihre gegenüber der ersten kantonalen Instanz abgegebene Stellungnahme gebunden. Würden aber im weiteren Verfahren etwa durch betroffene Dritte neue Gesichtspunkte vorgebracht, hätte die Bundesbehörde diese zu berücksichtigen und allenfalls von ihrer ersten Stellungnahme abzurücken. Eine anfechtbare Bewilligung der in ihre Zuständigkeit fallenden Rodung hätte die Bundesbehörde in der Regel erst dann zu erteilen, wenn die damit zusammenhängenden kantonalen Entscheide von der letzten kantonalen Instanz beurteilt worden wären. Würden die kantonalen Entscheide auf unterer Verfahrensstufe rechtskräftig, so könnte der Entscheid der Bundesbehörde schon im Anschluss daran getroffen werden. Ein solches zeitlich gestaffeltes Vorgehen dürfte den Anforderungen an die gebotene materielle Koordination genügen. Möglicherweise kann dieses Zusammenwirken von Behörden des Bundes und der Kantone aber auch auf andere Weise sachgerecht sichergestellt werden."

Der soeben dargestellte Entscheid „Chrüzlen I" wurde in der Lehre teilweise kritisiert. So wurde insbesondere angeführt, dass eine genügende Rechtsgrundlage für die vom Bundesgericht vorgeschriebene und in die kantonale Verfahrenshoheit erheblich eingreifende Pflicht zur formellen Koordination fehle. Die Einführung der formellen Koordination durch Verwaltungs- und Gerichtsbehörden sei bloss in engen Grenzen möglich, weshalb es dem Gesetzgeber obliege, die notwendigen Anpassungen zur formellen Koordination vorzunehmen[16]. Das Bundesgericht hielt indessen in verschiedenen weiteren Entscheiden an seiner im Leitentscheid

---

[16] KÖLZ/KELLER, S. 398 ff.; SALADIN, S. 278 ff; KÖLZ/HÄNER, N 72.

„Chrüzlen I" formulierten Rechtsprechung fest[17], dies wohl nicht zuletzt deshalb, weil die seitens der Lehre geäusserte Kritik infolge der neueren gesetzgeberischen Entwicklung einiges an Bedeutung verloren hat[18].

C. Die neuere gesetzgeberische Entwicklung

1. Vorbemerkungen

In den letzten Jahren wurden verschiedene Bundesbeschlüsse erlassen bzw. Bundesgesetze total- oder teilrevidiert und dabei auch verfahrensrechtliche Neuerungen bezüglich Koordination, Vereinfachung und Beschleunigung eingeführt[19]. Ausgangspunkt dafür war u. a. die Legislaturplanung für die Jahre 1991 bis 1995, welche explizit Massnahmen zur Beschleunigung und Vereinfachung der Bewilligungsverfahren für Bauten und Anlagen vorsah[20]. Zudem wurde – ganz im Zeichen der Revitalisierung und Deregulierung des Wirtschaftsstandorts Schweiz – die Verfahrensbeschleunigung in der bundesrätlichen Botschaft über das Folgeprogramm nach der Ablehnung des EWR-Abkommens thematisiert:[21]

---

[17] Vgl. etwa BGE 117 Ib 42 ff. (E. 4); BGE 118 Ib 326 ff. („Chrüzlen II"); BGE 118 Ib 381 ff.; BGE 122 II 81 ff.; BGE 125 II 18 ff. (E. 4b). Allerdings betont KARLEN, S. 152, dass das Bundesgericht – entgegen dem grundsätzlichen Anstrich, den es seiner Praxis verleiht – kaum generelle Regeln zur Koordinationspflicht vorzeichnete, sondern vielmehr stets eine pragmatische Linie verfolgte.
[18] Zu den Einzelheiten vgl. hinten II.C.6.
[19] Auch auf Verordnungsstufe wurden Anpassungen zwecks Koordination, Vereinfachung und Beschleunigung von bundesrechtlichen Entscheidverfahren vorgenommen. Vgl. etwa die Teilrevision der Verordnung über die Umweltverträglichkeitsprüfung (UVPV) vom 5. September 1995, mit welcher insbesondere Koordinationsregeln (Art. 21 f. UVPV) sowie Behandlungsfristen (beispielsweise Art. 8 Abs. 5 und 6 UVPV) eingeführt wurden.
[20] BBl 1992 III 132 f.
[21] BBl 1993 I 805 ff., insb. 830. In der deutschen Literatur wird allerdings darauf hingewiesen, dass dem Standortfaktor der Dauer von Bewilligungsverfahren eine geringere Bedeutung für die Investitionsbereitschaft und Innovationsfähigkeit der

„Im Lichte des sich verschärfenden Standortwettlaufs zwischen den Industriestaaten sowie des hohen Zeitdruckes, unter dem die Wirtschaft steht, kommt der raschen Abwicklung behördlicher Entscheidverfahren grosse Bedeutung zu. Die arbeitsteilige Verwaltungsorganisation bewirkt, dass ein Vorhaben oftmals durch verschiedene voneinander unabhängige Amtsstellen der Kantone und des Bundes begutachtet wird. Die Vielfalt der Verfahren und die unterschiedlichen eidgenössischen und kantonalen Verfahrensordnungen können Doppelspurigkeiten, nicht hinreichend koordinierte, mangelhafte Teilentscheide und insbesondere – angesichts mehrstufiger Beschwerdemöglichkeiten – erhebliche zeitliche Verzögerungen nach sich ziehen.

Gelingt es, die Bewilligungsverfahren zu vereinfachen, zu koordinieren und zu beschleunigen, können auf Seiten der Unternehmen Kosten gespart und kann die im internationalen Wettbewerb immer wichtiger werdende Ressource „Zeit" besser genutzt werden."

Bei den meisten nachfolgend behandelten Bundesbeschlüssen bzw. Gesetzesrevisionen standen andere legislatorische Gesichtspunkte und Zielsetzungen im Vordergrund, doch wurden im Rahmen dieser Gesetzesarbeiten auch Anpassungen vorgenommen, welche verfahrensrechtliche Instrumentarien zur Koordination, Vereinfachung und Beschleunigung von bodenbezogenen Entscheidverfahren beinhalteten. Demgegenüber standen die Teilrevision des Raumplanungsgesetzes vom 6. Oktober 1995 sowie der Bundesbeschluss über das Plangenehmigungsverfahren für Eisenbahn-Grossprojekte (BB EGP) weitgehend im Dienst solcher verfahrensrechtlicher Massnahmen[22]. Im Folgenden wird diese gesetzgeberische

---

Wirtschaft zukomme, als dies gemeinhin angenommen werde (vgl. etwa SCHMITZ, S. 175).

[22] Vgl. Art. 1 BB EGP sowie BBl 1994 III 1080 ff.

Entwicklung dargestellt, wobei schwergewichtig die eisenbahnrechtlichen Bundesbeschlüsse beleuchtet werden.

2. Die eisenbahnrechtlichen Bundesbeschlüsse

a. Grundlagen

Aufgrund seiner umfassenden Gesetzgebungskompetenz im Bereich des Eisenbahnwesens[23] erliess der Bund das Eisenbahngesetz (EBG)[24], in welchem sich in den Art. 17 ff. Regeln betreffend die Planung, den Bau und den Betrieb von Bahnanlagen finden. Gestützt auf diese gesetzlichen Grundlagen erfolgte in der Verordnung über die Planvorlagen für Eisenbahnbauten (PlVV)[25] die detaillierte Verfahrensregelung für die Planung von Eisenbahnanlagen. Danach wurden drei Verfahrensarten für die Plangenehmigung unterschieden: Das *vereinfachte Verfahren* gelangte zur Anwendung bei Bauvorhaben, welche keine wesentliche Veränderung des äusseren Erscheinungsbildes zur Folge hatten, keine vermehrten Immissionen mit sich brachten und keine Rechte Dritter berührten, sowie bei Detailplänen, die sich auf ein bereits genehmigtes Bauprojekt stützten. Das *ordentliche Verfahren* galt für Bahnprojekte, bei welchen weder das vereinfachte Verfahren zur Anwendung gelangte noch eine Enteignung notwendig war oder das Enteignungsverfahren ausnahmsweise nach der Plangenehmigung durchgeführt wurde. Die dritte Verfahrensart war das *kombinierte Verfahren*, welches sich dadurch qualifizierte, dass

---

[23] Zur verfassungsrechtlichen Grundlage vgl. Art. 87 BV (Art. 26 aBV) sowie JAAG/MÜLLER/TSCHANNEN/ZIMMERLI, S. 64 ff.
[24] SR 742.101.
[25] Die Verordnung über die Planvorlagen für Eisenbahnbauten ist im Rahmen der Inkraftsetzung des Bundesgesetzes über die Koordination und Vereinfachung von Entscheidverfahren durch die Verordnung über das Plangenehmigungsverfahren für Eisenbahnanlagen vom 2. Februar 2000 (VPVE; SR 742.142.1) ersetzt worden (vgl. Art. 9 VPVE).

das eisenbahnrechtliche Plangenehmigungsverfahren mit dem enteignungsrechtlichen Einspracheverfahren vereinigt wurde[26].

b. Verfahrensmängel

Die gesetzliche Regelung betreffend die Planung von Eisenbahnanlagen erwies sich in verschiedener Hinsicht als verfahrenstechnisch unbefriedigend[27]. Beispielsweise ging das Eisenbahngesetz von einem Verfahrensdualismus aus, indem in Art. 18 Abs. 4 aEBG ausdrücklich das Enteignungsverfahren vorbehalten wurde. Wohl hatte der Gesetzgeber anlässlich der Revision des Eisenbahngesetzes vom 8. Oktober 1982[28] eine bessere Koordination von Plangenehmigungs- und Enteignungsverfahren angestrebt, auf eine vollkommene Zusammenlegung dieser beiden Verfahren jedoch verzichtet[29].

Dies führte beim kombinierten Verfahren zu gewissen Doppelspurigkeiten: Die gesuchstellende Bahnunternehmung unterbreitete dem Bundesamt für Verkehr (BAV) die Baupläne; das Bundesamt wies – nach Festlegung des kombinierten Verfahrens – die Bahnunternehmung an, beim Präsidenten der Schätzungskommission das Enteignungsverfahren einzuleiten[30]. Der Präsident der Schätzungskommission war dabei in einer ersten Phase nach den Bestimmungen des Enteignungsgesetzes für die öffentliche Auflage und die Einsprachen während des eisenbahnrechtlichen Plangenehmigungsverfahrens verantwortlich. Nach Durchführung der Einigungsverhandlungen überwies er die strittig gebliebenen

---

[26] Art. 20 PlVV. Vgl. dazu auch BOSONNET, S. 85 ff.
[27] Vgl. die ausführliche Darstellung der damals bestehenden Mängel in BBl 1991 I 993 ff.
[28] In Kraft seit 1. Januar 1985.
[29] SCHÜRMANN/HÄNNI, S. 366.
[30] Art. 19 und Art. 24 Abs. 1 PlVV.

II. Die Entwicklung der bodenbezogenen Entscheidverfahren im Bund 19

Einsprachen bezüglich Plangenehmigung dem BAV zum Entscheid[31]. Dieses hatte vorerst erneut zwischen den Parteien zu vermitteln, was sich in der Praxis als unergiebige Doppelspurigkeit erwies[32]. Der Entscheid des Bundesamts konnte in der Folge beim Eidgenössischen Verkehrs- und Energiewirtschaftsdepartement (EVED; heute UVEK) und danach – sofern enteignungsrechtliche Begehren abgewiesen wurden – beim Bundesgericht mittels Verwaltungsgerichtsbeschwerde angefochten werden[33]. In einer zweiten Phase hatte die Schätzungskommission die angemeldeten Entschädigungsforderungen zu behandeln[34].

Ein weiterer Verfahrensmangel war etwa darin zu sehen, dass im kombinierten Verfahren die beteiligten Bundesstellen erst nach durchgeführter Einigungsverhandlung und abgeschlossenem kantonalen Vernehmlassungsverfahren angehört wurden. Bis die involvierten Bundesstellen ihre Stellungnahmen abgaben, vergingen oft Monate, was zu unnötigen zeitlichen Verzögerungen führte[35].

c. Der Bundesbeschluss über das Plangenehmigungsverfahren für Eisenbahn-Grossprojekte[36]

Die soeben dargestellten Verfahrensmängel und die (teilweise) damit verbundenen erheblichen zeitlichen Verzögerungen und beträchtlichen Verteuerungen des Projekts BAHN 2000[37] bewogen 1990 das EVED zur

---

[31] Art. 25 Abs. 1 und Art. 26 Abs. 3 PlVV.
[32] Art. 28 Abs. 2 Satz 2 PlVV; BBl 1991 I 994.
[33] Art. 29 PlVV; Art. 47a Satz 1 VwVG; Art. 99 Abs. 1 lit. c OG. Falls keine enteignungsrechtlichen Fragen zur Diskussion standen und deshalb die Verwaltungsgerichtsbeschwerde an das Bundesgericht unzulässig war, konnte die Beschwerde an den Bundesrat erhoben werden (Art. 72 lit. a VwVG).
[34] Art. 33 PlVV.
[35] Art. 28 Abs. 1 PlVV; BBl 1991 I 995.
[36] Vgl. dazu die eingehende Darstellung bei BOSONNET, S. 100 ff.
[37] BBl 1991 I 980 ff.

Einsetzung einer Arbeitsgruppe, welche den Auftrag erhielt, Verbesserungen des geltenden Plangenehmigungsverfahrens, insbesondere im Zusammenhang mit dem Konzept BAHN 2000, auszuarbeiten. Nach Erstellung eines Berichts durch die Expertengruppe und Durchführung des Vernehmlassungsverfahrens präsentierte der Bundesrat zu Beginn des Jahrs 1991 die Botschaft zum Bundesbeschluss über das Plangenehmigungsverfahren für Eisenbahn-Grossprojekte[38]. Im Juni 1991 fanden die parlamentarischen Beratungen statt[39], und in den Schlussabstimmungen wurde der Bundesbeschluss vom Ständerat einstimmig und vom Nationalrat mit grosser Mehrheit gutgeheissen[40]. Der dringlich erklärte Bundesbeschluss über das Plangenehmigungsverfahren für Eisenbahn-Grossprojekte (BB EGP)[41] trat sofort nach seiner Verabschiedung in Kraft und war bis zum 31. Dezember 2000 befristet[42].

Nach Art. 1 BB EGP bestand der Zweck des Bundesbeschlusses darin, das eisenbahnrechtliche Plangenehmigungsverfahren für Grossprojekte des Konzepts BAHN 2000 zu vereinfachen und zu beschleunigen. Dementsprechend wurden vom Bundesbeschluss einerseits die von der Bundesversammlung beschlossenen Neubaustrecken des Konzepts BAHN 2000[43] sowie die damit im Zusammenhang stehenden, im Anhang des Beschlusses aufgeführten Bahnbauprojekte erfasst. Anderseits konnte der Bundesrat auf Gesuch der Bahnunternehmung dem Beschluss weitere Projekte

---

[38] BBl 1991 I 977 ff.
[39] Amtl.Bull. StR 1991, 407 ff. und 581; Amtl.Bull. NR 1991, 1124 ff. und 1243.
[40] Amtl.Bull. StR 1991, 616; Amtl.Bull. NR 1991, 1409.
[41] SR 742.100.1.
[42] Art. 25 Abs. 2 BB EGP. Mit dem Bundesgesetz über die Koordination und Vereinfachung von Entscheidverfahren wurde der Bundesbeschluss allerdings vorzeitig aufgehoben (vgl. Abs. 1 der Schlussbestimmungen zur Änderung des EBG vom 18. Juni 1999).
[43] Vgl. Art. 2 des Bundesbeschlusses betreffend das Konzept BAHN 2000 vom 19. Dezember 1986 (SR 742.100).

unterstellen, sofern diese mit der Realisierung des Konzepts BAHN 2000 eng zusammenhingen[44].

Die *verfahrensrechtliche Vereinfachung und Beschleunigung* sollte hauptsächlich durch vier Massnahmen erreicht werden[45]: Eine bessere Gliederung des Verfahrens, indem das erstinstanzliche Verfahren in ein behördeninternes Bereinigungsverfahren und in das bisherige Einspracheverfahren mit Beteiligung der Privaten aufgeteilt wurde; eine verbesserte Koordination mit dem Enteignungsverfahren[46]; eine Verkürzung des Instanzenzugs; eine zeitliche Straffung durch gesetzliche Behandlungsfristen.

Im Rahmen des *verwaltungsinternen Vorprüfungsverfahrens*[47] war unter Einbezug sämtlicher beteiligter Bundesbehörden im Voraus abzuklären, ob das Projekt aus der Sicht der Bundesverwaltung dem geltenden Recht entspreche. Zur breiteren Abstützung stand zudem den betroffen Kantonen[48] das Mitwirkungsrecht im Vorprüfungsverfahren offen, damit allfällige Interventionen seitens der Kantone bereits im Rahmen dieses Verfahrensabschnitts berücksichtigt werden konnten. Hingegen wurden weder Private noch Umweltschutzorganisationen[49] in diesem behördeninternen Verfahrensstadium angehört. Das Vorprüfungsverfahren wurde unter der Leitung des BAV durchgeführt, welches die behördeninternen

---

[44] Art. 2 BB EGP.
[45] BBl 1991 I 997 f.
[46] Ebenso wurde eine bessere Koordination mit dem Landumlegungsverfahren angestrebt (BBl 1991 I 998; Art. 19 BB EGP), worauf an dieser Stelle allerdings nicht näher eingegangen wird.
[47] Art. 3 ff. BB EGP.
[48] Die Kantone hatten ihrerseits die betroffenen Gemeinden anzuhören (vgl. Art. 7 Abs. 2 BB EGP).
[49] In der Vernehmlassung und den parlamentarischen Beratungen wurde verschiedentlich gefordert, die zur Beschwerde berechtigten Umweltschutzorganisationen

Abklärungen und Anhörungen zu koordinieren hatte. In der Endphase verfasste das BAV einen Bericht über das Vorprüfungsverfahren zuhanden der gesuchstellenden Bahnunternehmung.

Daran anschliessend folgte das *Plangenehmigungsverfahren*[50], in welchem neben der eigentlichen Plangenehmigung auch über die Planänderungsbegehren sowie über die enteignungsrechtlichen Einsprachen entschieden wurde. Zuständig für diesen Entscheid war dabei nicht mehr das BAV, sondern das EVED, womit – im Interesse der Verfahrensbeschleunigung – der Instanzenzug um eine Beschwerdeinstanz verkürzt wurde[51]. Zudem wurde nach Art. 17 BB EGP das Plangenehmigungsverfahren als massgebliches Verfahren für die Umweltverträglichkeitsprüfung (UVP) bestimmt, und die Plangenehmigungsverfügung des EVED ersetzte alle anderen Bewilligungen, die das Bundesrecht vorsah. Die Kompetenzen der Fachbehörden des Bundes wurden jedoch durch diese Regelung nicht beeinträchtigt, weil das EVED die Pläne nur dann genehmigen durfte, wenn die Zustimmung der involvierten Bundesbehörden vorlag[52]. Damit hatte sich der Gesetzgeber beim Bundesbeschluss über das Plangenehmigungsverfahren für Eisenbahn-Grossprojekte für das Konzentrationsmodell mit Zustimmungsverfahren entschieden[53].

---

bereits in das Vorprüfungsverfahren miteinzubeziehen (vgl. etwa BBl 1991 I 985; Amtl.Bull. StR 1991, 409; Amtl.Bull. NR 1991, 1128 und 1137 f.).

[50] Art. 10 ff. BB EGP.

[51] Die Plangenehmigungsverfügung des EVED unterlag direkt der Verwaltungsgerichtsbeschwerde an das Bundesgericht (Art. 18 BB EGP), womit sich das Plangenehmigungsverfahren für die dem Beschluss unterstellten Projekte auf zwei Instanzen beschränkte.

[52] Die Zweckumschreibung in Art. 1 BB EGP, welche bloss die verfahrensrechtliche Vereinfachung und Beschleunigung, nicht aber die Koordination aufführte, war damit zu eng.

[53] Diskutiert wurde allerdings auch das Konzentrationsmodell mit Anhörungsverfahren (vgl. BBl 1991 I 1016 f.).

Was das *Enteignungsverfahren* betraf, so wurde in Art. 10 Abs. 2 BB EGP die Vereinigung von Enteignungs- und Plangenehmigungsverfahren zwingend[54] festgeschrieben, damit – aus Gründen der Verfahrensökonomie – die Bedürfnisse eines allfälligen Enteignungsverfahrens bereits im Rahmen des Plangenehmigungsverfahrens berücksichtigt werden konnten. Wie oben dargestellt, war das EVED neuerdings auch für den Entscheid der enteignungsrechtlichen Einsprachen zuständig, weshalb sich das dem Plangenehmigungsverfahren nachfolgende Enteignungsverfahren auf die Behandlung der angemeldeten Entschädigungsforderungen beschränkte[55]. Zur Vermeidung von Doppelspurigkeiten, wie sie beim Verfahren nach der Verordnung über die Planvorlagen für Eisenbahnbauten bestanden, wurde dementsprechend festgelegt, dass nur die Entschädigungsforderungen – und nicht auch die enteignungsrechtlichen Einsprachen – Gegenstand der vom Präsidenten der Schätzungskommission durchzuführenden Einigungsverhandlung bildeten[56].

Die Verfahrensbeschleunigung sollte schliesslich durch die Setzung gesetzlicher *Behandlungsfristen* erreicht werden. Der Bundesbeschluss enthielt diesbezüglich für das verwaltungsinterne Vorprüfungsverfahren verschiedene Fristvorgaben, innert welcher die Stellungnahmen seitens der Bundesbehörden, der Kantone und der Bahnunternehmung sowie der Bericht des BAV über das Vorprüfungsverfahren zu erfolgen hatten[57].

---

[54] Dies im Gegensatz zur Bestimmung von Art. 20 lit. b PlVV, wonach das Enteignungsverfahren ausnahmsweise auch nach der Plangenehmigung durchgeführt werden konnte.

[55] Art. 16 Abs. 1 und Art. 20 Abs. 1 BB EGP.

[56] Art. 15 Abs. 1 Satz 1 BB EGP; BBl 1991 I 993 ff. Nach der Verordnung über Planvorhaben für Eisenbahnbauten versuchten sowohl der Präsident der Schätzungskommission als auch das BAV zwischen den Parteien zu vermitteln (Art. 26 Abs. 1 und Art. 28 Abs. 2 Satz 2 PlVV; vgl. auch vorne II.C.2.b.).

[57] Art. 7 Abs. 4 und 5, Art. 8 Abs. 1 sowie Art. 9 Abs. 1 BB EGP.

d. Der Bundesbeschluss über den Bau der schweizerischen Eisenbahn-Alpentransversale

Zur Wahrung der verkehrspolitischen Stellung der Schweiz in Europa und zum Schutz der Alpen vor weiteren ökologischen Belastungen wurde von der Bundesversammlung im Herbst 1991 der Bundesbeschluss über den Bau der schweizerischen Eisenbahn-Alpentransversale (Alpentransit-Beschluss)[58] erlassen. Dieser Bundesbeschluss bezweckte insbesondere die Bereitstellung eines leistungsfähigen Schienenkorridors sowie eine Entlastung der Strassen vom Güterfernverkehr[59].

Der Alpentransit-Beschluss enthält in Art. 11 f. eine Verfahrensregelung, welche sich in ihrer Zweistufigkeit am Nationalstrassengesetz (NSG)[60] orientiert, indem zwischen dem bloss behördenverbindlichen generellen Projekt und dem allgemeinverbindlichen Ausführungsprojekt unterschieden wird. Diese Verfahrensregelung steht im Gegensatz zum Bundesbeschluss über das Plangenehmigungsverfahren für Eisenbahn-Grossprojekte, welcher ein einstufiges Plangenehmigungsverfahren vorsah[61].

Bereits die behördenverbindlichen *Vorprojekte* für die neuen Eisenbahnlinien am Gotthard, am Lötschberg und am Zimmerberg/Hirzel haben den Belangen der Raumplanung, des Umweltschutzes, des Natur- und Heimatschutzes sowie der Landesverteidigung Rechnung zu tragen, wo-

---

[58] SR 742.104. In Kraft seit 1. Dezember 1992. Der Alpentransit-Beschluss dient der Umsetzung der NEAT (Neue Eisenbahn-Alpentransversale). Zum Alpentransit-Beschluss vgl. auch BOSONNET, S. 112 ff.
[59] Vgl. Art. 1 Alpentransit-Beschluss.
[60] SR 725.11.
[61] Vgl. Art. 12 ff. NSG (Generelles Projekt) bzw. Art. 11 Alpentransit-Beschluss (Vorprojekt); Art. 21 ff. NSG (Ausführungsprojekt) bzw. Art. 12 Alpentransit-Beschluss (Auflageprojekt). Zur verfahrensrechtlichen Einstufigkeit des BB EGP vgl. BBl 1991 I 997.

II. Die Entwicklung der bodenbezogenen Entscheidverfahren im Bund 25

mit der Bundesgesetzgeber schon für diese Verfahrensphase die Pflicht zur Koordination vorgeschrieben hat[62]. Die Vorprojekte sind dem BAV vorzulegen, welches in der Folge die interessierten Bundesbehörden, Kantone[63] und Eisenbahnunternehmungen anhört. Schliesslich bedürfen die Vorprojekte der Genehmigung des Bundesrats[64].

Die genehmigten Vorprojekte stellen jedoch noch keine Baubewilligungen dar; vielmehr haben die nachfolgenden *Auflageprojekte* diese Funktion zu übernehmen. Dabei wird für das Verfahren bezüglich der Auflageprojekte auf die Bestimmungen des Bundesbeschlusses über das Plangenehmigungsverfahren für Eisenbahn-Grossprojekte verwiesen[65]. Da das Vorprojektverfahren nach Art. 11 Alpentransit-Beschluss und das verwaltungsinterne Vorprüfungsverfahren gemäss Art. 3 ff. BB EGP verfahrenstechnische Gemeinsamkeiten aufweisen, wurde zur Verhinderung von Doppelspurigkeiten vorgesehen, dass der Bundesrat den Verzicht auf das verwaltungsinterne Vorprüfungsverfahren anordnen kann[66].

Die soeben dargestellte Regelung führt deutlich vor Augen, wie wenig die beiden eisenbahnrechtlichen Bundesbeschlüsse – obwohl im gleichen Jahr erlassen – aufeinander abgestimmt wurden. Zudem ist die Tatsache, dass im einen Fall das einstufige und im anderen Fall das zweistufige Plangenehmigungsverfahren gewählt wurde, rechtsetzungstechnisch un-

---

[62] Art. 11 Abs. 2 Alpentransit-Beschluss. Dies zeigt sich auch in Art. 11 Abs. 6 Alpentransit-Beschluss, wonach die Prüfung und Genehmigung der Vorprojekte auch die Umweltverträglichkeitsprüfung (UVP) umfasst.
[63] Die Kantone haben ihrerseits die Gemeinden anzuhören (Art. 11 Abs. 4 Satz 2 Alpentransit-Beschluss).
[64] Art. 11 Abs. 3 bis 5 Alpentransit-Beschluss.
[65] Art. 12 Abs. 1 Alpentransit-Beschluss; BBl 1990 II 1158. Demgegenüber war gemäss bundesrätlicher Botschaft zum Alpentransit-Beschluss geplant, das Plangenehmigungsverfahren nach Art. 18 EBG zur Anwendung zu bringen (BBl 1990 II 1158 und 1203).
[66] Art. 12 Abs. 2 Alpentransit-Beschluss.

befriedigend. Auch wenn die mit den beiden Bundesbeschlüssen angestrebte Koordination, Vereinfachung und Beschleunigung der eisenbahnrechtlichen Verfahren von der Zielsetzung her richtig war, so muss die gewählte Einzelfallgesetzgebung, welche die im Eisenbahnrecht bisher schon bestehende Verfahrensvielfalt noch zusätzlich erweiterte, als unzweckmässig qualifiziert werden[67].

3. Die Revision des Luftfahrtgesetzes

Mit der Revision vom 18. Juni 1993[68] wurden verschiedene Teile des Luftfahrtgesetzes (LFG)[69] überarbeitet und den Erfordernissen der Zeit angepasst. Im Rahmen dieser Arbeit interessieren die revidierten Bestimmungen über die Flugplatz-Bewilligungsverfahren[70]. Zunächst ist vorauszuschicken, dass das Luftfahrtgesetz zwischen Flughäfen und Flugfeldern unterscheidet: Erstere dienen dem öffentlichen Verkehr und bedürfen einer Konzession, während Letztere alle übrigen Flächen umfassen, welche für den Abflug und die Landung von Luftfahrzeugen benutzt werden, und einer Bewilligungspflicht unterstehen[71].

Im revidierten Luftfahrtgesetz wurde neu festgeschrieben, dass für *Flughäfen* im Rahmen des Konzessionsverfahrens sämtliche Belange zu prüfen und entscheiden und somit keine zusätzlichen bundes- oder kantonalrechtlichen Bewilligungen erforderlich sind. Dadurch wurden Doppel-

---

[67] In diesem Sinn äusserte sich auch Ständerat Rhinow (Amtl.Bull. StR 1991, 411 f.).
[68] BBl 1992 I 607 ff. In Kraft seit 1. Januar 1995.
[69] SR 748.0. Zur verfassungsrechtlichen Grundlage vgl. Art. 87 BV (Art. 37ter aBV) sowie JAAG/MÜLLER/TSCHANNEN/ZIMMERLI, S. 86.
[70] Art. 37a und 37b aLFG.
[71] Art. 37 Abs. 1 und 2, Art. 37a und Art. 37b aLFG. Heute finden sich diese Bestimmungen in Art. 36a Abs. 1 und Art. 36b Abs. 1 LFG, wobei es allerdings nur noch für den Betrieb, nicht aber für den Bau von Flughäfen einer Konzession bedarf, da alle im bisherigen Baukonzessionsverfahren geprüften Aspekte nunmehr im Plangenehmigungsverfahren behandelt werden. Vgl. BBl 1998, 2644 f., sowie hinten IV.C.3.

II. Die Entwicklung der bodenbezogenen Entscheidverfahren im Bund 27

spurigkeiten, Unübersichtlichkeiten, Schwierigkeiten mit der Kompetenzabgrenzung sowie unterschiedliche Beschwerdewege zugunsten eines koordinierten einzigen Bewilligungsverfahrens eliminiert[72]. Zusätzlich wurde statuiert, dass bei Erforderlichkeit einer Bewilligung nach einem anderen Bundeserlass die Flughafen-Konzession nur erteilt werden darf, sofern die Zustimmung der entsprechenden Bewilligungsbehörde vorliegt. Der Bundesgesetzgeber hatte sich somit im Bereich des Luftfahrtrechts für das Konzentrationsmodell mit Zustimmungsverfahren entschieden[73].

Bei den *Flugfeldern* brachte die Revision die Regelung, dass im Rahmen des bundesrechtlichen Bewilligungsverfahrens lediglich über die Aspekte Standort, Grösse und Betriebsumfang des Flugplatzes sowie über alle luftfahrtspezifischen Belange zu entscheiden war, während die übrigen baupolizeilichen Fragen in einem ergänzenden kantonalen Baubewilligungsverfahren zu erörtern waren; dieses musste jedoch mit dem bundesrechtlichen Bewilligungsverfahren koordiniert werden[74].

---

[72] Art. 37a Abs. 1 aLFG; BBl 1992 I 625. Vgl. dazu auch JAAG, S. 213.
[73] Art. 37a Abs. 2 aLFG. Im Gegensatz dazu wurde – obwohl nur kurze Zeit vorher erlassen – im totalrevidierten Gewässerschutzgesetz (GSchG) vom 24. Januar 1991 das Konzentrationsmodell mit Anhörungsverfahren gewählt (Art. 48 Abs. 1 aGSchG).
[74] Art. 37b Abs. 1 und 5 aLFG; BBl 1992 I 626. Auch für das bundesrechtliche Bewilligungsverfahren bei Flugfeldern galt das Konzentrationsmodell mit Zustimmungsverfahren (Art. 37b Abs. 1 und 2 aLFG). Vgl. dazu die Kritik von MORAND, S. 259.

4. Die Revision des Natur- und Heimatschutzgesetzes

Mit Bundesgesetz vom 24. März 1995[75] wurde das Natur- und Heimatschutzgesetz (NHG)[76] teilrevidiert. Diese Revision bezweckte hauptsächlich die Eingliederung der Bereiche Denkmalpflege und Moorlandschaftsschutz in das bestehende Natur- und Heimatschutzgesetz. Anlässlich dieser Teilrevision wurden jedoch auch verfahrensrechtliche Neuerungen eingeführt, welche – im Gegensatz zur eigentlichen Stossrichtung der Vorlage – zu mannigfaltiger Kritik Anlass gaben[77].

Die hier interessierenden Änderungen der verfahrensrechtlichen Bestimmungen des Natur- und Heimatschutzgesetzes betrafen insbesondere zwei Punkte: Einerseits sollten verfahrensrechtliche Doppelspurigkeiten im Zusammenhang mit dem Entscheid über Bundessubventionen vermieden werden, indem ein Beschwerdeausschluss für das nachfolgende Subventionsverfahren statuiert wurde, sofern in einem zuvor korrekt abgelaufenen Plangenehmigungsverfahren über das Projekt bereits entschieden worden war[78]. Anderseits wurden aus Gründen der Verfahrensbeschleunigung und -vereinfachung die Gemeinden und gesamtschweizerischen Organisationen verpflichtet, sich bereits am erstinstanzlichen Verfahren bzw. am vorinstanzlichen Rechtsmittelverfahren zu beteiligen, ansonsten ihre Beschwerdelegitimation entfallen würde. Damit verknüpft wurde allerdings, dass die zuständigen Behörden mittels schriftlicher Mitteilung an die betroffenen Gemeinden und Organisationen oder durch Veröffentlichung im Bundesblatt oder im kantonalen Publikationsorgan

---

[75] In Kraft seit 1. Februar 1996.
[76] SR 451. Zur verfassungsrechtlichen Grundlage vgl. Art. 78 BV (Art. 24sexies aBV), JAAG/MÜLLER/TSCHANNEN/ZIMMERLI, S. 159, sowie HALLER/KARLEN, N 90.
[77] BBl 1991 III 1121 ff., insb. 1131.
[78] Art. 12 Abs. 4 und 5 NHG; BBl 1991 III 1139 f.

ihrer Informationspflicht bezüglich der geplanten Vorhaben nachzukommen haben[79].

5. Das neue Militärgesetz

Mit dem neuen Militärgesetz (MG)[80] wurde für den Bereich des Militärrechts eine einheitliche Rechtsgrundlage geschaffen, welche verschiedene bisherige Erlasse ersetzte bzw. abänderte[81]. Für militärische Bauten und Anlagen war nach der altrechtlichen Ordnung weder ein Bewilligungsverfahren auf Bundesebene noch ein solches auf kantonaler Ebene vorgesehen. Deshalb drängte sich im neuen Militärgesetz eine diesbezügliche Regelung auf, dies nicht zuletzt aufgrund erheblicher Kritik sowie als indirekter Gegenvorschlag zur Volksinitiative „40 Waffenplätze sind genug – Umweltschutz auch beim Militär"[82].

Das neu eingeführte Bewilligungsverfahren für militärische Bauten und Anlagen wurde vom Gesetzgeber als Konzentrationsmodell mit Zustimmungsverfahren ausgestaltet. Dementsprechend ersetzte die bundesrechtliche Bewilligung alle anderen vom Bundesrecht vorgesehenen Bewilligungen und schloss kantonale Nutzungspläne sowie Bewilligungen aus, doch war die Zustimmung derjenigen Bundesbehörden erforderlich, die nach einem anderen Bundeserlass für die Erteilung der Bewilligung zuständig wären[83]. Eine Besonderheit wurde für den Fall vorgesehen, dass mit der Errichtung bzw. Änderung von militärischen Bauten und Anlagen

---

[79] Art. 12a NHG; BBl 1991 III 1140 f. Im Interesse der Einheitlichkeit der Verfahrensstraffung und -koordination wurden insbesondere auch die einschlägigen Bestimmungen des Umweltschutzgesetzes entsprechend angepasst (BBl 1991 III 1135; Art. 55 Abs. 4-6 USG).
[80] SR 510.10. In Kraft seit 1. Juli 1995 bzw. 1. Januar 1996. Zur verfassungsrechtlichen Grundlage vgl. Art. 58 bis 60 BV (Art. 18 bis 22 aBV).
[81] Vgl. dazu den umfangreichen Anhang zum MG.
[82] SCHÜRMANN/HÄNNI, S. 394 ff.; BBl 1993 IV 24.

eine Waldrodung verbunden war: Für die Zustimmung der Rodung von Wald war – in Abweichung von der ordentlichen Regelung nach dem Waldgesetz (WaG)[84] – in jedem Fall das Bundesamt für Umwelt, Wald und Landschaft (BUWAL) zuständig[85]. Schliesslich wurde als weitere verfahrensrechtliche Neuerung im Militärgesetz die Möglichkeit der Zusammenlegung von Bewilligungs- und Enteignungsverfahren geschaffen[86].

6. Die Revision des Raumplanungsgesetzes

Mit Bundesgesetz vom 6. Oktober 1995[87] wurde das Raumplanungsgesetz (RPG)[88] einer Teilrevision unterzogen, welche im Wesentlichen die Vereinfachung, Beschleunigung und Koordination von Baubewilligungsverfahren bezweckte. Dabei zielte diese Revision auf die Anpassung der kantonalrechtlichen Verfahrensordnungen an die Vorgaben des Bundesrechts und der bundesgerichtlichen Rechtsprechung ab, weshalb die Thematik der bundesrechtlichen Entscheidverfahren ausgeklammert wurde[89]. Trotzdem wird die Revision des Raumplanungsgesetzes nachfolgend kurz beleuchtet, weil das Revisionsvorhaben gesetzgeberische Lö-

---

[83] Art. 126 Abs. 1 und 2 sowie Art. 128 Abs. 1 aMG; BBl 1993 IV 105 und 107.
[84] SR 921.0. Nach Art. 6 Abs. 1 lit. a aWaG waren die Kantone für Rodungsbewilligungen bis und mit 5'000 m² zuständig.
[85] Art. 128 Abs. 2 aMG; BBl 1993 IV 107 f.
[86] Art. 129 Abs. 2 aMG.
[87] Für den Bereich des Erschliessungsrechts in Kraft seit 1. April 1996 (Art. 19 Abs. 2 und 3 RPG), für den Bereich der Vereinfachung, Beschleunigung und Koordination von Bewilligungsverfahren in Kraft seit 1. Januar 1997 (Art. 25 Abs. 1bis, Art. 25a und Art. 33 Abs. 4 RPG).
[88] SR 700. Zur verfassungsrechtlichen Grundlage vgl. Art. 75 BV (Art. 22^{quater} aBV), JAAG/MÜLLER/TSCHANNEN/ZIMMERLI, S. 136, sowie HALLER/KARLEN, N 71 ff.
[89] BBl 1994 III 1081 und 1086. Zur bundesgerichtlichen Rechtsprechung vgl. vorne II.B.

II. Die Entwicklung der bodenbezogenen Entscheidverfahren im Bund 31

sungsmöglichkeiten der Koordinations-, Vereinfachungs- und Beschleunigungsproblematik aufzeigt[90].

Einerseits sollte mit der Gesetzesrevision eine *Verfahrensbeschleunigung* herbeigeführt werden, indem die Kantone verpflichtet wurden, für alle zur Errichtung oder zur Änderung von Bauten und Anlagen erforderlichen Verfahren Fristen zu setzen und deren Wirkung zu regeln. Den Kantonen wurde bezüglich der Ausgestaltung der Fristen und deren Wirkungen allerdings ein erheblicher Spielraum zugestanden[91].

Anderseits hatte die Gesetzesrevision die *Koordination* der mit der Errichtung bzw. Änderung von Bauten und Anlagen im Zusammenhang stehenden Bewilligungsverfahren zum Ziel. So wurde statuiert, dass die Verfügungen keinerlei Widersprüche enthalten dürften[92]. Weiter wurden die Kantone verpflichtet, eine Behörde zu bestimmen, welche für eine ausreichende Koordination zu sorgen hat[93]. Als bundesrechtliche Minimalvorschrift wurde mithin das Koordinationsmodell festgelegt, darüber hinaus jedoch – in Nachachtung der verfassungsmässigen Ordnung[94] –

---

[90] Dementsprechend wird in der bundesrätlichen Botschaft zum Bundesgesetz über die Koordination und Vereinfachung von Entscheidverfahren verschiedentlich auf die Teilrevision des Raumplanungsgesetzes vom 6. Oktober 1995 hingewiesen (vgl. BBl 1998, 2594 und 2605 f.).

[91] Art. 25 Abs. 1bis RPG; BBl 1994 III 1083 und 1085.

[92] Dabei wurde auf das vom Bundesgericht entwickelte Kriterium des engen Sachzusammenhangs (vgl. dazu FN 12) verzichtet, womit die Koordinationspflicht auf alle für die Errichtung bzw. Änderung einer Baute oder Anlage erforderlichen Verfügungen ausgedehnt wurde (BBl 1994 III 1084).

[93] Art. 25a RPG. Vgl. etwa für den Kanton Zürich die entsprechende Regelung in § 319 Abs. 2 des Gesetzes über die Raumplanung und das öffentliche Baurecht (Planungs- und Baugesetz) vom 7. September 1975 (LS 700.1) sowie in §§ 7 ff. der Bauverfahrensverordnung vom 3. Dezember 1997 (LS 700.6).

[94] Nach Art. 75 Abs. 1 BV (Art. 22^{quater} Abs. 1 aBV) kommt dem Bund auf dem Gebiet der Raumplanung eine Grundsatzgesetzgebungskompetenz zu. Die Verfahrenshoheit liegt jedoch grundsätzlich bei den Kantonen, weshalb es dem Bund verwehrt

kein bestimmtes Verfahrenssystem vorgeschrieben, weshalb es den Kantonen überlassen blieb, auf welche Weise sie das Koordinationsmodell ausgestalteten oder ob sie sich gar für das Konzentrationsmodell entschieden[95].

Eine andere Lösung wählte der Bundesgesetzgeber hingegen für das *Rechtsmittelverfahren*, indem er – um den Verfahrensbeteiligten einen wirksamen Rechtsschutz gewährleisten zu können – die Kantone zur Schaffung einheitlicher Rechtsmittelinstanzen verpflichtete und somit das Konzentrationsmodell vorschrieb. Allerdings fallen die Spezialbewilligungsbehörden des Bundes nicht unter dieses Konzentrationsgebot, weil deren Entscheide nicht einer Überprüfung durch kantonale Rechtsmittelinstanzen unterliegen[96].

D. Das Bundesgesetz über die Koordination und Vereinfachung von Entscheidverfahren

1. Die Vorarbeiten

Parallel zur soeben dargestellten Einführung von Minimalanforderungen für die kantonalen planungs- und baurechtlichen Entscheidverfahren entschied sich der Bundesrat, auch die verfahrensrechtliche Problematik von Bauten und Anlagen, deren Erstellung und Änderung in der Bewilligungshoheit des Bundes liegt, anzugehen. So wurde Ende 1991 das Seminar für öffentliches Recht der Universität Bern beauftragt, eine Machbar-

---

ist, eine vollständige Regelung des Baubewilligungsverfahrens zu erlassen. Vgl. BBl 1994 III 1084 und 1091 sowie HALLER/KARLEN, N 75 ff.

[95] BBl 1994 III 1085 f. Vgl. dazu auch HUBMANN, Koordination, S. 768 ff., sowie hinten III.B.

[96] Art. 33 Abs. 4 RPG; BBl 1994 III 1089. Vgl. auch HUBMANN, Koordination, S. 771.

II. Die Entwicklung der bodenbezogenen Entscheidverfahren im Bund

keitsstudie über die Vereinfachung und Beschleunigung von schwergewichtig durch Bundesrecht geregelten Entscheidverfahren zu erstellen[97].

Diese sehr umfangreiche Darstellung der relevanten Entscheidverfahren erschien im Januar 1993[98], worauf der Bundesrat die Verwaltungskontrolle mit der Ausführung einer Studie über die Verbesserung der Koordination der Entscheidverfahren für bodenbezogene Grossprojekte beauftragte. Die in der Folge aufgezogene Projektorganisation umfasste eine Interdepartementale Arbeitsgruppe (IDAG), acht projektspezifische Untergruppen[99] sowie einen Leitenden Ausschuss (LA), wobei in diesen Gremien sowohl Vertreter der Bundesverwaltung als auch der Kantone und weitere Fachleute Einsitz nahmen[100]. Der Gesamtbericht der IDAG zuhanden des Leitungsausschusses erschien im Herbst 1994[101], worauf dieser die Ergebnisse in einem eigenen Bericht würdigte. Aufgrund all dieser Berichte entschied der Bundesrat mit Beschluss vom 13. September 1995, dass für die in der Regelungszuständigkeit des Bundes liegenden

---

[97] BBl 1998, 2594.
[98] ZIMMERLI ULRICH/SCHEIDEGGER STEPHAN, Verbesserung der Koordination der Entscheidverfahren für bodenbezogene Grossprojekte. Machbarkeitsstudie erstellt im Auftrag der Verwaltungskontrolle des Bundesrats, Bern 1993. Diese Arbeit enthält insbesondere eine umfassende Darstellung der bisherigen Zuständigkeiten, Verfahrensabläufe und materiellrechtlichen Grundlagen für die zwölf untersuchten Projektarten, eine Zusammenfassung der koordinationsrechtlich relevanten Judikatur, mögliche Koordinationsmodelle sowie Empfehlungen.
[99] Folgende projektspezifische Arbeitsgruppen wurden eingesetzt: „Eisenbahn- und Hafenanlagen", „Elektrische Anlagen", „Nationalstrassen", „Rohrleitungsanlagen", „Touristische Transportanlagen", „Wasserkraftwerke", „Meliorationen" sowie „Deponien, Materialabbaustellen und weitere touristische Anlagen". Die Bezeichnung der letzteren Arbeitsgruppe erscheint etwas unglücklich gewählt und ist dementsprechend als terminologische Kuriosität zu qualifizieren.
[100] BBl 1998, 2594.
[101] Verwaltungskontrolle des Bundesrates, Koordination der Entscheidverfahren. Gesamtbericht der Interdepartementalen Arbeitsgruppe zuhanden des Leitungsausschusses, Bern 1994.

bodenbezogenen Projekte alle erforderlichen Verfahren zusammenzulegen sowie weitere Verfahrensverbesserungen einzuführen seien.

2. Der Vorentwurf und die Vernehmlassung

Zur Umsetzung dieser Vorgaben wurde eine Interdepartementale Arbeitsgruppe unter Federführung des EVED eingesetzt, welche in der Folge die Vernehmlassungsvorlage ausarbeitete[102]. In diesem Vorentwurf mit dem Titel *"Bundesgesetz über die Koordination und die Vereinfachung der Entscheidverfahren"* wurde im Rahmen eines Mantelerlasses die Änderung von 17 bestehenden Bundesgesetzen vorgeschlagen[103]. Aufgrund von verschiedenen Eigenheiten der einzelnen Projekt- und Verfahrensarten war auf die Schaffung eines selbständigen Koordinationsgesetzes

---

[102] Für Einzelheiten vgl. MARTI, Vernehmlassungsentwurf, S. 858 ff.
[103] Folgende Bundesgesetze wurden vom Vernehmlassungsentwurf erfasst: RVOG, OG, NHG, MG, EntG, WRG, NSG, EleG, EBG, TBG, RLG, BSG, LFG, USG, GSchG, WaG sowie BGF. Daraus ergibt sich, dass grundsätzlich alle in die Bewilligungshoheit bzw. Regelungszuständigkeit des Bundes fallenden bodenbezogenen Projekte erfasst werden sollten. Vom Vernehmlassungsentwurf nicht abgedeckt wurden allerdings die Eisenbahn-Grossprojekte, der Nationalstrassenbau (diesbezüglich sollten nur einige kleinere Anpassungen vorgenommen werden), die touristischen Transportanlagen sowie die Kernenergieanlagen (MARTI, Vernehmlassungsentwurf, S. 860). Bei den *Kernenergieanlagen* sollten verfahrensrechtliche Instrumentarien zur Koordination, Vereinfachung und Beschleunigung im Rahmen einer Totalrevision des Atomenergierechts behandelt werden, was mit dem Vernehmlassungsentwurf zu einem Kernenergiegesetz (E-KEG) vom 6. März 2000 inzwischen auch geschehen ist (vgl. dazu auch die entsprechende Medienmitteilung des UVEK vom 6. März 2000). Bei den *touristischen Transportanlagen* zeichnet sich insofern eine Änderung ab, als mit Art. 87 der neuen Bundesverfassung (BV) dem Bund eine umfassende Gesetzgebungskompetenz für den Bereich der Seilbahnen eingeräumt worden ist. Es ist geplant, dass der Bund von dieser Kompetenz Gebrauch machen und ein Seilbahngesetz erlassen wird, welches sich an den verfahrensrechtlichen Grundsätzen des Koordinationsgesetzes orientiert (vgl. BBl 1999, 8459 f.; BBl 2000, 1018).

verzichtet worden, doch sollte – soweit als möglich – eine verfahrensrechtliche Vereinheitlichung angestrebt werden.

Entsprechend dem oben erwähnten Bundesratsbeschluss wurden in der Vernehmlassungsvorlage die verschiedenen Verfahren nach dem *Konzentrationsmodell* ausgestaltet, indem alle für ein Projekt erforderlichen Verfahren bei einer Leitbehörde zusammengefasst werden sollten, welche den Gesamtentscheid zu fällen hat. Aufgrund dieser Entscheidungskonzentration bei der Leitbehörde würden die bisher bestehenden Nebenbewilligungsverfahren entfallen, doch sollte den für die Nebenbewilligungen zuständigen Behörden ein *Anhörungsrecht* eingeräumt und für den Fall von Unstimmigkeiten ein behördeninternes *Bereinigungsverfahren* eingeführt werden. Falls ein bodenbezogenes Vorhaben auch eine *Rodungsbewilligung* erfordern würde, sollte – in Übereinstimmung mit dem gewählten Konzentrationsmodell, aber entgegen der erst 1991 aus dem bisherigen Forstrecht ins neue Waldgesetz übernommenen Regelung[104] – die für den Gesamtentscheid zuständige Bewilligungsbehörde auch über die Rodung entscheiden. Allerdings war für grössere Rodungsvorhaben, welche eine Fläche von 5'000 m² überschreiten, eine Anhörungspflicht des BUWAL seitens der kantonalen Bewilligungsbehörden vorgesehen.

Weiter strebte die Vernehmlassungsvorlage eine *Zusammenlegung von Plangenehmigungs- und Enteignungsverfahren* an. Schliesslich wurde im Bereich des Rechtsschutzes die Beibehaltung eines zweistufigen Instanzenzugs vorgeschlagen, wobei aber anstelle des bisher zuständigen Departements als erste Rechtsmittelbehörde neu eine *verwaltungsunabhängige Rekurskommission* treten und anschliessend grundsätzlich die *Verwaltungsgerichtsbeschwerde ans Bundesgericht* zulässig sein sollte. Auf Bestimmungen über die *Verfahrensbefristung* wurde im Vernehmlas-

---

[104] Vgl. dazu FN 84.

sungsentwurf verzichtet, doch sollten solche Regelungen auf Verordnungsstufe eingeführt werden können[105].

Das Vernehmlassungsverfahren zeigte, dass der Handlungsbedarf im Bereich der bundesrechtlichen bodenbezogenen Entscheidverfahren unbestritten war und der Gesetzesentwurf mithin überwiegend positiv aufgenommen wurde. Jedoch stiess das vom Bundesrat gewählte Konzentrationsmodell mit Anhörungsverfahren insbesondere bei der Sozialdemokratischen Partei der Schweiz (SPS), der Grünen Partei der Schweiz (GPS), den Gewerkschaften sowie den Umweltverbänden auf Kritik. Zudem wurde von Seiten der Kantone und von Interessengruppierungen, welche potentielle Gesuchsteller vertraten, die geplante Zusammenlegung von Plangenehmigungs- und Enteignungsverfahren im Bereich der elektrischen Anlagen bzw. die Zusammenlegung von Plangenehmigungs- und Konzessionsverfahren im Bereich der Wasserkraftwerke und der Rohrleitungen teilweise kritisiert[106].

Auch in der Lehre stiess die Vernehmlassungsvorlage auf Interesse. So hob etwa MARTI vor dem Hintergrund der relativ radikalen Neuorganisation und Vereinfachung der bundesrechtlichen Bewilligungsverfahren die geplanten Sicherungen zur Gewährleistung eines korrekten Vollzugs des Umweltschutzrechts hervor und warnte vor der Vereitelung dieser flankierenden Massnahmen im politischen Prozess[107].

---

[105] MARTI, Vernehmlassungsentwurf, S. 858 ff.
[106] Vgl. BBl 1998, 2611 f.
[107] MARTI, Vernehmlassungsentwurf, S. 861. MARTI leitete die vom Bundesamt für Raumplanung eingesetzte Beratergruppe "Bewilligungsverfahren für Bauten und Anlagen" und war zudem Mitglied der vom Bundesrat eingesetzten Interdepartementalen Arbeitsgruppe "Koordination der Entscheidverfahren". Von seiner profunden Auseinandersetzung mit der im Rahmen dieser Arbeit behandelten Thematik zeugen auch die zahlreichen von ihm verfassten Publikationen (vgl. dazu das Literaturverzeichnis).

3. Der bundesrätliche Entwurf und die parlamentarischen Beratungen

Nach Ansicht des Bundesrats ergab sich aufgrund des Vernehmlassungsverfahrens kein Änderungsbedarf an den Grundzügen der Vorlage[108]. Jedoch wurden einige Detailbestimmungen überprüft und angepasst. So wurde insbesondere das verwaltungsinterne Bereinigungsverfahren ausgebaut, um den angemeldeten Bedenken am Konzentrationsmodell mit Anhörungsverfahren zusätzlich Rechnung zu tragen. Ausserdem wurden einige Bestimmungen mit Fristenregelungen in die Vorlage aufgenommen. Es stellte sich sodann heraus, dass auch eine Teilrevision des Arbeitsgesetzes (ArG)[109] im Rahmen des geplanten Mantelerlasses angestrebt werden sollte, weil im Bereich des Arbeitsgesetzes zusätzlicher Koordinationsbedarf bestand. Weiter entschied der Bundesrat, dass der Bundesbeschluss über die Eisenbahn-Grossprojekte nicht wie geplant separat weiter bestehen[110], sondern definitiv ins Eisenbahngesetz überführt und mithin auch Gegenstand der anstehenden Gesetzesrevision werden sollte. Schliesslich wurden Bestimmungen aus dem Bereich des Datenschutzes in die Vorlage aufgenommen, um dem entsprechenden Gesetzgebungsauftrag nachzukommen[111].

---

[108] BBl 1998, 2612 f.; MARTI, Botschaft, S. 183 ff.
[109] SR 822.11. Zur verfassungsrechtlichen Grundlage vgl. Art. 110 BV (Art. 34ter aBV).
[110] Vgl. FN 103.
[111] Es ist allerdings fraglich, ob die mit dem neuen Koordinationsgesetz vorgeschlagene und auch realisierte Aufnahme von datenschutzrechtlichen Bestimmungen dem Gebot der Einheit der Materie (vgl. dazu HÄFELIN/HALLER, N 599 f.) genügend Rechnung trägt, zumal der Mantelerlass – wie auch aus dem Titel unmissverständlich hervorgeht – ausschliesslich die Koordination und Vereinfachung von Entscheidverfahren zum Gegenstand hat. Zudem war die Integration von datenschutzrechtlichen Bestimmungen in das Koordinationsgesetz weder sachlich noch zeitlich zwingend, da diese Gesetzesänderungen auch im Rahmen der bundesrätlichen Vorlage vom 25. August 1999 zur Schaffung bzw. Anpassung gesetzlicher Grundlagen für die Bearbeitung von Personendaten hätten vorgenommen werden können (vgl. BBl 1999, 9005 ff.; BBl 2000, 2136 ff.; AS 2000, 1891 ff.).

Unter Einbezug der soeben dargestellten Anpassungen verabschiedete der Bundesrat am 25. Februar 1998 die Botschaft und den Entwurf zu einem *"Bundesgesetz über die Koordination und Vereinfachung der Plangenehmigungsverfahren"* zuhanden der Eidgenössischen Räte[112]. In der Folge behandelte der Ständerat die Gesetzesvorlage in der Herbstsession 1998 als Erstrat. Dabei fand der Entwurf in seinen Grundzügen in der Kammer der Standesvertreter weitgehende Zustimmung. So wurde Eintreten ohne Gegenstimme beschlossen und der Entwurf in der Gesamtabstimmung einstimmig gutgeheissen[113]. Einzig die im Waldgesetz vorgesehene Anhörungspflicht des BUWAL durch die Kantone bei Rodungsbewilligungen von grösserem Ausmass sorgte für heftige Diskussionen im Ständerat. Diesbezüglich wurde etwa ausgeführt, dass die geplante Anhörungspflicht des BUWAL zu einer unnötigen Verfahrenskomplizierung führe und auf einer Arroganz der Bundesbehörden fusse, da diese die alleinige Sach- und Fachkompetenz für sich in Anspruch nähmen. Der Antrag der Kommissionsminderheit, welcher die Streichung der entsprechenden Bestimmung beinhaltete, wurde in der Einzelabstimmung relativ knapp gutgeheissen[114].

Am 4. November 1998 präsentierte der Bundesrat eine Ergänzung zur bereits verabschiedeten Botschaft über die Koordination und Vereinfachung der Plangenehmigungsverfahren, mit welcher zusätzlich die Änderung des Nationalstrassengesetzes beantragt wurde[115]. Ursprünglich war aufgrund des bereits weitgehend realisierten Nationalstrassennetzes geplant,

---

[112] BBl 1998, 2591 ff. Der geplante Titel für den Mantelerlass wurde somit in dem Sinn präzisiert, dass nunmehr von der Koordination und Vereinfachung der *Plangenehmigungsverfahren* die Rede war, was jedoch angesichts der Tatsache, dass durch den geplanten Erlass auch Enteignungs-, Rodungs-, Subventions- sowie weitere bodenbezogene Verfahren erfasst würden, zu eng war (MARTI, Botschaft, S. 185).

[113] Amtl.Bull. StR 1998, 1062 ff., insb. 1064 und 1076.

[114] Amtl.Bull. StR 1998, 1072 ff. Vgl. auch vorne II.D.2.

[115] BBl 1999, 931 ff.

im Rahmen des Mantelerlasses bloss kleinere Anpassungen am Nationalstrassengesetz vorzunehmen und somit von einer generellen Verfahrensänderung in diesem Rechtsbereich abzusehen[116]. Nachdem eine vom Bundesrat im Frühjahr 1996 eingesetzte Arbeitsgruppe "Standards im Nationalstrassenbau" in ihrem Schlussbericht verschiedene Massnahmen zur Vermeidung weiterer Kostensteigerungen vorschlug, entschied der Bundesrat, zwei dieser Massnahmen durch die Übernahme der im Bundesgesetz über die Koordination und Vereinfachung der Plangenehmigungsverfahren vorgesehenen Verfahrensregelung ins Nationalstrassengesetz umzusetzen[117]. So sollten durch das Zusammenlegen aller Spezialverfahren im Hauptverfahren die zügige Projektabwicklung und die Verfahrenskoordination sichergestellt werden. Weiter sollte die Genehmigungskompetenz über die Ausführungsprojekte von den Kantonen zum Bund verlagert werden[118]. Schliesslich wurde bezüglich der Rechtsmittelordnung vorgeschlagen, dass gegen den Genehmigungsentscheid des UVEK die Beschwerde an eine verwaltungsunabhängige Rekurskommission und in der Folge die Verwaltungsgerichtsbeschwerde ans Bundesgericht zulässig wären[119].

In der Frühjahrssession 1999 behandelte der Nationalrat als Zweitrat das Bundesgesetz über die Koordination und Vereinfachung der Plangenehmigungsverfahren, wobei ihm bezüglich der bundesrätlichen Ergänzungen betreffend das Nationalstrassenrecht die Rolle des Erstrats zukam. Anders als im Ständerat stiess die Vorlage in der Grossen Kammer auf teilweise harsche Kritik. Zwar wurde auch im Nationalrat Eintreten ohne

---

[116] Vgl. FN 103 sowie BBl 1998, 2609 f.
[117] Vgl. dazu auch Bosonnet, S. 286 f., welcher das wenig koordinierte Vorgehen des Bundesrats kritisiert.
[118] Im Vernehmlassungsverfahren stiess diese Kompetenzverlagerung insbesondere bei den Kantonen auf Kritik. Dennoch hielt der Bundesrat an dieser Regelung fest (BBl 1999, 934).
[119] BBl 1999, 932 ff.

Gegenantrag beschlossen, doch zeigte sich bereits in der Eintretensdebatte, dass insbesondere die Ratslinke verschiedene Vorbehalte anbrachte[120]. In der Detailberatung ergaben sich die folgenden Hauptstreitpunkte: Das Konzentrationsmodell mit Anhörungsverfahren sollte gemäss einem Minderheitsantrag durch das Konzentrationsmodell mit Zustimmungsverfahren ersetzt werden, doch scheiterte dieser Antrag deutlich. Sodann wurde gegen die Kompetenzverschiebung im Nationalstrassenbau opponiert; die Ratsmehrheit folgte jedoch dem Bundesrat und der vorberatenden Kommission. Schliesslich wurde – wie schon im Ständerat – die Anhörungspflicht des BUWAL bei grösseren Rodungen kritisiert, doch vermochte ein entsprechender Streichungsantrag keine Mehrheit im Plenum zu finden[121]. Zudem beschloss der Nationalrat – m. E. zu Recht – eine Änderung des Titels für das geplante Bundesgesetz, indem der Ausdruck *"der Plangenehmigungsverfahren"* durch denjenigen *"von Entscheidverfahren"* ersetzt wurde[122]. In der Gesamtabstimmung wurde die Vorlage schliesslich mit einer respektablen Mehrheit von 121 zu 4 Stimmen (bei 2 Enthaltungen) angenommen[123].

Der Ständerat behandelte in der Sommersession 1999 die aus den Beratungen und Beschlüssen des Nationalrats resultierenden Differenzen sowie – als Zweitrat – die Revision des Nationalstrassengesetzes[124]. Er folgte

---

[120] Amtl.Bull. NR 1999, 49 ff., insb. 53 ff.
[121] Amtl.Bull. NR 1999, 55 ff., 61 ff. und 70 ff.
[122] Amtl.Bull. NR 1999, 55. Zur Titelsetzung vgl. auch FN 112 sowie vorne I.C. (dort insbesondere FN 5). Im Folgenden wird der neue Mantelerlass entweder als *Bundesgesetz über die Koordination und Vereinfachung von Entscheidverfahren* oder als *Koordinationsgesetz* bezeichnet. Auch wenn letzterer Begriff aufgrund der mit diesem Gesetz verfolgten Zielsetzung ungenau ist und der Terminus *Konzentrationsgesetz* zu bevorzugen wäre (vgl. MARTI, Bundeskoordinationsgesetz, S. 294), wird in der vorliegenden Arbeit der gebräuchliche Begriff des Koordinationsgesetzes verwendet.
[123] Amtl.Bull. NR 1999, 74.
[124] Amtl.Bull. StR 1999, 440 ff.

II. Die Entwicklung der bodenbezogenen Entscheidverfahren im Bund   41

den betreffenden nationalrätlichen Beschlüssen – mit einer Ausnahme – ohne weitere Diskussion. Einzig die vorgeschlagene und vom Nationalrat genehmigte Anhörungspflicht des BUWAL durch die kantonalen Bewilligungsbehörden bei Waldrodungen von grösserem Ausmass führte im Ständerat zu erneuten Diskussionen. Dabei brachte das Votum von Ständerat Frick (CVP) den Hauptgrund für die teilweise vehemente Ablehnung der Anhörungspflicht des BUWAL anschaulich zum Ausdruck:[125]

> "Ich habe aus den Voten herausgehört, dass der Antrag auf Streichung von Abs. 2 vor allem ein Protest ist, der auf Verärgerungen angesichts der früheren Praxis beruht. Ich schliesse nicht aus, dass auch seitens der Bundesbehörden Fehler gemacht wurden. Aber dieser Antrag scheint mir vor allem ein Ventil für aufgelaufenen Ärger zu sein. Aber wir dürfen ein Gesetz nicht aus einer Verärgerung heraus formulieren. (...) Nachdem ich die Voten gehört habe, meine ich fast, es gehe weniger um den zu rodenden Wald als – um es zu personifizieren – um den Rodewald. Aber das ist keine Art, in der wir Gesetzgebung betreiben sollen."

Nachdem Bundesrat Leuenberger dem Ständerat noch einmal den Standpunkt der Regierung dargelegt und insbesondere auch darauf hingewiesen hatte, dass es sich bei der Anhörungspflicht des BUWAL um die allerletzte Differenz im zu behandelnden Mantelerlass handle und es keinen Sinn mache, die Vorlage weiter hin- und herzuschieben, folgte der Ständerat – wenn auch nur äusserst knapp – dem Beschluss des Nationalrats[126].

Daraufhin wurde das Bundesgesetz über die Koordination und Vereinfachung von Entscheidverfahren von beiden Räten in den Schlussabstim-

---

[125] Amtl.Bull. StR 1999, 443. Zur Erläuterung: Herr Rodewald ist Geschäftsführer der Schweizerischen Stiftung für Landschaftsschutz und -pflege.
[126] Der Antrag der Kommissionsmehrheit auf Festhalten am Ständeratsbeschluss wurde vom Plenum mit 13 zu 14 Stimmen abgelehnt (Amtl.Bull. StR 1999, 443 f.).

mungen vom 18. Juni 1999 gutgeheissen[127]. Anlässlich der parlamentarischen Beratungen zeigte sich, dass die Vorlage aufgrund ihrer Komplexität sowohl für Nichtjuristen wie auch für sich nicht mit der betreffenden Materie beschäftigende Juristen schwer verständlich und fassbar war. Dies veranlasste etwa Bundesrat Leuenberger zu folgenden, in den Räten abgegebenen Voten: [128]

> "Es handelt sich – das merkt man vielleicht an der relativ kurzen Rednerliste zum Eintreten auf dieses Geschäft – um eine vielleicht etwas juristische und komplizierte Materie. Dessen ungeachtet hat sie einen wichtigen politischen Gehalt, nämlich in dem Sinne, dass wir unseren Willen effizienter umsetzen wollen und uns nicht in verschiedensten Verfahren verlieren dürfen."
>
> "Sie haben ja jetzt über Gesetze entschieden, von denen Sie wahrscheinlich, wie auch ich, vorher gar nicht wussten, dass sie existierten: Bundesgesetz über die Trolleybusunternehmungen und Bundesgesetz über die Binnenschifffahrt und weiss nicht was alles."

Zudem erwies sich in den parlamentarischen Beratungen, dass das geplante Bundesgesetz – trotz der teilweise radikalen Neugestaltung des Verfahrensrechts – insgesamt zu erstaunlich wenig Kritik Anlass gab, was beispielsweise im Votum von Ständerat Plattner (SPS) zum Ausdruck kam:[129]

---

[127] Die Vorlage wurde im Nationalrat mit 161 zu 9 Stimmen bei einer Enthaltung (Amtl.Bull. NR 1999, 1405 f.) und im Ständerat einstimmig (Amtl.Bull. StR 1999, 599) angenommen.
[128] Amtl.Bull. StR 1998, 1064; Amtl.Bull. NR 1999, 74.
[129] Amtl.Bull. StR 1998, 1073. Vgl. dazu auch MARTI, Gesetzgebung, S. 15 ff., welcher in einem Aufsatz aus dem Jahr 1995 die Problematik der politischen Realisierbarkeit der vorgeschlagenen Massnahmen zur Verbesserung der Bewilligungsverfahren für Bauten und Anlagen hervorhob.

"Wenn Sie sich daran zurückerinnern, wie die Idee der Konzentration der Entscheidverfahren bei grossen Projekten – seinerzeit, als sie aufkam – in den Reihen der Umwelt- und Naturschutzorganisationen für grösste Sorge und Aufregung sorgte, dann teilen Sie vielleicht meine Befriedigung oder vielleicht sogar mein Erstaunen darüber, wie ruhig heute diese ganze Debatte über die Bühne geht. Es wird kaum diskutiert; man hat grundsätzlich eingesehen und verstanden, was hier läuft. Es braucht also nicht mehr der Teufel an die Wand gemalt zu werden, hier breche der ganze Schutz der Ökologie zusammen."

4. Die Inkraftsetzung des neuen Bundesgesetzes

Nach der am 29. Juni 1999 im Bundesblatt erfolgten Publikation[130] sowie dem unbenutzten Ablauf der hunderttägigen Referendumsfrist wurde das Bundesgesetz über die Koordination und Vereinfachung von Entscheidverfahren – mit Ausnahme der Änderungen im Wasserrechtsgesetz (WRG) – per *1. Januar 2000* in Kraft gesetzt[131].

Mit der Inkraftsetzung wurden gleichzeitig auch umfangreiche Rechtsanpassungen auf *Verordnungsstufe* vorgenommen. Dabei erfolgten die notwendigen Änderungen hauptsächlich im Rahmen der Verordnung zum Bundesgesetz über die Koordination und Vereinfachung von Entscheidverfahren vom 2. Februar 2000, mit welcher vier Verordnungen neu erlassen und 22 Verordnungen angepasst wurden[132]. Im Gegensatz zum neuen

---

[130] BBl 1999, 5043 ff.
[131] AS 1999, 3071 ff., insb. 3124. Die revidierten Bestimmungen im Wasserrechtsgesetz wurden per 1. März 2000 in Kraft gesetzt.
[132] AS 2000, 703 ff. Neu erlassen wurden die Verordnung über die Nutzbarmachung der Wasserkräfte (Wasserrechtsverordnung, WRV; SR 721.801), die Verordnung über das Plangenehmigungsverfahren für elektrische Anlagen (VPeA; SR 734.25), die Verordnung über das Plangenehmigungsverfahren für Eisenbahnanlagen (VPVE; SR 742.142.1; vgl. dazu auch FN 25) sowie die Rohrleitungsverordnung

Koordinationsgesetz und vereinzelten vorgezogenen Verordnungsänderungen[133] wurden diese Anpassungen allerdings erst per 1. März 2000 in Kraft gesetzt[134], was aus Gründen der Rechtssicherheit nicht befriedigt[135].

(RLV; SR 746.11). Weitere, durch das neue Koordinationsgesetz bedingte Rechtsanpassungen erfolgten mit der Verordnung über die Änderung von Rechtsmittelbestimmungen in Verordnungen im Nationalstrassen- und im Elektrizitätsbereich vom 2. Februar 2000 (AS 2000, 762 f.), mit der am 12. April 2000 vorgenommenen Änderung der Eisenbahnverordnung (AS 2000, 1386 f.) sowie mit der Änderung der Verordnung 4 zum Arbeitsgesetz vom 10. Mai 2000 (AS 2000, 1636 ff.). Vgl. dazu auch MARTI, Bundeskoordinationsgesetz, S. 301 ff.

[133] Anpassungen der Verordnung über Organisation und Verfahren eidgenössischer Rekurs- und Schiedskommissionen (VRSK, SR 173.31; AS 1999, 3497); Ablösung der Militärischen Baubewilligungsverordnung (aMBV) durch die Militärische Plangenehmigungsverordnung (MPV, SR 510.51; AS 2000, 69 ff.); Anpassungen der Verordnung über die Nationalstrassen (NSV, SR 725.111; AS 2000, 345 ff.).

[134] Vgl. Ziff. 3 der Verordnung zum Bundesgesetz über die Koordination und Vereinfachung von Entscheidverfahren vom 2. Februar 2000 (AS 2000, 731).

[135] Zudem erfolgte die Publikation der Verordnung zum Bundesgesetz über die Koordination und Vereinfachung von Entscheidverfahren erst Ende März 2000. Damit wurde auch den Bestimmungen von Art. 6 Abs. 1 i. V. m. Art. 1 lit. d des Publikationsgesetzes (PublG) nicht Genüge geleistet, weil diese Rechtsanpassungen mindestens fünf Tage vor ihrem Inkrafttreten in der Amtlichen Sammlung des Bundesrechts hätten publiziert werden müssen. Allenfalls könnte die verspätete Publikation mit der Ausnahmebestimmung von Art. 7 Abs. 1 lit. b PublG begründet werden, doch ist m. E. fraglich, ob vom Vorliegen ausserordentlicher Verhältnisse gesprochen werden kann.

III. Das Konzentrationsmodell mit Anhörungsverfahren

A. Einleitung

Die in der Schweiz in den letzten Jahren und Jahrzehnten erfolgten umfangreichen Gesetzgebungsarbeiten führten zu einer erheblichen Zunahme der Regelungsdichte. Dabei trugen insbesondere die zahlreichen Spezialerlasse, welche jeweils eine eigenständige materiell- und verfahrensrechtliche Ordnung enthielten, dazu bei, dass die verschiedenen neu geschaffenen Normen zu wenig aufeinander abgestimmt wurden, was wiederum dazu führte, dass Entscheidverfahren nicht oder nur ungenügend koordiniert wurden und es im ungünstigsten Fall gar zu widersprüchlichen Entscheiden kam, ganz abgesehen von den damit verbundenen zeitlichen Verzögerungen[136].

Nachdem die Kritik an diesen materiell- und verfahrensrechtlichen Unzulänglichkeiten seitens der Praxis und der Politik immer lauter geworden war[137], erfolgten intensive Diskussionen, wie die Koordinationsproblematik angegangen werden könnte[138]. Dabei stand die *organisatorische Verfahrensausgestaltung* im Mittelpunkt der Reformbemühungen, was in diesem Kapitel thematisiert werden soll. So wird nachfolgend dargestellt,

---

[136] Bei den materiellrechtlichen Normen führte dies teilweise dazu, dass mehrere Bewilligungstatbestände auf den gleichen Sachverhalt anwendbar waren und dabei eine Normenkollision entstand. MARTI, Möglichkeiten, S. 232, verweist diesbezüglich auf die Problematik von Gesetzeskonkurrenzen, wie sie insbesondere im Bereich des Strafrechts (Real- und Idealkonkurrenzen) bestehen. Vgl. auch HUBMANN TRÄCHSEL, Bewilligungsverfahren, S. 53, sowie vorne I.A. und II.A.
[137] Zu den Einzelheiten vgl. vorne II.B. und II.C.1.
[138] Wohl konzentrierten sich die Diskussionen auf die Koordinationsproblematik, doch wurden regelmässig auch die Aspekte der Verfahrensvereinfachung und Verfahrensbeschleunigung behandelt, was damit zusammenhängen dürfte, dass

welche Koordinationsmodelle zur Diskussion standen, weshalb der Gesetzgeber mit dem neuen Koordinationsgesetz das Konzentrationsmodell wählte und wie er es konkret ausgestaltete (III.B.). Weiter wird die Rolle der bis anhin kompetenten Nebenbewilligungsbehörden untersucht, indem zuerst die beiden Verfahrensmodelle der Zustimmung bzw. Anhörung besprochen und daraufhin die Gründe für die mit dem Koordinationsgesetz erfolgte Wahl des Anhörungsverfahrens sowie dessen Ausgestaltung dargestellt werden (III.C.).

Im Rahmen der Koordinationsdiskussion wurde neben den organisatorischen Fragen wiederholt auch auf den *zeitlichen Aspekt der Koordination* hingewiesen. So wurde etwa angeführt, die Koordination solle so frühzeitig als möglich erfolgen, da in einem frühen Stadium am ehesten eine einvernehmliche und allseits abgestimmte Lösung gefunden werden könne. Ausserdem sei eine frühzeitige Koordination auch im Interesse des Gesuchstellers, da dieser auf diese Weise die Realisierbar- und Wirtschaftlichkeit seines Projekts bereits in einem frühen Stadium umfassend abschätzen könne[139].

---

sich diese drei verfahrensrechtlichen Instrumente im Ergebnis nur schwer voneinander abgrenzen lassen.

[139] Vgl. etwa HUBMANN TRÄCHSEL, Bewilligungsverfahren, S. 59 f., PFISTERER, S. 360 ff., GUTACHTEN ZIMMERLI/SCHEIDEGGER, S. 233 f., HÄNNI, S. 53, WAGNER, S. 145 f., und den vorne unter II.B.2. auszugsweise wiedergegebenen BGE 114 Ib 224 ff. In der Botschaft zum Bundesgesetz über die Koordination und Vereinfachung von Entscheidverfahren wurde diesbezüglich ausgeführt, dass die Gesuchsteller zwecks Projektoptimierung eine möglichst frühzeitige Zusammenarbeit mit sämtlichen betroffenen Behörden anstreben sollten, wofür allerdings keine gesetzliche Regelung erforderlich sei, da die frühzeitige Zusammenarbeit im eigenen Interesse der Gesuchsteller liege (BBl 1998, 2595).

III. Das Konzentrationsmodell mit Anhörungsverfahren   49

B. Das Konzentrationsmodell

1. Die verschiedenen Modelle[140]

a. Das Separationsmodell

Das Wesen des Separationsmodells zeichnet sich dadurch aus, dass die Entscheidungskompetenzen der verschiedenen Behörden voneinander abgegrenzt werden sollen, indem die massgeblichen materiellrechtlichen Normen auf die im Einzelfall erforderlichen Bewilligungen aufgeteilt und den betreffenden Entscheidungsträgern abschliessend zugeordnet werden[141].

Diesem Verfahrenssystem liegt der Gedanke der *Einheit und Widerspruchslosigkeit der Rechtsordnung* zugrunde: Danach hat der Gesetzgeber keine mehrfache Prüfung und Entscheidung der gleichen Rechtsfragen durch erstinstanzliche Behörden angestrebt, auch wenn durchaus die Möglichkeit bestehen kann, dass die verschiedenen Bewilligungsvoraussetzungen teilweise Ähnlichkeiten aufweisen oder gar übereinstimmen. Deshalb ist – zumindest theoretisch – weder eine Entscheidabstimmung zwischen den einzelnen Bewilligungsbehörden erforderlich, noch können sich Doppelprüfungen der gleichen Fragen und – daraus resultierend – widersprüchliche Entscheide ergeben. Das Separationsmodell bedingt allerdings, dass die Bewilligungstatbestände und deren Inhalte genau ermittelt werden, um die Abgrenzung zwischen den einzelnen Verfahren und den verschiedenen Behörden zu ermöglichen[142].

---

[140] Zur Begriffsbestimmung vgl. auch vorne I.D. Die nachfolgenden Ausführungen sollen einen Überblick über die verschiedenen Verfahrensmodelle vermitteln, ohne sich näher mit den – vor allem in der deutschen Literatur behandelten – theoretischen Grundlagen auseinanderzusetzen (vgl. dazu etwa JARASS, S. 50 ff., und WAGNER, S. 127 ff.). In der neueren schweizerischen Literatur findet sich insbesondere bei CHABLAIS, S. 143 ff., eine informative Darstellung der Verfahrensmodelle.
[141] GUTACHTEN ZIMMERLI/SCHEIDEGGER, S. 230; CHABLAIS, S. 144 f.
[142] MARTI, Möglichkeiten, S. 234; CHABLAIS, S. 145.

Dieses soeben genannte Erfordernis der Abgrenzung erweist sich in der Rechtswirklichkeit als einer der Hauptnachteile des Separationsmodells, weil der Umfang der jeweiligen Sachentscheidungskompetenz der beteiligten Behörden durch Auslegung der verschiedenen Spezialgesetze ermittelt und abgegrenzt werden muss, was äusserst schwierig, aufwändig und zeitintensiv ist. Ausserdem werden beim Separationsmodell die zu untersuchenden Aspekte eines an sich einheitlichen Vorhabens in verschiedenen Bewilligungsverfahren beurteilt, was eine Gesamtschau vermissen lässt und verfahrenstechnisch – so etwa bezüglich Rechtsschutz – unbefriedigend ist[143].

b. Das Koordinationsmodell

Beim Koordinationsmodell, welches auch als Modell der materiellen Verfahrenskoordination bezeichnet wird, besteht wie beim Separationsmodell eine Mehrzahl von Bewilligungsverfahren und -behörden, doch werden die verschiedenen Verfahren nicht losgelöst und unabhängig voneinander durchgeführt, sondern vielmehr koordiniert, indem eine Behörde für die gleichzeitige Einleitung aller Verfahren, die inhaltliche Abstimmung und die gemeinsame Eröffnung sorgt. Auch wenn beim Koordinationsmodell – unter Belassung der Verfahrensmehrzahl – die Fach- und Entscheidungskompetenzen der verschiedenen Behörden gewahrt bleiben, soll mittels Abstimmungs- und Begründungspflicht sichergestellt werden, dass Überschneidungen und Wechselwirkungen zwischen den einzelnen Verfahren bekannt sind und in den verschiedenen Entscheiden berücksichtigt werden, was allerdings nicht verhindern kann, dass trotzdem widersprüchliche Entscheide gefällt werden[144].

---

[143] GUTACHTEN ZIMMERLI/SCHEIDEGGER, S. 231; MARTI, Möglichkeiten, S. 234; CHABLAIS, S. 145 f.
[144] MARTI, Möglichkeiten, S. 235 f.; MARTI, Verfahrensvereinfachung, S. 69; CHABLAIS, S. 146 ff.

Das Koordinationsmodell hat den Vorteil, dass die Zuständigkeitsordnung gewahrt bleibt, weshalb die Einführung dieses Verfahrensmodell an sich keiner Gesetzesrevision bedarf, sondern auch durch die Praxis von Verwaltungs- und Gerichtsbehörden vollzogen werden kann[145]. Auf der anderen Seite besteht wie beim Separationsmodell der Nachteil, dass gleiche oder zumindest ähnliche Fragen von verschiedenen Behörden geprüft und beurteilt werden, was – wie bereits ausgeführt – die Gefahr widersprüchlicher Entscheide in sich birgt, auch wenn zwischen den Entscheidungsträgern grundsätzlich eine Abstimmungs- und Begründungspflicht besteht[146].

c. Das Konzentrationsmodell

Die radikalste Lösung des Koordinationsproblems liegt im Konzentrationsmodell. Danach sind nicht mehr verschiedene Bewilligungsverfahren notwendig, sondern eine Bewilligung ersetzt alle anderen Bewilligungen, so dass anstelle der bisherigen Spezialbewilligungen ein einziger Hauptentscheid tritt und mithin nur noch ein Verfahren durchgeführt werden muss. Durch dieses Modell der *Entscheidungskonzentration* wird die Kompetenz der aufgrund der Koordinationsnorm nunmehr allein zuständigen Behörde um weitere Sachentscheidungskompetenzen erweitert[147], was im Resultat zu einer beträchtlichen verfahrenstechnischen Vereinfachung und Beschleunigung führt, da Doppel- oder gar Mehrfachprüfungen der gleichen Aspekte unterbleiben und sich ein allfälliges

---

[145] MARTI, Bewilligung, S. 1539. Aus Gründen der Rechtssicherheit und Rechtsgleichheit erscheint eine positivrechtlich verankerte Regelung trotzdem angezeigt. Vgl. in diesem Zusammenhang auch KÖLZ/KELLER, S. 404 ff., und HÄFELIN/MÜLLER, N 300 ff.).
[146] GUTACHTEN ZIMMERLI/SCHEIDEGGER, S. 231; CHABLAIS, S. 150; MORAND, S. 256 f., welcher die Relevanz dieses Nachteils jedoch als gering erachtet.

Rechtsmittelverfahren auf ein einziges Anfechtungsobjekt beschränkt. Ausserdem lassen sich – als praktischer Vorteil dieses Modells – widersprüchliche Entscheide verhindern. Eine Variante zum soeben beschriebenen Modell liegt in der *Zuständigkeitskonzentration*, wonach die verschiedenen Bewilligungsverfahren nicht zu einem einzigen vereinigt, sondern bloss die bisherigen Zuständigkeiten bei einer Behörde konzentriert werden, was jedoch die Koordinationsproblematik aufgrund der nach wie vor bestehenden verfahrensrechtlichen Doppelspurigkeiten und Abgrenzungsprobleme nur teilweise zu entschärfen vermag[148].

Allerdings bringt das Konzentrationsmodell die Nachteile mit sich, dass die allgemeine Zuständigkeitsordnung relativiert und ein gleichmässiger Gesetzesvollzug möglicherweise vereitelt wird. Zudem besteht die Gefahr, dass die Konzentrationsbehörde nicht über das notwendige Fachwissen zur Beurteilung sämtlicher Fragen verfügt[149] oder aber bei der Entscheidfällung einseitig die Interessen der Nutzungs- bzw. Schutzseite vertritt. Sodann bedarf – anders als beim Koordinationsmodell – die Einführung konzentrierter Entscheidverfahren zwingend einer Änderung der gesetz-

---

[147] Dabei kann die Entscheidungskonzentration *umfassend* oder *partiell* sein, indem entweder sämtliche Bewilligungen oder aber nur einzelne Bewilligungsverfahren bei einer Behörde zusammengefasst werden.
[148] MARTI, Möglichkeiten, S. 234 f.; MARTI, Bewilligung, S. 1540; CHABLAIS, S. 151 ff.; WAGNER, S. 156 und 185; JARASS, S. 59 f.; GUTACHTEN ZIMMERLI/SCHEIDEGGER, S. 232 f. Letztere Autoren bezeichnen die Zuständigkeitskonzentration auch als *unechte Konzentration*. Vgl. auch KNAPP, S. 843 ff., welcher das Konzentrationsmodell als *"solution de l'autorité leader de la procédure"* bezeichnet.
[149] ROMBACH, S. 177, erwähnt in diesem Zusammenhang, dass mit dem Konzentrationsmodell nur dann eine Verfahrensbeschleunigung bewirkt werden könne, wenn die zuständige Behörde einerseits über hinreichende Arbeitskapazitäten verfüge und anderseits den erforderlichen technischen Sachverstand aufweise oder aber mit Kompetenzen gegenüber den Fachbehörden ausgestattet sei, so dass sie eine zügige Arbeitserledigung durchsetzen könne.

III. Das Konzentrationsmodell mit Anhörungsverfahren   53

lichen Zuständigkeitsordnung und erfordert damit ein Tätigwerden des Gesetzgebers[150].

2. Die Wahl des Konzentrationsmodells

a. Die Rechtsprechung des Bundesgerichts

Das Separationsmodell wurde vom Bundesgericht in seiner jüngeren Rechtsprechung für sachlich eng zusammenhängende Entscheide wiederholt abgelehnt, weil dadurch keine genügende materielle Koordination sichergestellt werden könne[151]. Das höchste Gericht in Lausanne sprach sich vielmehr für eine Verfahrensausgestaltung nach dem Koordinations- oder dem Konzentrationsmodell aus, wobei es für das erstinstanzliche Verfahren klarerweise das Konzentrationsmodell favorisierte, aus Rücksicht auf die bestehende verfassungsmässige Ordnung jedoch auch auf die Möglichkeit der Verfahrensausgestaltung nach dem Koordinationsmodell hinwies[152].

b. Die neuere gesetzgeberische Entwicklung

Diese Rechtsprechung des Bundesgerichts war denn auch wegweisend für die in den letzten Jahren erfolgten Gesetzgebungsarbeiten im Bund. Dabei zeigte sich, dass der Bundesgesetzgeber gleichermassen die vom Bundesgericht geäusserte Ablehnung gegenüber dem Separationsmodell teilte

---

[150] MARTI, Möglichkeiten, S. 235; MARTI, Bewilligung, S. 1539; GUTACHTEN ZIMMERLI/SCHEIDEGGER, S. 232; CHABLAIS, S. 154 f.; MORAND, S. 255; JARASS, S. 63 ff. Zur Frage der gesetzlichen Grundlage vgl. auch KÖLZ/KELLER, S. 404 ff.
[151] Vgl. etwa BGE 116 Ib 321 ff. (E. 4); BGE 116 Ib 50 ff. (E. 4b); BGE 114 Ib 224 ff. (E. 7e); BGE 114 Ib 125 ff. (E. 4). Auch in der Lehre stiess das Separationsmodell auf Ablehnung, so etwa bei SALADIN, S. 286 (FN 20), und GUTACHTEN ZIMMERLI/SCHEIDEGGER, S. 267.
[152] Zu den Einzelheiten vgl. vorne II.B.3.

und das Konzentrationsmodell dem Modell der materiellen Verfahrenskoordination vorzog[153]. Einzig bei der Teilrevision des Raumplanungsgesetzes vom 6. Oktober 1995 wurde – aus Gründen der verfassungsmässigen Kompetenzausscheidung – das Koordinationsmodell als bundesrechtliche Minimalvorschrift gewählt und damit den Kantonen der Entscheid überlassen, ob sie ihre Verfahrensordnungen nach dem Koordinations- oder nach dem Konzentrationsmodell ausgestalten[154].

c. Das Bundesgesetz über die Koordination und Vereinfachung von Entscheidverfahren

Als Fortsetzung und Konsequenz der eben beschriebenen Entwicklung zeichnete sich bei der Ausarbeitung des neuen Bundesgesetzes über die Koordination und Vereinfachung von Entscheidverfahren bereits frühzeitig ab, dass dem geplanten Koordinationserlass ebenfalls das Konzentrationsmodell zugrunde gelegt werden sollte. So wurde in der im Januar 1993 erschienenen Machbarkeitsstudie[155] empfohlen, aufgrund der beträchtlichen Vorteile des Konzentrationsmodells die nachfolgende Hauptstudie primär auf die Einführung eines konzentrierten Bewilligungsverfahrens auszurichten[156]. Diesen Empfehlungen folgend, wurde im Gesamtbericht der Interdepartementalen Arbeitsgruppe (IDAG) festgehalten:[157]

---

[153] In neuerer Zeit wurden die folgenden Bundeserlasse (auf Gesetzesstufe) nach dem Konzentrationsmodell ausgestaltet: Die eisenbahnrechtlichen Bundesbeschlüsse (Art. 17 Abs. 2 BB EPG; Art. 12 Abs. 1 Alpentransit-Beschluss; vgl. vorne II.C.2.), das Gewässerschutzgesetz (Art. 48 Abs. 1 aGSchG), das Luftfahrtgesetz (Art. 37a Abs. 1 und Art. 37b Abs. 1 aLFG; vgl. vorne II.C.3.) und das Militärgesetz (Art. 126 Abs. 1 und 2 aMG; vgl. vorne II.C.5.).
[154] Art. 25a RPG; BBl 1994 III 1085 f. Zu den Einzelheiten vgl. vorne II.C.6.
[155] Vgl. vorne II.D.1.
[156] GUTACHTEN ZIMMERLI/SCHEIDEGGER, S. 269.
[157] GESAMTBERICHT IDAG, S. 237.

III. Das Konzentrationsmodell mit Anhörungsverfahren

"So hat der Umstand, dass für die Realisierung eines Vorhabens regelmässig mehrere Bewilligungsverfahren miteinander konkurrieren, zur Folge, dass gleiche oder ähnliche Fragen in verschiedenen Verfahren und von verschiedenen Behörden – unter Umständen gar von Behörden verschiedener Hoheitsträger – geprüft werden müssen. Dadurch wird die für die Beurteilung eines einheitlichen Vorhabens unabdingbar erforderliche Gesamtschau massgeblich erschwert, wenn nicht gar verunmöglicht. Der gewichtigste Nachteil des Modells der materiellen Verfahrenskoordination ist indessen derjenige, dass es widersprüchliche Entscheide verschiedener Behörden nicht auszuschliessen vermag; überdies mündet jedes der je nach Vorhaben in unterschiedlich grosser Zahl zu durchlaufenden eigenständigen Bewilligungsverfahren je in eine anfechtbare Verfügung aus. Jede dieser Verfügungen kann dann regelmässig über mehrere Instanzen angefochten werden.

Bei dieser Situation hält die IDAG mehrheitlich dafür, das Modell der materiellen Verfahrenskoordination zumindest für die in die alleinige Bundeszuständigkeit fallenden Vorhaben nicht weiter zu verfolgen."

Gestützt auf diese Vorarbeiten entschied der Bundesrat mit Beschluss vom 13. September 1995, dass die in der alleinigen Regelungszuständigkeit des Bundes liegenden bodenbezogenen Entscheidverfahren nach dem Konzentrationsmodell auszugestalten seien, indem alle für ein Projekt erforderlichen Verfahren bei einer Leitbehörde zusammengefasst werden sollten, welche den Gesamtentscheid fällen würde. In der Vernehmlassungsvorlage, die in der Folge unter der Federführung des EVED ausgearbeitet wurde, erfolgte eine konsequente Umsetzung dieser Vorgaben[158]. Nachdem das Vernehmlassungsverfahren ergeben hatte, dass dem Konzentrationsmodell als solchem keine grundsätzliche Opposition entstand,

---

[158] Vgl. MARTI, Vernehmlassungsentwurf, S. 857 f., sowie vorne II.D.1. und II.D.2.

wurde den Eidgenössischen Räten mit der bundesrätlichen Botschaft zum neuen Koordinationsgesetz eine entsprechende Verfahrensausgestaltung unterbreitet[159]. In den parlamentarischen Beratungen bestätigte sich, dass das Konzentrationsmodell eine äusserst breite Unterstützung fand und die politische Realisierbarkeit damit nicht gefährdet war. So erklärten sich insbesondere auch die Vertreter des linken und grünen Parteispektrums mit der verfahrensrechtlichen Neuausrichtung im Sinn des Konzentrationsmodells einverstanden, was etwa im Votum von Nationalrat Herczog (SPS) zum Ausdruck kam:[160]

> "Das aktuelle Fazit ist klar: Es besteht eine absolute Notwendigkeit zur Vereinfachung und zur Koordination, d.h., die Verfahrensabläufe müssen verbessert werden. Diese Verfahrensverbesserung ist deutlich im Sinne aller, sowohl der Realisatoren wie auch jener, die allenfalls gegen ein Projekt opponieren möchten. Das aufgestellte Prinzip – ein Verfahren, ein Entscheid, ein Rechtsmittelweg – ist somit in der Anlage richtig."

3. Die Ausgestaltung des Konzentrationsmodells

a. Die Konzentrationsbehörde

Der Begriff der Konzentrationsbehörde entspricht der *Terminologie*, wie sie in der Lehre hauptsächlich gebräuchlich ist[161]. Im Bundesgesetz über die Koordination und Vereinfachung von Entscheidverfahren findet sich der Begriff der Konzentrationsbehörde hingegen nicht. Vielmehr wird in

---

[159] BBl 1998, 2596 und 2611.
[160] Amtl.Bull. NR 1999, 53. Vgl. dazu auch das vorne unter II.D.3. wiedergegebene Votum von Ständerat Plattner (SPS) sowie die Voten von Nationalrätin Teuscher (GPS), welche nicht gegen das Konzentrationsmodell als solches, sondern bloss gegen dessen vorgeschlagene Ausgestaltung bzw. gegen das propagierte Anhörungsverfahren opponierte (Amtl.Bull. NR 1999, 54 f.).
[161] Vgl. etwa GUTACHTEN ZIMMERLI/SCHEIDEGGER, S. 232; MARTI, Bewilligung, S. 1540.

III. Das Konzentrationsmodell mit Anhörungsverfahren 57

Art. 62a Abs. 1 des Regierungs- und Verwaltungsorganisationsgesetzes (RVOG)[162] die für den Gesamtentscheid zuständige Instanz als Leitbehörde bezeichnet, und in den verschiedenen Spezialerlassen ist die bisher verwendete Terminologie beibehalten worden, indem von Aufsichtsbehörde, Genehmigungsbehörde, Bundesamt oder Departement gesprochen wird[163].

Mit dem Konzentrationsmodell, welches einen Gesamtentscheid durch eine Behörde fordert, findet eine gewichtige *Kompetenzverlagerung* zugunsten der neuen Konzentrationsbehörde statt. Diese Kompetenzverschiebung und das damit verbundene Übergewicht birgt die Gefahr in sich, dass die Konzentrationsbehörde einseitig Nutzungs- oder Schutzinteressen vertreten könnte, was sich letztlich auch negativ auf die Entscheidqualität auswirken würde. Deshalb erscheint es von grosser Wichtigkeit, dass die Konzentrationsbehörde über eine genügende fachliche Neutralität verfügt, damit sie die ihr übertragenen Koordinationsaufgaben sachgerecht und unparteiisch wahrnimmt. Ein probates Mittel zur Verhinderung einseitiger Gesamtentscheide besteht etwa darin, dass als Konzentrationsbehörde eine Instanz bestimmt wird, welche nicht spezifische Interessen verfolgt, sondern bereits aufgrund der allgemeinen Zuständigkeitsordnung eine relativ umfassende Prüfung des Projekts vorzunehmen hat[164]. Diese Problematik erkannte auch der Bundesrat, doch setzte er die Akzente in seiner Botschaft zum neuen Koordinationsgesetz etwas anders:[165]

> "Da die Durchführung konzentrierter Entscheidverfahren
> stets ein hohes Mass an projektspezifischem Fachwissen

---

[162] SR 172.010.
[163] Vgl. etwa Art. 2 Abs. 1 RLG (Aufsichtsbehörde), Art. 126 Abs. 1 MG (Genehmigungsbehörde), Art. 8 Abs. 1 BSG (Bundesamt) und Art. 62 Abs. 1 WRG (Departement). Vgl. dazu auch BBl 1998, 2596.
[164] WAGNER, S. 153 f.; MARTI, Bewilligung, S. 1540; KÖLZ/HÄNER, N 76.
[165] BBl 1998, 2596.

erfordert, soll die Konzentration der Entscheidverfahren bei derjenigen Behörde erfolgen, die für die Durchführung des Hauptverfahrens verantwortlich ist (Leitbehörde)."

Damit sollten nach Ansicht des Bundesrats die technischen Fachbehörden oder die vorgesetzten Departemente als Konzentrationsbehörde eingesetzt werden, da auf Bundesebene eine neutrale und generell zuständige Entscheidbehörde – wie sie etwa in den Kantonen mit den Baubewilligungsbehörden bestehen – fehlt[166]. Allerdings wurde eine solche umfassende Kompetenzzuweisung an Fachbehörden und Departemente von verschiedener Seite als nicht unproblematisch erachtet, dies nicht zuletzt vor dem Hintergrund, dass bei den vom geplanten Koordinationsgesetz erfassten Projektarten regelmässig Interessenabwägungen vorzunehmen sind, welche nur teilweise rechtlich fassbar und mithin durch richterliche Behörden auch nur beschränkt überprüfbar sind. Dementsprechend wurde vorgeschlagen, als Konzentrationsbehörde eine gegenüber den Fachbehörden möglichst unabhängige Instanz einzusetzen[167]. Dieser Vorschlag wurde auch von Nationalrätin Teuscher in die parlamentarischen Beratungen eingebracht:[168]

---

[166] Mit der unlängst erfolgten Eingliederung des Bundesamts für Umwelt, Wald und Landschaft (BUWAL) und des Bundesamts für Raumplanung (neu: Bundesamt für Raumentwicklung) in das UVEK wurde jedoch ein eidgenössisches Planungs-, Bau- und Umweltdepartement geschaffen, welches die Nutzungs- und Schutzinteressen gleichermassen vertritt.

[167] MARTI, Vernehmlassungsentwurf, S. 858; MARTI, Bewilligung, S. 1540 und 1543. Zur Überprüfung von Interessenabwägungen durch Gerichte vgl. WULLSCHLEGER, Interessenabwägung, S. 98 ff., welcher bei Vorliegen von vom Gesetzgeber eröffneten Beurteilungsspielräumen eine Zurückhaltung seitens der gerichtlichen Rechtsmittelinstanzen fordert, anderseits aber erhöhte Anforderungen an die Begründung der durch die Verwaltungsbehörden vorgenommenen Interessenabwägungen stellt.

[168] Amtl.Bull. NR 1999, 54. Als Beispiel für eine solche unabhängige Entscheidbehörde könnte etwa die Eidgenössische Kommunikationskommission gemäss Art. 56 f. des Fernmeldegesetzes (FMG) angeführt werden.

III. Das Konzentrationsmodell mit Anhörungsverfahren

"Als weitere Alternative, um Verfahren zu beschleunigen, hätte sich die grüne Fraktion vorstellen können, anstelle der Leitbehörde, wie sie der Bundesrat vorschlägt, eine unabhängige Entscheidbehörde einzusetzen. Dadurch wäre sichergestellt worden, dass wirklich eine ausgeglichenere Interessenabwägung zwischen Schutz und Nutzung stattgefunden hätte. Solche Entscheidverfahren hätten eine grosse Legitimationskraft gegenüber der Öffentlichkeit und würden noch mehr dazu führen, die Verfahren zu beschleunigen, weil die Rechtsmittelverfahren auf ein absolutes Minimum beschränkt würden."

Allerdings vermochte der Vorschlag zur Schaffung unabhängiger Instanzen keine Mehrheit im Parlament zu finden, weshalb es bei der vom Bundesrat präferierten Lösung blieb. Dementsprechend lassen sich nach dem Bundesgesetz über die Koordination und Vereinfachung von Entscheidverfahren vier Kategorien von Konzentrationsbehörden unterscheiden: Entweder kommt diese Kompetenz einem *Departement* bzw. *Bundesamt* zu[169]. Oder die aufgrund anderer Normen bereits *zuständigen Kantons- bzw. Bundesbehörden* werden als Konzentrationsbehörde bestimmt[170], sofern diese Funktion nicht ausnahmsweise einer *anderen Fachbehörde* zusteht[171].

---

[169] *Departement:* Art. 126 Abs. 1 MG; Art. 62 Abs. 1 WRG; Art. 26 Abs. 1 NSG; Art. 18 Abs. 2 lit. b EBG; Art. 11 Abs. 1 TBG; Art. 37 Abs. 2 lit. a LFG. *Bundesamt:* Art. 16 Abs. 2 lit. b EleG; Art. 18 Abs. 2 lit. a EBG; Art. 2 Abs. 1 RLG; Art. 8 Abs. 1 BSG; Art. 37 Abs. 2 lit. b LFG. Nach dem Vernehmlassungsentwurf zu einem Kernenergiegesetz (E-KEG) vom 6. März 2000 soll in diesem Rechtsbereich das UVEK Konzentrationsbehörde sein (Art. 15 und 56 E-KEG).

[170] Art. 16 Abs. 2 lit. c EleG; Art. 41 Abs. 2 USG; Art. 48 Abs. 1 GSchG; Art. 7 Abs. 4 ArG; Art. 6 Abs. 1 WaG; Art. 21 Abs. 4 BGF.

[171] Art. 16 Abs. 2 lit. a EleG. Nach dieser Bestimmung ist das *Eidgenössische Starkstrominspektorat* (EStI) solange Konzentrationsbehörde, als Einsprachen erfolgreich behandelt und Differenzen mit anderen Behörden ausgeräumt werden können. Vgl. dazu auch BBl 1998, 2628, sowie Art. 5 f. der Verordnung über das Plangenehmigungsverfahren für elektrische Anlagen (VPeA) vom 2. Februar 2000.

Diese vom Bundesgesetzgeber getroffene Lösung, welche sich an der bereits bestehenden Verwaltungsorganisation und Kompetenzordnung orientiert, ist m. E. sachgerecht, da insbesondere die noch zu besprechenden Instrumente des Anhörungs- und Bereinigungsverfahrens sowie der verbesserte Rechtsschutz ausreichend sein dürften, um eine einseitige Entscheidpraxis der Konzentrationsbehörden wirksam zu verhindern. Es erscheint denn auch fraglich, ob die von verschiedener Seite geforderten unabhängigen Instanzen tatsächlich die Qualität der Gesamtentscheide nennenswert verbessert und deren Akzeptanz erhöht hätten. Auch bei unabhängigen Instanzen bestünden verschiedentlich Schnittstellen zum Verwaltungsapparat, was letztlich die angestrebte Unabhängigkeit relativieren würde. Zudem ist die Argumentation, dass den Fachbehörden bzw. den Departementen die erforderliche fachliche Neutralität grundsätzlich fehle, zu pauschal[172]. Vielmehr dürfte die personelle Zusammensetzung der Konzentrationsbehörde ein nicht zu unterschätzender Faktor für die Sachgerechtigkeit und Neutralität bei der Entscheidfindung darstellen[173], doch ist dieser Umstand jeder Organisationsform immanent und gilt mithin auch für organisatorisch (relativ) unabhängige Instanzen.

b. Der Gesamtentscheid

Mit dem Konzentrationsmodell werden die Entscheidverfahren dergestalt zusammengelegt, dass erstinstanzlich eine einzige Behörde die Einhaltung der anwendbaren bundes- und kantonalrechtlichen Vorschriften beurteilt und – bei Vorliegen der Voraussetzungen – sämtliche erforderli-

---

[172] Vgl. in diesem Zusammenhang FN 166.
[173] Welcher Einfluss die personelle Zusammensetzung auf die Behördenpraxis hat, wurde unlängst von der NZZ am Beispiel der Stadt Zürich thematisiert. In einem – wenn auch teilweise etwas überspitzten – Kommentar mit dem Titel "In Zürich bauen – wo denn sonst!" wurde ausgeführt, dass sich das behördliche Bauregime mit dem neu gewählten Vorstand des Hochbaudepartements grundlegend geändert habe (NZZ vom 16. Juli 1999, Nr. 162, S. 37.).

III. Das Konzentrationsmodell mit Anhörungsverfahren

chen Bewilligungen in einem Gesamtentscheid erteilt. Das Konzentrationsmodell führt damit zu keiner Änderung der materiellen Anforderungen an die Zulassung eines Projekts, weil die Konzentrationsbehörde sämtliche relevanten materiellrechtlichen Normen kumulativ anzuwenden hat[174].

In diesem Sinn hat der Bundesgesetzgeber die verschiedenen vom Koordinationsgesetz erfassten Bundeserlasse angepasst. Als Beispiel kann die entsprechende Regelung im Militärgesetz (MG) angeführt werden:[175]

> Art. 126   Grundsatz
>
> ¹ Bauten und Anlagen, die der Landesverteidigung dienen, dürfen nur mit einer Plangenehmigung des Eidgenössischen Departementes für Verteidigung, Bevölkerungsschutz und Sport (Genehmigungsbehörde) errichtet, geändert oder einem anderen militärischen Zweck zugeführt werden.
>
> ² Mit der Plangenehmigung werden sämtliche nach Bundesrecht erforderlichen Bewilligungen erteilt.
>
> ³ Kantonale Bewilligungen und Pläne sind nicht erforderlich. Das kantonale Recht ist zu berücksichtigen, soweit es die Erfüllung der

---

[174] BBl 1998, 2596 und 2599; WAGNER, S. 170 f.; JARASS, S. 54 f. Vgl. auch die anlässlich der parlamentarischen Beratungen abgegebenen Voten von Ständerat Respini (CVP), Bundesrat Leuenberger und Nationalrat Herczog, in welchen zum Ausdruck gebracht wurde, dass mit dem geplanten Koordinationsgesetz wohl Verfahrensvereinfachungen angestrebt, jedoch keine materiellrechtlichen Änderungen – insbesondere im Bereiche des Umweltrechts – vorgenommen werden sollen (Amtl.Bull. StR 1998, 1063; Amtl.Bull. NR 1999, 54.).

[175] Mit dem Bundesgesetz über die Koordination und Vereinfachung von Entscheidverfahren wurde in den verschiedenen Rechtserlassen eine möglichst einheitliche Ausgestaltung des Konzentrationsmodells angestrebt. Folgende Normen entsprechen der hier angeführten Regelung: Art. 62 Abs. 1, 3 und 4 WRG; Art. 26 NSG; Art. 16 Abs. 1-4 EleG; Art. 18 Abs. 1-4 EBG; Art. 11 TBG; Art. 2 Abs. 1, 3 und 4 RLG; Art. 8 Abs. 1 und 2 BSG; Art. 37 Abs. 1-4 LFG. Nach dem Vernehmlassungsentwurf zu einem Kernenergiegesetz (E-KEG) vom 6. März 2000 soll eine entsprechende Regelung in Art. 48 Abs. 2 und 3 E-KEG aufgenommen werden.

Aufgaben der Landesverteidigung nicht unverhältnismässig eingeschränkt.

In Abs. 1 von Art. 126 MG erfolgt die Kompetenzzuweisung, indem das Eidgenössische Departement für Verteidigung, Bevölkerungsschutz und Sport (VBS) als Konzentrationsbehörde bestimmt wird. Im Sinn des Konzentrationsmodells wird in Art. 126 Abs. 2 MG klargestellt, dass für die Erstellung und Änderung von militärischen Bauten und Anlagen eine ausschliessliche Zuständigkeit der Bundesbehörde vorliegt und diese einen Gesamtentscheid fällt; dabei ist die Plangenehmigung gleichzeitig Nutzungsplanung und Baubewilligung, womit für die Realisierung von militärischen Vorhaben keine weiteren planungs- und baurechtlichen Erfordernisse erfüllt werden müssen. Im dritten Absatz von Art. 126 MG wird die Anwendung von kantonalem Recht thematisiert: Was die formelle Seite betrifft, so wird im ersten Satz bestimmt, dass keine weiteren kantonalen Bewilligungen und Pläne erforderlich sind. Damit entfällt insbesondere auch die Ausscheidung geeigneter Nutzungszonen, welche aufgrund des kantonalen bzw. kommunalen Rechts normalerweise notwendig wären. Im zweiten Satz wird festgelegt, dass das kantonale materielle Recht – und wohl auch die kantonale Planung – soweit zu berücksichtigen sind, als dadurch die Erfüllung der Bundesaufgabe nicht vereitelt oder übermässig erschwert wird[176].

C. Das Anhörungsverfahren

1. Die verschiedenen Verfahrensmodelle

Mit der Wahl des Konzentrationsmodells stellt sich gleichzeitig die Frage, wie die bisher zuständigen Fachbehörden in das nunmehr bei der Leitbehörde konzentrierte Bewilligungsverfahren miteinbezogen werden sollen.

---

[176] BBl 1998, 2598 und 2618. Zur Anwendung von kantonalem Recht vgl. auch HÄFELIN/MÜLLER, N 337 f., HALLER/KARLEN, N 97 ff., sowie BGE 121 II 378 ff. (E. 9).

III. Das Konzentrationsmodell mit Anhörungsverfahren

Das Konzentrationsmodell bewirkt, dass der sich aus dem materiellen Recht ergebende Koordinationsbedarf in das konzentrierte Entscheidverfahren hinein verlagert wird und damit der Konzentrationsbehörde ein hohes Mass an Koordinationsverantwortung zufällt. Um dieser Verantwortung auch gerecht zu werden, sind weitere Koordinationsinstrumente erforderlich, wobei im Vordergrund die *Beteiligung der Fachbehörden an der Entscheidfindung* steht: Einerseits kommt dem Fachwissen der bis anhin kompetenten Spezialbewilligungsbehörden grosse Bedeutung zu, zumal der für den Gesamtentscheid zuständigen Konzentrationsbehörde in der Regel das zur umfassenden Projektbeurteilung notwendige Wissen und die entsprechende Erfahrung abgehen dürfte, was zu unzweckmässigen oder sogar rechtlich falschen Erwägungen in der Entscheidfindung führen könnte. Anderseits würde der vollumfängliche Wegfall der bisherigen Tätigkeiten von Fachbehörden dazu führen, dass die Konzentrationsbehörde personell massiv verstärkt und deren Organisationsstrukturen angepasst werden müssten, damit hinreichende Arbeitskapazitäten und -abläufe zur Verfügung stünden, welche sowohl eine Verfahrensverschleppung als auch eine (teilweise) fachliche Inkompetenz wirksam verhinderten[177].

Für die Beteiligung der Spezialbewilligungsbehörden eröffnen sich dabei zwei Möglichkeiten: Nach dem *Modell der Zustimmung* darf die Konzentrationsbehörde die Gesamtbewilligung nur erteilen, wenn die bis anhin zuständigen Fachbehörden dem konkreten Vorhaben ebenfalls zustimmen oder ihr Einverständnis erklären. Dementsprechend wird dieses Modell auch als Konzentration mit Einvernehmensverpflichtung bezeichnet. Der Vorteil dieser Verfahrensausgestaltung besteht darin, dass die Kompetenz der Konzentrationsbehörde nach aussen umfassend ist, nach innen jedoch durch die Bindungswirkung an das Zustimmungserfordernis der anderen Fachbehörden klar begrenzt wird, indem sich die Leitbehör-

---

[177] JARASS, S. 63; ROMBACH, S. 177; WAGNER, S. 152 f.

de nicht über die Meinung der Spezialbewilligungsbehörden hinwegsetzen kann. Auf der anderen Seite führt die Einvernehmensverpflichtung zu erheblichen verfahrensrechtlichen Nachteilen: Falls eine Fachbehörde ihre Zustimmung verweigert, muss der Gesamtentscheid ebenfalls negativ ausfallen[178], obwohl unter Umständen noch nicht alle notwendigen Abklärungen getroffen worden sind und dieser Mangel im nachfolgenden Rechtsmittelverfahren, wenn sich der negative Teilentscheid als falsch erweist, nicht oder nur ungenügend behoben werden kann. Ausserdem muss bei einem negativen Entscheid einer Spezialbewilligungsbehörde die Konzentrationsbehörde vor der Rechtsmittelinstanz möglicherweise eine Entscheidung vertreten, die nicht ihrer eigenen Auffassung entspricht, was eine verfahrensrechtliche und -technische Unebenheit darstellt[179].

Im Gegensatz zur soeben dargestellten Verfahrensausgestaltung werden beim *Modell der Anhörung* die bisher kompetenten Spezialbewilligungsbehörden von der Leitbehörde zur Abgabe einer ihren Fachbereich betreffenden Stellungnahme veranlasst, wobei diesen Stellungnahmen die Funktion von Anträgen auf Erteilung bzw. Verweigerung der Gesamtbewilligung zukommt. Die Konzentrationsbehörde fällt in der Folge aufgrund einer umfassenden Interessenabwägung – unter anderem gestützt auf die Anträge der Fachbehörden – ihren Gesamtentscheid, welcher allerdings nicht von der Zustimmung sämtlicher Spezialbewilligungsbehörden abhängig ist. Bei diesem Modell wird die Idee *"ein Verfahren – ein Entscheid"* optimal umgesetzt. Ausserdem kommt ihm der Vorteil zu, dass die Konzentrationsbehörde nach einer umfassenden Gesamtabwägung einen Entscheid treffen kann, der sämtliche Aspekte im Zusammenhang mit dem zu beurteilenden Vorhaben berücksichtigt. Der Nachteil

---

[178] MARTI, Bewilligung, S. 1539, spricht in diesem Zusammenhang – etwas martialisch – vom Killerentscheid. Vgl. dazu auch BGE 122 II 81 ff. (E. 6d/aa und bb).
[179] BBl 1998, 2598; GUTACHTEN ZIMMERLI/SCHEIDEGGER, S. 233; GESAMTBERICHT IDAG, S. 239 ff.; JARASS, S. 64; Amtl.Bull. NR 1999, 56 (Votum von Nationalrat Gross [SPS]).

III. Das Konzentrationsmodell mit Anhörungsverfahren

des Anhörungsverfahrens liegt allerdings darin, dass die Sachkompetenz der Fachbehörden unter Umständen nicht ausreichend zum Tragen kommt, da sich die Konzentrationsbehörde über die Meinung der Spezialbewilligungsbehörden hinwegsetzen darf, was die Gefahr der Vereitelung des materiellen Rechts mit sich bringt und zusätzliche Rechtsmittelverfahren provozieren kann[180].

2. Die Wahl des Anhörungsverfahrens

a. Die Rechtsprechung des Bundesgerichts

Soweit ersichtlich, hat sich das Bundesgericht in seiner Rechtsprechung zur Koordinationspflicht nie mit den soeben besprochenen Modellen der Zustimmung bzw. Anhörung befasst. Dies erstaunt auch nicht weiter, weil die Frage der Verfahrensausgestaltung im Sinn der Zustimmung bzw. Anhörung nicht oder nur sehr beschränkt justiziabel und mithin – aufgrund ihrer rechtspolitischen Natur – vom Gesetzgeber zu entscheiden ist.

b. Die neuere gesetzgeberische Entwicklung

Anlässlich der in den letzten Jahren erfolgten Revisionsvorhaben, welche die in der alleinigen Regelungszuständigkeit des Bundes liegenden Entscheidverfahren betrafen, wählte der Bundesgesetzgeber keine einheitliche Verfahrensausgestaltung, sondern entschied sich bald für das Zustimmungsverfahren, bald für das Anhörungsverfahren. So wurden bei den eisenbahnrechtlichen Bundesbeschlüssen[181] sowohl das Zustimmungs- als auch das Anhörungsverfahren geprüft, und der Bundesrat

---

[180] BBl 1998, 2598 f.; GESAMTBERICHT IDAG, S. 239; JARASS, S. 64 f.; WAGNER, S. 153 f.
[181] Zu den Einzelheiten vgl. vorne II.C.2.

sprach sich schliesslich mit folgender Argumentation gegen das Anhörungsverfahren aus:[182]

> "Mit dieser Konzeption wäre indessen verwaltungsprozessrechtliches Neuland beschritten worden. Die Lösung hätte das EVED dazu verhalten, über öffentliche Interessen zu entscheiden, die nicht in seinem Zuständigkeitsbereich liegen. Andererseits hätten die sachlich zuständigen Bewilligungsbehörden im erstinstanzlichen Verfahren keine Entscheidungsbefugnisse erhalten. Damit wäre zum Beispiel eine kohärente Rodungspolitik gefährdet worden."

Die Eidgenössischen Räte schlossen sich dem bundesrätlichen Vorschlag diskussionslos an[183], womit die eisenbahnrechtlichen Bundesbeschlüsse nach dem Zustimmungsverfahren ausgestaltet wurden[184]. Eine entsprechende Verfahrensregelung wählte der Bundesgesetzgeber auch für die Bereiche des Luftfahrt- und des Militärrechts[185]. Im Gegensatz dazu wurde anlässlich der 1991 erfolgten Totalrevision des Gewässerschutzgesetzes eine Verfahrensausgestaltung nach dem Modell der Anhörung vorgenommen[186].

---

[182] BBl 1991 I 1016.
[183] Amtl.Bull. StR 1991, 421; Amtl.Bull. NR 1991, 1144.
[184] Art. 17 Abs. 1 BB EGP; Art. 12 Abs. 1 Alpentransit-Beschluss, welcher auf die erstgenannte Gesetzesbestimmung verweist.
[185] Für das Luftfahrtrecht vgl. Art. 37a Abs. 2 Satz 1 und Art. 37b Abs. 2 Satz 1 aLFG sowie vorne II.C.3.; für das Militärrecht vgl. Art. 128 aMG sowie vorne II.C.5.
[186] Art. 48 Abs. 1 aGSchG. Auch der Verordnungsgeber entschied sich – insbesondere im Bereich des Umweltrechts – für das Anhörungsverfahren (vgl. die Lärmschutzverordnung vom 15. Dezember 1986 [LSV; SR 814.41], die Verordnung über die Umweltverträglichkeitsprüfung [UVPV], die Technische Verordnung über Abfälle vom 10. Dezember 1990 [TVA; SR 814.015] sowie die Störfallverordnung vom 27. Februar 1991 [StFV; SR 814.012]).

c. Das Bundesgesetz über die Koordination und Vereinfachung von Entscheidverfahren

Bei der Ausarbeitung des Bundesgesetzes über die Koordination und Vereinfachung von Entscheidverfahren zeigte sich bereits frühzeitig, dass die Frage der Beteiligung der Fachbehörden an der Entscheidfindung im Sinn des Zustimmungs- bzw. Anhörungsmodells einer der Hauptstreitpunkte darstellen würde[187]. In der im Auftrag der Verwaltungskontrolle des Bundesrats erstellten Machbarkeitsstudie zur Verbesserung der Koordination der Entscheidverfahren wurde seitens der Verfasser keine Empfehlung abgegeben, wie die Spezialbewilligungsbehörden beim Konzentrationsverfahren beteiligt werden sollten, weil diese Fragestellung im Rahmen der nachfolgenden Detailuntersuchung für jede Projektart einzeln zu behandeln sei[188]. Dementsprechend wurde die Frage der fachbehördlichen Beteiligung sowohl in den projektspezifischen Arbeitsgruppen wie auch in der Interdepartementalen Arbeitsgruppe (IDAG) intensiv und kontrovers diskutiert, was seinen Niederschlag in der eingehenden Thematisierung dieser Problematik im Gesamtbericht der IDAG fand[189]. Die Gegner des Anhörungsverfahrens argumentierten, dass bei einer Verfahrensausgestaltung nach dem Konzentrationsmodell nur die Zustimmung der Nebenbewilligungsbehörden die konsequente Durchsetzung der umweltrechtlichen Bestimmungen und mithin die Qualität der Entscheide zu gewährleisten vermöge[190]. Demgegenüber war die Mehrheit der Mitglieder der IDAG der Auffassung, dass die Wahl des Anhörungsverfahrens nicht

---
[187] Vgl. dazu auch vorne II.D.2. und II.D.3.
[188] GUTACHTEN ZIMMERLI/SCHEIDEGGER, S. 269.
[189] Vgl. GESAMTBERICHT IDAG, S. 239 ff.
[190] Das Anhörungsverfahren wurde in den projektspezifischen Arbeitsgruppen von sämtlichen Vertretern des BUWAL und der ideellen Organisationen sowie in der IDAG vom Vertreter des Bundesamts für Justiz (BJ) wie auch vom Vertreter des BUWAL abgelehnt (GESAMTBERICHT IDAG, S. 74, 88, 169 f., 206, 239 und 246). In der Lehre wurde das Anhörungsverfahren etwa von KÖLZ/HÄNER, N 76 und 244, kritisiert.

notwendigerweise eine Schwächung des materiellen Rechts mit sich bringen müsse, weshalb seitens der IDAG dem Modell der Anhörung – allerdings unter Berücksichtigung der noch zu besprechenden verfahrensrechtlichen Vorkehren – der Vorzug gegeben wurde. Nachfolgend werden aus dem Gesamtbericht der IDAG einige interessante Ausführungen wiedergegeben, welche anschaulich die wichtigsten Argumente der Gegner und Befürworter des Anhörungsverfahrens aufzeigen:[191]

> "Konzentrierte Verfahrensgestaltungen sind zwangsläufig mit einer Verlagerung formeller Entscheidkompetenzen verbunden. (...) Auf Bundesebene ist von dieser Gewichtsverlagerung – soweit ersichtlich – allein das BUWAL in seiner Funktion als Rodungsbewilligungsbehörde betroffen. Die in der IDAG und den projektspezifischen Arbeitsgruppen zur Form der fachbehördlichen Beteiligung geführten Diskussionen wurden denn auch von der Frage beherrscht, welche Stellung der Umweltschutzfachstelle des Bundes im konzentrierten Entscheidverfahren zukommen soll.
>
> In diesem Zusammenhang ist vorab festzuhalten, dass die seinerzeitige Schaffung des BUWAL einen Kontrapunkt zu den sogenannten Nutzungsämtern setzen sollte. Innerhalb der Bundesverwaltung hat das BUWAL demnach dafür Sorge zu tragen, dass kein Ungleichgewicht zwischen Schutz und Nutzen entsteht. Die Kompetenz zur Erteilung oder Verweigerung von Rodungsbewilligungen stellt dabei fraglos ein Mittel dar, das vom BUWAL gewissermassen als "Bollwerk" gegen ungebremste Nutzerinteressen verstanden wird. (...) Da das Zustimmungserfordernis dem BUWAL eine Stellung belässt, die sich nicht grundlegend von jener einer Bewilligungsbehörde unterscheidet, erachten die Schutzkreise allein dieses als adäquaten Ersatz für den Verlust der formellen Bewilligungskompetenz; die korrekte Anwendung des bis anhin von der Spezialbewilli-

---

[191] GESAMTBERICHT IDAG, S. 241 ff.

III. Das Konzentrationsmodell mit Anhörungsverfahren

gungsbehörde betreuten Rechts kann nach ihrem Dafürhalten nur durch diese verfahrensrechtliche Vorkehr sichergestellt werden. Die Mehrheit der IDAG kann sich dieser Auffassung indessen nicht anschliessen.

(...) Die Konzentration gibt der für den Gesamtentscheid zuständigen Behörde demnach keinesfalls das Recht, sich über geltendes Recht hinwegzusetzen, nur um die Projektrealisierung um jeden Preis zu ermöglichen.

Zudem fällt auf, dass die vom BUWAL und den ideellen Organisationen befürchtete Schwächung des materiellen Umweltrechts ausschliesslich und untrennbar mit der Rodungsfrage verknüpft wird. Dem Forstbereich und damit auch der Rodungsbewilligung kommt im umweltrechtlichen Kontext zwar unbestrittenermassen eine sehr grosse Bedeutung zu, was auch darin zum Ausdruck kommt, dass der Bundesgesetzgeber die Zulässigkeit grossflächiger Rodungen von der Umweltschutzfachstelle des Bundes beurteilt wissen wollte; dennoch erachtet es die Mehrheit der IDAG kaum als sachgerecht, diesen Teilbereich mit dem Umweltrecht schlechthin gleichzusetzen, ist doch zu bedenken, dass es neben der Rodungsbewilligung noch zahlreiche weitere umweltrechtliche Belange gibt, die – wie etwa die Aspekte des Lärmschutzes oder der Luftreinhaltung – mangels eigenständiger Bewilligungsverfahren bereits heute von den für den Hauptentscheid zuständigen Behörden mitzubeurteilen und zu entscheiden sind, oder die Gegenstand besonderer umweltrechtlicher Bewilligungen – zu denken ist hier etwa an gewässerschutzrechtliche, fischereirechtliche oder natur- und heimatschutzrechtliche Bewilligungen – bilden. Diese fallen – im Gegensatz zur Rodungsbewilligung – jedoch allesamt in den Zuständigkeitsbereich kantonaler Behörden. Die übliche Zuständigkeitsordnung wird bezüglich dieser Umweltbereiche jedoch dann und insoweit durchbrochen, als die Beurteilung eines Bundesvorhabens in Frage steht. Diesfalls werden diese umweltrechtlichen Bewilligungen bereits nach heutigem Recht von der für die Durchführung des Hauptverfahrens zuständigen Bundesbehörde erteilt. Die Integration umweltrechtlicher Bewilligungen in den von der sogenannten Fachinstanz zu erteilenden Entscheid stellt von daher betrachtet kein Neuland dar. Die Tatsache, dass derartige Entscheide weder der Zustimmung der üblicherweise bewilligungskompetenten kantonalen Behörden noch jener der Umweltschutzfachstelle des Bundes bedürfen, hat jedoch – soweit ersichtlich – nicht dazu geführt, dass die in die Entscheidkompetenz der Fachinstanz übergegangenen Umweltbereiche dadurch Schaden genommen hätten bzw. die einschlägigen Gesetzesbestimmungen nicht mehr korrekt angewendet worden wären."

Aufgrund des Berichts der IDAG gab der Bundesrat die Ausarbeitung eines entsprechenden Vorentwurfs in Auftrag. Der Vernehmlassungsentwurf sah in Übereinstimmung mit den Empfehlungen der verschiedenen Arbeitsgruppen eine Verfahrensausgestaltung nach dem Modell der Anhörung vor. Allerdings stiess dies in der Vernehmlassung namentlich bei der Sozialdemokratischen Partei, der Grünen Partei, den Gewerkschaften sowie den Umweltverbänden auf Kritik, was den Bundesrat aber nicht davon abhielt, den Eidgenössischen Räten mit der Botschaft zum Koordinationsgesetz eine entsprechende Verfahrensausgestaltung zu unterbreiten[192].

---

[192] Vgl. dazu vorne II.D.; MARTI, Vernehmlassungsentwurf, S. 858 f.; MARTI, Botschaft, S. 183. Zur in der Vernehmlassung geäusserten Kritik am Anhörungsverfahren wird in der bundesrätlichen Botschaft zum Koordinationsgesetz ausgeführt: *"Doch selbst in bezug auf diese Fragen blieben die kritischen Stimmen in der Minderheit gegenüber den ausdrücklich oder stillschweigend zustimmenden. Die vorgebrachten Argumente waren zudem die gleichen, die bereits bei der Ausarbeitung des Entwurfs immer wieder vorgebracht und vom Bundesrat bereits einlässlich gewürdigt worden waren."* (BBl 1998, 2611). In der Ergänzungsbotschaft zum Koordinationsgesetz findet sich keine nähere Thematisierung des Anhörungsverfahrens (vgl. BBl 1999, 931 ff.).

III. Das Konzentrationsmodell mit Anhörungsverfahren

Als der Ständerat die Gesetzesvorlage in der Herbstsession 1998 als Erstrat behandelte[193], gab die Wahl des Anhörungsverfahrens weder in der Eintretensdebatte noch in den das Anhörungsverfahren betreffenden Detailberatungen zu irgendwelchen Diskussionen Anlass[194]. Hingegen zeigte sich, dass die im Waldgesetz vorgesehene Regelung, nach welcher die Kantone verpflichtet werden sollten, das BUWAL bei Rodungsbewilligungen von grösserem Ausmass vorgängig anzuhören, im Ständerat auf erhebliche Opposition stiess[195]. Mit der Revision des Waldgesetzes sollte – ganz im Sinn des Konzentrationsmodells mit Anhörungsverfahren – die Rodungsbewilligungskompetenz vollständig der jeweiligen Zuständigkeit für die Errichtung und Änderung des Vorhabens, für welches gerodet werden soll, folgen. Dadurch würde sich eine massive Kompetenzverschiebung zugunsten der Kantone ergeben, indem diese über ungefähr 80 Prozent aller Rodungsbewilligungen entscheiden könnten. In den Fällen, in welchen bisher das BUWAL als Rodungsbewilligungsbehörde amtete, sollte dem Bundesamt – zwecks Gewährleistung einer einheitlichen Rodungspraxis – allerdings das Anhörungsrecht eingeräumt werden[196]. Der Antrag der Kommissionsminderheit, welcher die Streichung der Bestimmung betreffend die Anhörung des BUWAL beinhaltete, widersprach damit der Grundkonzeption des neuen Koordinationsgesetzes und grün-

---

[193] Vgl. dazu vorne II.D.3.
[194] In der Eintretensdebatte wurde das Anhörungsverfahren vom Berichterstatter kurz erläutert und von Bundesrat Leuenberger beiläufig erwähnt (Amtl.Bull. StR 1998, 1062 ff.). In der Detailberatung zur Regelung der Anhörung im Regierungs- und Verwaltungsorganisationsgesetz (RVOG) erfolgte überhaupt keine Kommentierung der Wahl des Anhörungsverfahrens (Amtl.Bull. StR 1998, 1064 f.); ebenso wurden etwa die in das Militärgesetz und in das Luftfahrtgesetz aufgenommenen Verweise auf das Anhörungs- bzw. Bereinigungsverfahren gemäss RVOG diskussionslos angenommen (Amtl.Bull. StR 1998, 1066 und 1071).
[195] Vgl. Amtl.Bull. StR 1998, 1072 ff., sowie vorne II.D.3.
[196] BBl 1998, 2607 f.; Amtl.Bull. StR 1998, 1075 (Votum von Bundesrat Leuenberger). Vgl. dazu auch BGE 122 II 81 ff. (E. 6d/cc).

dete auf diffusen Ängsten und wenig nachvollziehbaren Argumenten, was etwa Ständerat Rhinow (FDP) in seinem Votum zum Ausdruck brachte:[197]

> "Ich beginne mit dem Zweck und der Philosophie des Gesetzes: Konzentration der Entscheidungsbefugnisse und Anhörung der übrigen interessierten Stellen, die zu diesem Fall etwas zu sagen haben und an sich eine Kompetenz zur Handhabung eines Gesetzes besitzen. Wenn man diesen Zweck des Gesetzes konsequent weiter- und durchführt, dann gibt es kein einziges Argument gegen die Anhörung einer Bundesstelle, die früher kompetent war zu entscheiden, es jetzt aber nicht mehr ist. Wenn Sie der Minderheit folgen, dann brechen Sie nur gerade hier ein Element aus der ganzen Vorlage, aus der Philosophie dieses Gesetzespaketes heraus."

Obwohl der Minderheitsantrag eine erhebliche Systemwidrigkeit implizierte und deshalb seitens der Kommissionsmehrheit sowie des Bundesrats klar abgelehnt wurde, vermochte die Streichung des Anhörungsrechts des BUWAL im Plenum eine relativ knappe Mehrheit zu finden[198]. Dieser Beschluss war nicht nur rechtlich fragwürdig, sondern auch politisch heikel. Bereits aufgrund der ablehnenden Stellungnahmen seitens verschiedener Interessengruppierungen zum Anhörungsverfahren hätte erkannt werden müssen, dass – nicht zuletzt zum Zweck der politischen Realisierbarkeit der Gesamtvorlage – den Bedenken dieser Organisationen mittels flankierender Massnahmen Rechnung getragen werden sollte. Nunmehr war aber in einem wichtigen Umweltbereich nicht einmal das

---

[197] Amtl.Bull. StR 1998, 1074; vgl. auch das vorne unter II.D.3. wiedergegebene Votum von Ständerat Frick. Die ebenfalls mit dem Koordinationsgesetz vorgesehene Pflicht der kantonalen Behörden zur Anhörung des Bundesamts bei von den Kantonen zu bewilligenden Eisenbahn- bzw. Flugplatz-Nebenanlagen (vgl. Art. 18m Abs. 2 EBG und Art. 37m Abs. 2 LFG; BBl 1998, 2635 f. und 2647) führte demgegenüber zu keinerlei Diskussionen.
[198] Vgl. Amtl.Bull. StR 1998, 1072 ff. Der Minderheitsantrag wurde mit 23 zu 17 Stimmen angenommen (Amtl.Bull. StR 1998, 1075).

III. Das Konzentrationsmodell mit Anhörungsverfahren

Anhörungsverfahren vorgesehen, was die gesamte Vorlage wenig referendumssicher machte[199]. Auf diesen Punkt wies anlässlich der parlamentarischen Beratungen auch Ständerat Plattner (SPS) hin:[200]

> "Man macht politisch den Fehler, dass man die Hunde, die eingeschlafen sind, noch einmal aufweckt. Es würde mich nicht wundern, wenn genau dieser Artikel der Casus belli in einem allfälligen Abstimmungskampf wäre."

Als der Nationalrat das Koordinationsgesetz in der Frühjahrssession 1999 behandelte, wurde in der Eintretensdebatte das Anhörungsverfahren nur am Rande thematisiert[201]. Hingegen wurde in der Detailberatung zur Regelung des Anhörungsverfahrens im RVOG ein Minderheitsantrag gestellt, welcher eine Verfahrensausgestaltung nach dem Modell der Zustimmung verlangte und von der Antragstellerin wie folgt begründet wurde:[202]

> "Das Konzentrationsmodell mit Zustimmungserfordernis würde einer UVP knapp standhalten, das Konzentrationsmodell mit blosser Anhörung der Fachbehörde hingegen nicht. Und genau dieses Modell schlägt uns der Bundesrat vor!
> Bei diesem Modell liegt die abschliessende Entscheidkompetenz ausschliesslich bei der Leitbehörde. Dadurch entsteht ein Ungleichgewicht zwischen Nutzungs- und Schutzverwaltung. In allen Fällen der Verfahrenskoordi-

---

[199] In diesem Sinn auch ZIMMERLI, S. 147, sowie MARTI, Vernehmlassungsentwurf, S. 861, welcher aufgrund der relativ radikalen Neuorganisation der Bewilligungsverfahren vor einer Vereitelung der flankierenden Massnahmen im politischen Prozess warnt.
[200] Amtl.Bull. StR 1998, 1073.
[201] Amtl.Bull. NR 1999, 49 ff.; vgl. auch vorne II.D.3. Das Anhörungsverfahren wurde einzig im Votum von Nationalrätin Teuscher kritisiert, wobei diese Kritik am Anhörungsverfahren nur indirekt zum Ausdruck kam (Amtl.Bull. NR 1999, 54).
[202] Amtl.Bull. NR 1999, 55 (Votum von Nationalrätin Teuscher).

nation wird es die Nutzungsverwaltung sein, die den abschliessenden Entscheid fällen wird. Man braucht niemandem bösen Willen zu unterstellen, aber es ist doch logisch, dass die Fachleute der Leitbehörde in der Regel eher zugunsten der Nutzung und nicht zugunsten des Schutzes entscheiden werden. Schliesslich sind sie als Ökonominnen und Ingenieure Fachleute auf dem Gebiet der Nutzung und nicht auf dem Gebiet des Schutzes. Somit bringt die vorgeschlagene Konzentrationslösung mit blosser Anhörung eine eindeutige Schwächung der Interessen des Schutzes gegenüber denjenigen der Nutzung.
In meinem Minderheitsantrag zu Artikel 62b Absatz 3 RVOG halte ich zwar am Konzentrationsmodell fest, will dieses aber einigermassen umweltfreundlich ausgestalten. Ich schlage vor, dass die Leitbehörde nicht unabhängig entscheiden kann, wenn das Bereinigungsverfahren nicht zum Ziel führt. Die Stellungnahmen der betroffenen Fachbehörden sollen für die Leitbehörden verbindlich sein. Sie sind dann Bestandteil des Entscheides der Leitbehörde und werden gleichzeitig mit dem Entscheid der Leitbehörde eröffnet. Nur so können wir sicherstellen, dass in heiklen Verfahrensfällen Natur und Landschaft nicht immer den kürzeren ziehen. (...)
Ich schlage Ihnen hier kein völlig neues Modell vor. Das Konzentrationsmodell mit Zustimmungserfordernis wurde in der jüngsten Bundesgesetzgebung aus den Jahren 1994 und 1995 sowohl im Luftfahrtgesetz als auch im Militärgesetz verankert. (...) Für mich gibt es keinen einsichtigen Grund, weshalb wir dieses Modell jetzt über Bord werfen sollen.
Mit meinem Minderheitsantrag wird die Stellung der Schutzinteressen gegenüber den Nutzungsinteressen im konzentrierten Verfahren verbessert. Dieses Vorgehen hätte auch gegenüber der Öffentlichkeit eine grosse Legitimationskraft, weil das Verfahren transparenter würde. Zusätzlich würde vermieden, dass die mangelhafte Berücksichtigung der Schutzinteressen zu nachgelagerten Beschwerdeverfahren mit grosser Verzögerung führt."

III. Das Konzentrationsmodell mit Anhörungsverfahren

Wohl fand der Minderheitsantrag Teuscher Unterstützung bei verschiedenen Ratsmitgliedern des grünen Parteispektrums, doch wurde er – nachdem sich auch die Fraktion der Sozialdemokratischen Partei für das Anhörungsverfahren ausgesprochen hatte – in der Abstimmung mit 112 zu 17 Stimmen deutlich abgelehnt[203]. Als Begründung gegen das dem Minderheitsantrag zugrunde liegende Zustimmungsverfahren wurde in der Beratung im Nationalrat insbesondere angeführt, dass aufgrund des bundesrätlichen Konzentrationsmodells mit Anhörungsverfahren die ökologischen Schutzinteressen nicht in Frage gestellt würden, da bei divergierenden Meinungen von Fachbehörden ein Bereinigungsverfahren durchgeführt werden müsse und im Fall des Misslingens der Bereinigung die abweichenden Stellungnahmen in den Entscheid aufgenommen werden müssten, so dass eine volle Transparenz der Entscheidfindung gewährleistet sei und sich der Rechtssuchende im – verbesserten – Rechtsmittelverfahren die Argumentation der Fachbehörde zu Eigen machen könne. Ausserdem sei das Zustimmungsverfahren systemwidrig und undurchführbar, da es der Idee der Bündelung der Einzelverfahren widerspreche und dazu führen würde, dass die Konzentrationsbehörde im Rechtsmittelverfahren eine Entscheidung vertreten müsste, welche nicht ihrer eigenen Auffassung entspricht, was eine verfahrensrechtliche Unebenheit darstelle[204]. Diesen Argumenten fügte Bundesrat Leuenberger in seinem Votum folgende Überlegung an:[205]

---

[203] Vgl. Amtl.Bull. NR 1999, 55 ff., dort insbesondere die Voten von Nationalrätin von Felten (GPS) und von Nationalrat Gross (SPS).

[204] Vgl. auch die Voten des deutschsprachigen Berichterstatters Baumberger (CVP) sowie des französischsprachigen Berichterstatters Grobet (SPS), worin jener erklärte, dass ein Nullentscheid vorliege, wenn eine Behörde ja sage und die andere nein, und dieser ausführte: "La proposition de minorité Teuscher part d'un bon sentiment, mais elle remet en cause le fondement même du projet de loi, et, de plus, elle est inapplicable." (Amtl.Bull. NR 1999, 56).

[205] Amtl.Bull. NR 1999, 57.

> "Die Lösung gemäss Minderheit Teuscher geht davon aus, dass sich immer nur gerade klare Schutz- und klare Nutzinteressen entgegenstehen würden. Das ist aber nicht so. Es können drei, vier, fünf Fachbehörden je ihre Sicht haben. Wenn hier steht, für die Leitbehörde sei dann die Meinung der Fachbehörde ausschlaggebend, muss ich fragen: Welche dann? Wie ist es, wenn sich drei oder vier Fachbehörden widersprechen? Die Lösung gemäss Antrag der Minderheit ist nicht praktikabel, und die Lösung, die die Regierung nach dem Vernehmlassungsverfahren gefunden hat, will einen Ausgleich zwischen Schutz und Nutzen, will eine unabhängige Stellungnahme garantieren."

Nachdem sich der Nationalrat für die Verfahrensausgestaltung nach dem Modell der Anhörung entschieden hatte, galt es noch die Frage der Anhörung des BUWAL im Bereiche des Forstrechts zu klären. Wie schon im Ständerat, wurde auch im Nationalrat ein Minderheitsantrag eingebracht, welcher die Streichung der entsprechenden Bestimmung im Waldgesetz verlangte[206]. Die nachfolgende Diskussion im Plenum beschränkte sich dabei weitgehend auf die Argumente, wie sie bereits in der Kleinen Kammer vorgebracht worden waren[207]. Im Gegensatz zum Ständerat war dem Minderheitsantrag im Nationalrat allerdings kein Erfolg beschieden;

---

[206] Amtl.Bull. NR 1999, 70. Auch Nationalrätin Teuscher brachte einen diesbezüglichen Minderheitsantrag ein, welcher die bisherige Kompetenzaufteilung bei Ausnahmebewilligungen für Rodungen beibehalten wollte; dieser Antrag wurde – nicht zuletzt deshalb, weil er dem Konzentrationsmodell klar widersprach – deutlich abgelehnt (Amtl.Bull. NR 1999, 70 und 73).

[207] Vgl. Amtl.Bull. NR 1999, 70 ff. An dieser Stelle soll einzig das Votum von Nationalrat Herczog wiedergegeben werden: *"Das BUWAL hat so oder so ein Beschwerderecht – daran hat man nicht gerüttelt. Wenn wir vereinfachen wollen, wollen wir die Ausnützung der Rechtswege nicht eindämmen, aber so weit wie möglich einschränken. Einschränken können wir die Rechtsmittelausschöpfung, wenn Koordination und Anhörungen frühzeitig geschehen, mit anderen Worten: Es war ein Betriebsunfall im Ständerat, dass er beschlossen hat, das BUWAL solle nicht angehört werden."* (Amtl.Bull. NR 1999, 71).

III. Das Konzentrationsmodell mit Anhörungsverfahren

vielmehr wurde der Antrag mit 94 gegen 44 Stimmen unerwartet deutlich abgelehnt[208].

Als der Ständerat in der Sommersession 1999 die verbleibenden Differenzen sowie die Revision des Nationalstrassengesetzes behandelte, führte die geplante Verpflichtung der Kantone, das BUWAL bei Rodungsbewilligungen von grösserem Ausmass vorgängig anzuhören, zu erneuten Diskussionen. Schliesslich folgte die Kleine Kammer aber mit 14 zu 13 Stimmen dem entsprechenden Beschluss des Nationalrats[209], womit – um mit der Terminologie von Nationalrat Herczog zu sprechen[210] – der *"Betriebsunfall im Ständerat"* behoben werden konnte.

3. Die Ausgestaltung des Anhörungsverfahrens

a. Grundlagen

Zur Regelung des Anhörungsverfahrens schlug der Bundesrat in seiner Botschaft zum neuen Koordinationsgesetz die Aufnahme eines Artikels in das *Regierungs- und Verwaltungsorganisationsgesetz* (RVOG) vor. Auf diese Weise sollte das Anhörungsverfahren in einem Gesetz einheitlich geregelt und – soweit notwendig – durch entsprechende Verweise in den jeweiligen Spezialerlassen für anwendbar erklärt werden. Der Bundesrat beurteilte die vorgeschlagene Regelung als rechtsetzungstechnisch vorteilhaft, da eine spezialgesetzliche Aufnahme von jeweils gleichlautenden Bestimmungen über das Anhörungsverfahren den Nachteil der Schwerfälligkeit mit sich bringe[211].

---

[208] Amtl.Bull. NR 1999, 72.
[209] Vgl. Amtl.Bull. StR 1999, 444, sowie vorne II.D.3.
[210] Vgl. FN 207.
[211] BBl 1998, 2613 und 2653.

Diese Ansicht verdient grundsätzlich Zustimmung, doch ist m. E. fraglich, ob das RVOG – wie vom Bundesrat in seiner Botschaft erläutert – tatsächlich der geeignete Erlass für die Normierung des Anhörungsverfahrens darstellt. Wie schon aus dem Gesetzestitel hervorgeht, beschlägt das RVOG die Organisation von Regierung und Verwaltung. Beim Anhörungsverfahren stellen sich aber hauptsächlich verfahrensrechtliche Fragen, weshalb insbesondere eine Regelung in einem neu zu schaffenden Bundesgesetz prüfenswert gewesen wäre. Die Einordnung des Anhörungsverfahrens ins RVOG ist wohl als gesetzgeberische Verlegenheitslösung zu qualifizieren, was sich nicht zuletzt anhand der gewählten Systematik manifestiert: Der Abschnitt über das konzentrierte Entscheidverfahren wurde im RVOG zwischen dem Kapitel über die Genehmigung von kantonalem und interkantonalem Recht bzw. über die Information über Verträge der Kantone mit dem Ausland und dem Kapitel über die Schlussbestimmungen platziert und erscheint dort ziemlich verloren wie auch zusammenhangslos[212].

Das eidgenössische Parlament folgte allerdings der bundesrätlichen Marschrichtung, doch wurde auf Vorschlag des Ständerats die Regelung des Anhörungsverfahrens in zwei Artikel aufgeteilt: Während Art. 62a RVOG die *Anhörung* behandelt, wird in Art. 62b RVOG die *Bereinigung* im Fall von Differenzen thematisiert[213]. Diese Korrektur seitens des Parlaments ist begrüssenswert, da dadurch nicht nur eine Verbesserung der Gesetzessystematik und der Verständlichkeit[214], sondern auch eine Betonung der besonderen Bedeutung des Bereinigungsverfahrens erreicht

---

[212] Zur (äusseren) Systematik von Gesetzen vgl. etwa GEORG MÜLLER, N 247 ff.
[213] Amtl.Bull. StR 1998, 1064 f.; Amtl.Bull. NR 1999, 55.
[214] Der vom Bundesrat vorgeschlagene Art. 62a RVOG enthielt sechs Absätze, was angesichts der Tatsache, dass inhaltlich und umfangmässig überfrachtete Gesetzesbestimmungen generell vermieden werden sollten, nicht befriedigte. Zudem war auch der Aufbau des vorgeschlagenen Art. 62a RVOG wenig geglückt, weil in den Absätzen 1, 2 und 6 die Anhörung und in den Absätzen 3, 4 und 5 die Bereinigung thematisiert wurden (vgl. BBl 1998, 2653).

III. Das Konzentrationsmodell mit Anhörungsverfahren

werden konnte[215]. In Anlehnung an diese Entstehungsgeschichte der Regelung im RVOG wird in der vorliegenden Arbeit die Bereinigung im Abschnitt über das Anhörungsverfahren behandelt. Auch von der Sache her scheint es richtig, das Bereinigungsverfahren unter dem Abschnitt zur Anhörung zu thematisieren, weil die Bereinigung – als Konfliktinstrumentarium – Bestandteil der verfahrensrechtlichen Regelung der Anhörung der Fachbehörden bildet.

Mit dem Bundesgesetz über die Koordination und Vereinfachung von Entscheidverfahren wurde in verschiedene Spezialerlasse ein *Verweis* auf das Bereinigungsverfahren gemäss Art. 62b RVOG, nicht aber auf die Anhörung nach Art. 62a RVOG aufgenommen[216]. Dies erklärt sich damit, dass in Art. 62a Abs. 1 RVOG das Anhörungsverfahren für anwendbar erklärt wird, sofern ein anderes Bundesgesetz für Vorhaben wie Bauten und Anlagen die Entscheidkonzentration vorsieht, weshalb sich in verschiedenen Rechtsbereichen ein expliziter Verweis auf die Anhörung gemäss RVOG erübrigte[217].

b. Die Anhörung

Wie soeben dargestellt, wird die Anhörung für sämtliche konzentrierten Entscheidverfahren in Art. 62a RVOG einheitlich geregelt. Danach hat die Leitbehörde vor ihrem Entscheid die *Stellungnahmen* der betroffenen Fachbehörden einzuholen. Im gegenseitigen Einvernehmen können die

---

[215] ZIMMERLI, S. 147.
[216] Art. 126g MG; Art. 62f WRG; Art. 27e NSG; Art. 16g EleG; Art. 18g EBG; Art. 22b RLG; Art. 36d Abs. 3 und Art. 37g LFG. Vgl. auch Art. 55 des Vernehmlassungsentwurfs zu einem Kernenergiegesetz (E-KEG) vom 6. März 2000.
[217] In den folgenden Bestimmungen wird sowohl auf die Anhörung nach Art. 62a RVOG als auch auf die Bereinigung gemäss Art. 62b RVOG verwiesen: Art. 3 Abs. 4 NHG; Art. 41 Abs. 2 USG; Art. 48 Abs. 1 GSchG; Art. 7 Abs. 4 ArG; Art. 49 Abs. 2

Konzentrationsbehörde und die Fachbehörden die Fälle festlegen, in welchen ausnahmsweise – aufgrund der untergeordneten Bedeutung – keine Pflicht zur Einholung von Stellungnahmen besteht; im Vordergrund steht dabei das vereinfachte Verfahren[218]. Falls mehrere Fachbehörden von der Anhörung betroffen sind, werden sie von der Konzentrationsbehörde grundsätzlich gleichzeitig angehört, sofern sich nicht ausnahmsweise eine gestaffelte Anhörung aufdrängt[219].

Im Interesse der Verfahrensbeschleunigung wurde die Bestimmung aufgenommen, wonach die fachbehördlichen Stellungnahmen in der Regel innert zwei Monaten abzugeben sind. Diese *Regelfrist* kann in einfachen Fällen abgekürzt und bei besonders aufwändigen Projekten verlängert werden; im Anwendungsbereich der Umweltverträglichkeitsprüfung bleiben zudem die Fristen der UVPV als lex specialis vorbehalten. Falls eine Fachbehörde erst nach Ablauf der gesetzten Frist ihre Stellungnahme abgeben sollte, kann diese wie ein verspätetes Parteivorbringen gemäss Art. 32 Abs. 2 VwVG behandelt und mithin trotz Verspätung noch berücksichtigt werden. Der Konzentrationsbehörde dürfte regelmässig gar kein anderes Vorgehen offen stehen, da sie auf den Sachverstand der Fachbehörde angewiesen ist; allenfalls stellt sich die Frage nach einer aufsichtsrechtlichen Sanktionierung[220].

c. Die Bereinigung von Differenzen

Das Bereinigungsverfahren bezweckt die Regelung des verfahrensrechtlichen Vorgehens im Fall von Differenzen zwischen den involvierten Fachbehörden bzw. zwischen der Konzentrationsbehörde und den Fachbehör-

---

WaG; Art. 21 Abs. 4 BGF. Vgl. dazu auch BBl 1998, 2613 f., sowie MARTI, Botschaft, S. 184.
[218] Zum vereinfachten Verfahren vgl. hinten IV.A.
[219] Art. 62a Abs. 1, 2 und 4 RVOG; BBl 1998, 2614.
[220] Art. 62a Abs. 3 RVOG; BBl 1998, 2614. Vgl. dazu auch hinten VI.D.

III. Das Konzentrationsmodell mit Anhörungsverfahren

den. In der bundesrätlichen Botschaft zum Koordinationsgesetz wurde zur *Funktion des Bereinigungsverfahrens* ausgeführt:[221]

> "Dem Bereinigungsverfahren kommt die Funktion zu, einerseits Druck auf die Leitbehörde auszuüben, offene Fragen möglichst früh im Verfahren zu bereinigen, und andererseits den übrigen Fachbehörden Gewähr zu bieten, dass ihren materiellen Anliegen in gebührendem Mass Rechnung getragen wird. Ein genereller Vorteil des Bereinigungsverfahrens besteht überdies darin, dass alles versucht wird, um allfällige Meinungsverschiedenheiten unter Bundesbehörden innerhalb der Verwaltung auszuräumen."

Diese Überlegungen dürften insbesondere auf den entsprechenden Ausführungen im Gesamtbericht der Interdepartementalen Arbeitsgruppe (IDAG) beruhen, in welchem – vor dem Hintergrund der Wahl des Anhörungsmodells – auf die wichtige Bedeutung des Bereinigungsverfahrens hingewiesen wurde:[222]

> "Schon das Wissen um die Möglichkeit, dass bei nicht ausgemerzten Meinungsverschiedenheiten – sei dies zwischen verschiedenen Fachbehörden, sei dies zwischen einer Fach- und der Konzentrationsbehörde – ein besonderes Bereinigungsverfahren vor einer übergeordneten Behörde eingeleitet werden kann, dürfte die Entscheidbehörde dazu verhalten, die noch offenen Fragen möglichst bereits auf ihrer Stufe zu bereinigen. Dem Bereinigungsverfahren dürfte demnach eine wichtige präventive Wirkung zukommen. Dies umso mehr, als jener Behörde, die mit ihren Anliegen nicht durchzudringen vermag, ausdrücklich das Recht eingeräumt werden soll, ihre Stellungnahme dem Entscheid beilegen zu lassen, was die Wahrscheinlichkeit, dass dieser angefochten wird, massgeblich erhöhen dürfte. Im Bestreben, möglichst rechtsmittelbeständige Entschei-

---
[221] BBl 1998, 2599.
[222] GESAMTBERICHT IDAG, S. 247.

de zu erlassen, dürfte die Entscheidbehörde daher vermutungsweise nur bei Vorliegen wirklich triftiger Gründe von der Stellungnahme einer mitwirkenden Fachbehörde abweichen."

Auch anlässlich der parlamentarischen Beratungen in den Eidgenössischen Räten wurde wiederholt auf den hohen Stellenwert des Bereinigungsverfahrens hingewiesen, mit welchem die notwendige Transparenz erreicht und einseitige Entscheide vermieden werden sollen[223]. Der Bundesgesetzgeber folgte diesen Überlegungen und stimmte der Statuierung des Bereinigungsverfahrens in Art. 62b RVOG diskussionslos zu[224].

Was den Ablauf der Bereinigung betrifft, so hat vorerst ein formloser Versuch der Bereinigung auf Sachbearbeiterebene stattzufinden, damit Differenzen von geringer Tragweite frühzeitig ausgeräumt werden können; das eigentliche Bereinigungsverfahren soll mithin erst als ultima ratio zur Anwendung gelangen, wenn die *informelle Differenzbereinigung* nicht erfolgreich war. Das formlose Bereinigungsverfahren hat zwar keine gesetzliche Regelung erfahren, doch folgt es aus der grundsätzlichen Pflicht der Verwaltungsbehörden zur Zusammenarbeit und Koordination ihrer Tätigkeiten[225].

Erst wenn zwischen den Fachbehörden bzw. zwischen der Leitbehörde und den Fachbehörden die bestehenden Differenzen informell nicht ausgeräumt werden können, hat die Konzentrationsbehörde das *formelle Bereinigungsverfahren* einzuleiten, indem innert 30 Tagen ein Bereini-

---

[223] Vgl. etwa Amtl.Bull. StR 1998, 1064; Amtl.Bull. NR 1999, 49 und 55 ff.
[224] Amtl.Bull. StR 1998, 1065; Amtl.Bull. StR 1999, 57. Wohl führte Nationalrätin von Felten in ihrem Votum aus, dass das Bereinigungsverfahren zur Alibiübung verkommen könnte (Amtl.Bull. NR 1999, 56), doch richtete sich diese Kritik letztlich nicht gegen das Institut der Bereinigung, sondern vielmehr gegen des Modell der Anhörung.
[225] Vgl. BBl 1998, 2600, sowie Gesamtbericht IDAG, S. 248.

III. Das Konzentrationsmodell mit Anhörungsverfahren

gungsgespräch mit den involvierten Fachbehörden – allenfalls unter Beizug weiterer Behörden[226] und Fachleute – geführt wird[227]. Dabei obliegt es der Konzentrationsbehörde, die Teilnehmer des Bereinigungsgesprächs zu bestimmen; als zweckmässig dürfte sich regelmässig das Gespräch auf Direktionsstufe erweisen, wobei nötigenfalls aber auch Sachbearbeiter beigezogen werden könnten[228].

Wenn die Bereinigung gelingt, ist das Ergebnis für die Konzentrationsbehörde verbindlich. Andernfalls, d. h. beim *Misslingen der Bereinigung*, entscheidet die Leitbehörde. Bei wesentlichen Differenzen zwischen Verwaltungsstellen des gleichen Departements weist dieses die Leitbehörde an, wie zu entscheiden ist, womit – im Ergebnis – die Entscheidkompetenz beim Departementsvorsteher liegt[229]. Mit der Integration des BUWAL und des Bundesamts für Raumentwicklung in das Departement für Umwelt, Verkehr, Energie und Kommunikation dürfte ein Grossteil möglicher Differenzen innerdepartemental erledigt werden können. Sind hin-

---

[226] Bei den Behörden muss es sich – insbesondere aus Gründen der Systemkonformität – um solche des Bundes handeln. Im Rahmen der Ausarbeitung des neuen Koordinationsgesetzes vermochte sich der Wunsch der Kantonsregierungen, auch die Kantone am Bereinigungsverfahren des Bundes zu beteiligen, nicht durchzusetzen (vgl. ZIMMERLI, S. 147).

[227] Um das erstinstanzliche Verfahren nicht unnötig zu verlängern und zu komplizieren, hat sich die formelle Bereinigung auf die *wesentlichen Differenzen* zu beschränken; damit bleiben Bagatelldifferenzen vom Bereinigungsverfahren ausgeschlossen. Als Kriterium für die Wesentlichkeit könnte beispielsweise die Frage dienen, ob bezüglich der zur Diskussion stehenden Differenz überhaupt ein Entscheidungsspielraum verbleibt (GESAMTBERICHT IDAG, S. 252). Der Begriff der wesentlichen Differenz wird im Übrigen auch in Art. 62b Abs. 3 RVOG verwendet.

[228] Art. 62b Abs. 1 RVOG; BBl 1998, 2600 und 2614.

[229] Die Einholung der Weisung des vorgesetzten Departementes war im Vorentwurf noch nicht enthalten, sondern wurde erst aufgrund der im Vernehmlassungsverfahren geäusserten Kritik in den bundesrätlichen Entwurf aufgenommen. Das Bereinigungsverfahren sollte in dem Sinn verbessert werden, dass sich die Leitbehörde nicht leichtfertig und in eigener Kompetenz über die Schutzinteressen hinwegsetzen kann (BBl 1998, 2612).

gegen mehrere Departemente involviert, haben sich diese ins Einvernehmen zu setzen[230]. Bei einer allfälligen Nichteinigung der betroffenen Departemente liegt der Entscheid – zumindest faktisch – beim Gesamtbundesrat[231], weshalb das Bundesgericht in einem nachfolgenden Rechtsmittelverfahren unter Umständen gehalten wäre, diesen Bundesratsentscheid indirekt zu überprüfen, was nicht unproblematisch erscheint[232].

Die Konzentrationsbehörde hat in der Begründung ihres Entscheides die *abweichenden Stellungnahmen aufzuführen*, wodurch sichergestellt wird, dass sich die Leitbehörde mit den verschiedenen Argumentationen der Fachbehörden auseinandersetzt und eine umfassende Gesamtabwägung vornimmt. Zudem wird mit der Wiedergabe allfälliger abweichender Auffassungen von Fachbehörden Transparenz geschaffen und zugleich möglichen Beschwerdeführern Gelegenheit geboten, sich im Rahmen ihrer Beschwerdebegründung die "dissenting opinion" der Fachbehörden zu Eigen zu machen. Die Pflicht zur Wiedergabe abweichender Stellungnahmen im Konzentrationsentscheid stellt ein taugliches und wirksames Instrument gegen eine einseitige Entscheidfällung seitens der Leitbehörde dar, zumal sich diese hüten dürfte, sich leichtfertig über sachlich begrün-

---

[230] Art. 62b Abs. 2 und 3 RVOG; BBl 1998, 2614. Vgl. dazu auch GESAMTBERICHT IDAG, S. 249 ff., sowie KÄGI-DIENER, S. 698.
[231] Amtl.Bull. NR 1999, 57 (Votum von Bundesrat Leuenberger). Der Bundesrat hat jedoch – entsprechend dem Vorgehen bei innerdepartementalen Differenzen – nicht selbst zu entscheiden, sondern vielmehr die Leitbehörde anzuweisen, wie zu entscheiden ist. Dies ist von erheblicher Bedeutung, weil der Bundesratsentscheid aufgrund von Art. 98 lit. a OG nicht der (unmittelbaren) Verwaltungsgerichtsbeschwerde an das Bundesgericht unterliegen würde (vgl. etwa KÖLZ/HÄNER, N 834), was aber der Grundkonzeption des Koordinationsgesetzes eindeutig zuwiderliefe (vgl. dazu hinten V.B.3.).
[232] Dem ist immerhin entgegenzuhalten, dass bereits das bisher geltende Militärgesetz eine entsprechende Entscheidkompetenz des Bundesrats vorsah (Art. 128 Abs. 3 aMG). Vgl. auch GESAMTBERICHT IDAG, S. 253 f.

III. Das Konzentrationsmodell mit Anhörungsverfahren 85

dete Vorbringen von Fachbehörden hinwegzusetzen und damit eine (berechtigte) Rüge durch die Rechtsmittelbehörden zu provozieren[233].

Die vorberatende Kommission des Ständerats beantragte mit Art. 62b Abs. 4 RVOG eine zusätzliche Bestimmung zum Bereinigungsverfahren, nach welcher die Fachbehörden auch nach durchgeführter Bereinigung befugt sind, gegenüber einer Rechtsmittelinstanz ihre *Stellungnahmen selbständig zu begründen*[234]. Der Berichterstatter des Ständerats erläuterte diese Regelung wie folgt:[235]

> "Dans cet alinéa, nous avons précisé en substance que les autorités habilitées à appliquer les lois sectorielles émettent un avis autonome, c'est-à-dire qu'elles ne sont pas liées par la décision de l'autorité unique. Cet aspect nous semblait important pour permettre à l'autorité de jugement d'avoir une vue d'ensemble complète, et pour permettre aussi que l'appréciation du fait et du droit soit aussi complète que possible lors d'une procédure de recours."

Nachdem der Ständerat die von seiner vorberatenden Kommission vorgeschlagene Bestimmung diskussionslos angenommen hatte, folgte auch der Nationalrat ohne weitere Diskussionen. Einzig Nationalrätin Nabholz (FDP) thematisierte die Regelung von Art. 62b Abs. 4 RVOG, indem sie die Frage aufwarf, ob die Fachbehörden auch die Möglichkeit hätten, sich zur

---

[233] Art. 62b Abs. 3 RVOG; BBl 1998, 2600 und 2614; GESAMTBERICHT IDAG, S. 247 und 253.
[234] Der bundesrätliche Vorentwurf enthielt in Art. 110 Abs. 1 OG eine Regelung, wonach das Bundesgericht die Meinung der Fachbehörden einzuholen hat. Auf diese Bestimmung wurde in der Botschaft zum Koordinationsgesetz – ohne weitere Begründung – verzichtet. Vgl. dazu MARTI, Vernehmlassungsentwurf, S. 859, sowie MARTI, Botschaft, S. 183 f.
[235] Amtl.Bull. StR 1998, 1065.

Beschwerde selbst zu äussern, was Bundesrat Leuenberger wie folgt beantwortete:[236]

> "Ich interpretiere Artikel 62b Absatz 4, den der Ständerat eingefügt hat, tatsächlich so, dass sich die Fachbehörde auch zur Beschwerde selber äussern kann, wenn sie sich unabhängig in einem Beschwerde- oder Gerichtsverfahren äussert. Ich muss aber betonen: Parteistellung hat sie deswegen nicht."

Die von Bundesrat Leuenberger vertretene Meinung erscheint jedoch nicht unproblematisch. Eine der Grundfunktionen des Bereinigungsverfahrens besteht gerade darin, allfällige Meinungsverschiedenheiten unter Bundesbehörden innerhalb der Verwaltung auszuräumen[237]. Diese Funktion würde aber stark relativiert, wenn sich eine Fachbehörde im nachfolgenden Rechtsmittelverfahren auch zur Beschwerde selbst äussern dürfte und dabei möglicherweise ihre damaligen Argumente erneut einzubringen versuchte. Mit der aus den parlamentarischen Beratungen hervorgegangenen Bestimmung von Art. 62b Abs. 4 RVOG wurde wohl vielmehr bezweckt, dass die Fachbehörde – sofern von der Rechtsmittelinstanz überhaupt benötigt und gewünscht – eine selbständige Auskunft über die damals abgegebene Stellungnahme geben darf und dabei – in Durchbrechung des Treue- bzw. Hierarchieprinzips[238] – nicht an allfällige Weisungen seitens der übergeordneten Verwaltungsbehörden gebunden ist[239]. Für eine solche Gesetzesinterpretation spricht nicht nur das Votum des

---

[236] Amtl.Bull. NR 1999, 56 f.
[237] Vgl. BBl 1998, 2599, sowie GESAMTBERICHT IDAG, S. 247.
[238] Vgl. HÄFELIN/MÜLLER, N 983 und 987.
[239] Der Fachbehörde steht es m. E. auch offen, zu allfälligen Noven tatsächlicher und rechtlicher Art, welche sich erst im Laufe des Rechtsmittelverfahrens ergeben haben, selbständig Auskunft zu erteilen; allerdings müssen diese Auskünfte von der Rechtsmittelinstanz anbegehrt werden und sich auf deren Fragestellung beschränken.

ständerätlichen Berichterstatters, sondern auch der Wortlaut von Art. 62b Abs. 4 RVOG selbst[240].

D. Würdigung

Wie in diesem Kapitel dargestellt, folgten die Eidgenössischen Räte vollumfänglich dem bundesrätlichen Vorschlag, wonach sämtliche vom Koordinationsgesetz erfassten bodenbezogenen Entscheidverfahren, welche in der Bewilligungskompetenz des Bundes liegen, nach dem Konzentrationsmodell mit Anhörungsverfahren ausgestaltet werden sollten[241]. Eine solche Gesetzgebungsarbeit, welche sich am Prinzip der *Einheitlichkeit der Rechtsordnung* orientiert und der bestehenden Verfahrensvielfalt entgegenwirkt, ist sehr zu begrüssen und alles andere als selbstverständlich, da sich erfahrungsgemäss gerade die Umsetzung einer einheitlichen Verfahrensausgestaltung im Rahmen eines Mantelerlasses als schwierig erweist. Der Bundesgesetzgeber widerstand jedoch glücklicherweise der Versuchung, von dieser Einheitlichkeit beim einen oder anderen Spezialerlass – so insbesondere beim Waldgesetz – abzuweichen.

Das vom Bundesrat präferierte und von den Eidgenössischen Räten gewählte Konzentrationsmodell mit Anhörungsverfahren stellt – in gut schweizerischer Manier – eine pragmatische Lösung der Koordinationsproblematik dar. Dabei wurde insbesondere den Befürchtungen, dass bei dieser Verfahrensausgestaltung die Schutzinteressen gegenüber den Nutzungsinteressen vernachlässigt werden könnten, Rechnung getragen, in-

---

[240] In diesem Sinn wohl auch MARTI, Botschaft, S. 184. Der Bundesrat scheint jedoch eine andere Meinung zu vertreten, zumal er Art. 20 Abs. 2 VRSK dahingehend ergänzte, dass der Präsident der Rekurskommission die *Vernehmlassung* der am Bereinigungsverfahren gemäss Art. 62b RVOG beteiligten Fachbehörden einzuholen hat (AS 1999, 3497).
[241] BBl 1998, 2596 ff.

dem ein wirksames Bereinigungsverfahren statuiert wurde, weshalb m. E. von einer *ausgewogenen Verfahrensregelung* gesprochen werden darf.

Allerdings stimmt die *Kurzlebigkeit der heutigen Gesetzgebung,* wie sie bei der Wahl des Anhörungsverfahrens besonders deutlich zu Tage getreten ist, nachdenklich. Die Eidgenössischen Räte müssen sich vorhalten lassen, dass sie verschiedene Verfahrensmodelle – notabene im gleichen Rechtsbereich – einführten und bereits nach kurzer Zeit wieder durch andere Modelle ersetzten. So wurde, wie oben dargestellt[242], bei den eisenbahnrechtlichen Bundesbeschlüssen das Anhörungsverfahren vom Bundesrat explizit als ungenügend verworfen, worauf der Bundesgesetzgeber das Modell der Zustimmung wählte. Mit dem neuen Koordinationsgesetz ist nunmehr aber das noch vor wenigen Jahren verschmähte Anhörungsverfahren als die einzig richtige Lösung gepriesen worden. Noch eklatanter – zumindest in zeitlicher Hinsicht – liegen die Dinge bei der Revision des Luftfahrtgesetzes sowie bei der Schaffung des neuen Militärgesetzes: Bei diesen Erlassen wurde ebenfalls das Zustimmungsmodell gewählt; die entsprechenden Regelungen traten 1995 bzw. 1996 in Kraft[243] und hatten mithin für bloss fünf bzw. vier Jahre Bestand.

---

[242] Vgl. III.C.2.b.
[243] Vgl. dazu vorne II.C.3., II.C.5. sowie III.C.2.b.

IV. DIE VERFAHRENSZUSAMMENLEGUNG

A. Einleitung

In der Vergangenheit waren zur Realisierung von bodenbezogenen Projekten oftmals verschiedene gestaffelte Entscheidverfahren zu durchlaufen, was teilweise Doppelspurigkeiten und zeitliche Verzögerungen mit sich brachte. Diese unbefriedigende verfahrensrechtliche Situation führte zur – insbesondere seitens der Praxis erhobenen – Forderung nach einer *Verfahrensvereinfachung*, wonach die erstinstanzlichen gestaffelten Verfahren so weit als möglich zusammenzulegen seien[244]. Eine solche Verfahrensvereinigung weist dabei einen engen Zusammenhang mit dem im III. Kapitel thematisierten Konzentrationsmodell auf, da sowohl die erstere wie auch die letztere Massnahme auf eine verfahrensrechtliche Zusammenlegung hinausläuft: Mit dem Konzentrationsmodell wird eine Vereinigung der erstinstanzlichen Behörden- bzw. Entscheidungszuständigkeiten angestrebt, während mit der Verfahrenszusammenlegung die erstinstanzlichen gestaffelten Verfahrensabläufe gebündelt werden sollen[245].

In der Folge wird dargestellt, welche Massnahmen zur Verfahrenszusammenlegung der Bundesgesetzgeber in der jüngeren Vergangenheit getroffen hat, wobei teilweise auch auf die entsprechende neuere Rechtsprechung des Bundesgerichts hingewiesen wird (IV.B. bis IV.D.).

---

[244] Die Zusammenlegung erstinstanzlicher gestaffelter Verfahren bewirkt jedoch nicht nur eine Vereinfachung, sondern auch eine *Beschleunigung* und verbesserte *Koordination* der bodenbezogenen Entscheidverfahren. Vgl. auch MARTI, Möglichkeiten, S. 243 f., welcher auf das Problem gestaffelter Verfahren hinweist.

[245] Vgl. in diesem Zusammenhang MARTI, Bewilligung, S. 1540, welcher zwischen *Entscheid-* und *Verfahrenskonzentration* unterscheidet und darauf hinweist, dass bei der Konzentrationsbehörde auch die Verfahren zusammengefasst werden sollten, damit nur ein alle Bereiche umfassendes Gesuch eingereicht und behandelt werden müsse. Vgl. auch vorne III.B.1.c.

Allerdings beschränkten sich die Eidgenössischen Räte in den letzten Jahren nicht nur auf Massnahmen der Verfahrenszusammenlegung, sondern sie entschieden sich unter dem Titel der Verfahrensvereinfachung auch für andere verfahrensrechtliche Instrumente. So wurde etwa mit dem neuen Koordinationsgesetz für sämtliche Plangenehmigungsverfahren das *vereinfachte Verfahren* auf Gesetzesstufe eingeführt, welches anstelle des aufwändigeren ordentlichen Verfahrens zur Anwendung gelangt, wenn Projekte von untergeordneter Bedeutung zur Diskussion stehen. Wohl sah schon das bisher geltende Recht bei gewissen bodenbezogenen Entscheidverfahren das vereinfachte Verfahren vor, doch waren diese Bestimmungen teilweise nur auf Verordnungsebene verankert, womit dem Legalitätsprinzip nicht bzw. ungenügend Rechnung getragen wurde. Zudem fehlte es in verschiedenen Sachbereichen gänzlich an einer entsprechenden Normierung, weshalb mit dem neuen Koordinationsgesetz in sämtliche relevanten Spezialgesetze eine – praktisch identisch lautende – Bestimmung über das vereinfachte Verfahren aufgenommen wurde[246].

Nach diesen spezialgesetzlichen Bestimmungen gelangt das vereinfachte Plangenehmigungsverfahren zur Anwendung bei Projekten, welche keine oder nur untergeordnete Auswirkungen auf die Umgebung zeitigen bzw. zeitlich eng befristete bauliche Veränderungen beinhalten; im Zweifelsfall ist stets das ordentliche Plangenehmigungsverfahren durchzuführen. Im Gegensatz zu Letzterem ist beim vereinfachten Verfahren die Aussteckung fakultativ, und das Projektgesuch muss weder publiziert noch öffentlich aufgelegt werden. Allfällig Betroffenen ist jedoch das rechtliche Gehör zu gewähren, soweit sie nicht bereits zum Voraus ihr Einverständnis mit dem Vorhaben erklärt haben. Im Übrigen soll im Interesse sach-

---

[246] GESAMTBERICHT IDAG, S. 25 f.; BBl 1998, 2617, 2621, 2630, 2635 und 2646; BBl 1999, 940.

IV. Die Verfahrenszusammenlegung 93

richtiger Genehmigungsentscheide die Stellungnahme von betroffenen Kantonen und Gemeinden eingeholt werden[247].

B. Die Zusammenlegung von Plangenehmigungs- und Enteignungsverfahren

1. Die neuere gesetzgeberische Entwicklung

Mit Art. 10 Abs. 2 des *Bundesbeschlusses über das Plangenehmigungsverfahren für Eisenbahn-Grossprojekte* (BB EGP) entschieden sich die Eidgenössischen Räte für eine Vereinigung von Plangenehmigungs-[248] und Enteignungsverfahren. Der Bundesgesetzgeber legte dabei im Sinn einer Verfahrensoptimierung fest, dass die Bedürfnisse eines allfälligen Enteignungsverfahrens bereits im Rahmen des Plangenehmigungsverfahrens berücksichtigt werden sollen, indem das für den Genehmigungsentscheid zuständige Eidgenössische Verkehrs- und Energiewirtschaftsdepartement (EVED) anlässlich des Plangenehmigungsverfahrens auch über die enteignungsrechtlichen Einsprachen entscheidet. Das nachfolgende Enteignungsverfahren beschränkte sich dementsprechend auf die Behandlung der angemeldeten Entschädigungsforderungen, womit enteignungsrechtliche Einsprachen nicht (mehr) Gegenstand der vom Präsidenten der Schätzungskommission durchzuführenden Einigungsverhandlung bilden konnten[249].

---

[247] Art. 128 MG; Art. 62h WRG; Art. 28a NSG; Art. 17 EleG; Art. 18i EBG; Art. 11 Abs. 2 TBG; Art. 24 RLG; Art. 8 Abs. 2 BSG; Art. 37i LFG. Vgl. auch BBl 1998, 2621, sowie BBl 1999, 940.

[248] Auch wenn von Lehre und Praxis häufig der – mitunter sogar präzisere – Begriff des *Projektgenehmigungsverfahrens* gebraucht wird, findet nachfolgend – im Sinn einer einheitlichen Terminologie – ausschliesslich der Begriff des Plangenehmigungsverfahrens Verwendung.

[249] Art. 15 Abs. 1 Satz 1, Art. 16 Abs. 1 und Art. 20 Abs. 1 BB EGP; BBl 1991 I 998, 1012 f., 1018 und 1020. Sowohl das Nationalstrassengesetz als auch das Rohrleitungsgesetz enthielten bereits eine dem BB EGP entsprechende Bestimmung, wonach sich das

Auch im neuen *Militärgesetz* statuierten die Eidgenössischen Räte eine Zusammenlegung von Plangenehmigungs- und Enteignungsverfahren. Die vom Bundesgesetzgeber getroffene Regelung entsprach dabei grundsätzlich derjenigen des Bundesbeschlusses über das Plangenehmigungsverfahren für Eisenbahn-Grossprojekte, doch wurde im Militärgesetz die Verfahrensvereinigung nicht zwingend vorgeschrieben, sondern vielmehr in das Ermessen der zuständigen Behörde gestellt[250].

2. Das Bundesgesetz über die Koordination und Vereinfachung von Entscheidverfahren

In ihren fachlichen Vorgaben an die projektspezifischen Arbeitsgruppen hielt die Interdepartementale Arbeitsgruppe (IDAG) fest, dass Doppelspurigkeiten im Verhältnis zwischen Plangenehmigungs- und Enteignungsverfahren zu vermeiden seien. Zu diesem Zweck habe insbesondere eine Einbettung des enteignungsrechtlich relevanten Einspracheverfahrens in das Plangenehmigungsverfahren zu erfolgen, wodurch das eigentliche Enteignungsverfahren auf die Behandlung der angemeldeten Entschädigungsforderungen beschränkt werden könne[251]. Während sich die Arbeitsgruppen „Eisenbahn- und Hafenanlagen" und „Rohrleitungsanlagen" in ihren Schlussberichten explizit einer solchen Verfahrensausge-

---

Enteignungsverfahren auf die Behandlung der angemeldeten Forderungen zu beschränken hat (Art. 39 Abs. 2 aNSG und Art. 26 Abs. 2 aRLG). Eine – wenn auch nur fakultative – Zusammenlegung von Plangenehmigungs- und Enteignungsverfahren war ebenfalls in Art. 18 Abs. 4 aEBG statuiert. Vgl. dazu auch HESS/WEIBEL, Band I, S. 364 ff., und Band II, S. 388 f. und 426 ff.; BGE 125 II 18 ff. (E. 4c/bb); vorne II.C.2.

[250] Art. 129 Abs. 2 aMG; BBl 1993 IV 108. Die Regelung der Zusammenlegung von Plangenehmigungs- und Enteignungsverfahren konzentrierte sich im Militärgesetz auf eine einzige Bestimmung. Zum neuen Militärgesetz vgl. auch vorne II.C.5.

[251] GESAMTBERICHT IDAG, S. 24 f. Die IDAG verwies bezüglich Verfahrensausgestaltung auf die entsprechenden Bestimmungen im Nationalstrassengesetz und im Rohrleitungsgesetz (GESAMTBERICHT IDAG, S. 25; vgl. auch FN 249).

IV. Die Verfahrenszusammenlegung

staltung anschlossen[252], wurde seitens der Arbeitsgruppe „Elektrische Anlagen" gegen eine Zusammenlegung von Plangenehmigungs- und Enteignungsverfahren opponiert. Diese Opposition wurde im Wesentlichen damit begründet, dass mit der von der IDAG propagierten Verfahrensausgestaltung der gesuchstellende Projektant das Enteignungsverfahren zu einem Zeitpunkt einleiten müsse, in dem überhaupt noch nicht feststehe, ob und in welchem Umfang enteignet werden müsse. Zudem wäre bei einer Verfahrensvereinigung die Einführung eines vorgelagerten Verfahrens betreffend die Erteilung des Enteignungsrechts notwendig, da die Verleihung des Enteignungsrechts auf Gesetzesstufe politisch kaum realisiert werden könne; ein solches zusätzliches Verfahren würde aber nicht zur Verkürzung der Verfahrensdauer beitragen[253].

Trotz dieser Kritik hielt die IDAG in ihrem Gesamtbericht zuhanden des Leitungsausschusses an der Zusammenlegung von Plangenehmigungs- und Enteignungsverfahren fest. Sie sprach sich zudem für eine einheitliche Verfahrensregelung für sämtliche Projektarten aus, wobei diese Vereinheitlichung entweder in den jeweiligen Spezialerlassen, im Enteignungsgesetz oder in einem neu zu schaffenden Koordinationserlass erfolgen könne[254]. Der Bundesrat folgte der Empfehlung der IDAG zur Vereinigung von Plangenehmigungs- und Enteignungsverfahren, indem er in seiner Botschaft zum Bundesgesetz über die Koordination und Vereinfachung von Entscheidverfahren festhielt:[255]

> „Die Verfahrenskonzentration soll auch das Enteignungsverfahren mitumfassen, soweit es dabei um projektrele-

---

[252] GESAMTBERICHT IDAG, S. 41 und 120.
[253] GESAMTBERICHT IDAG, S. 76 f.
[254] GESAMTBERICHT IDAG, S. 303 f. Die IDAG gab dabei der einheitlichen Regelung in einem neuen Koordinationserlass den Vorzug (GESAMTBERICHT IDAG, S. 305 f.; vgl. auch FN 297).
[255] BBl 1998, 2600. Vgl. auch MARTI, Bewilligung, S. 1539, welcher sich ebenfalls für eine Zusammenlegung von Plangenehmigungs- und Enteignungsverfahren ausspricht.

vante Fragen geht. Dementsprechend soll bei Projektarten, für deren Realisierung eine Enteignung nötig sein kann, das enteignungsrechtliche Verfahren so mit dem Hauptverfahren zusammengelegt werden, dass gleichzeitig mit der Plangenehmigung bzw. Konzessions- oder Bewilligungserteilung auch über die enteignungsrechtlichen Einsprachen entschieden werden kann. Bei dieser Lösung unterliegt nur noch die Behandlung der Entschädigungsforderungen einem eigenen Verfahren."

Allerdings räumte der Bundesrat ein, dass im Rahmen des Vernehmlassungsverfahrens auch Kritik an der geplanten Zusammenlegung von Plangenehmigungs- und Enteignungsverfahren geäussert worden war. So sei die Verfahrensvereinigung im Bereich der elektrischen Anlagen insbesondere deshalb kritisiert worden, weil sich bereits eingeleitete Enteignungen infolge der häufigen Projektänderungen während des laufenden Verfahrens als überflüssig erwiesen oder umgekehrt neue Expropriationen notwendig würden, was zu einem unverhältnismässigen Aufwand führe. Der Bundesrat führte dazu aus, dass wohl mit gewissen Umstellungsschwierigkeiten zu rechnen sei, doch dürften die damit verbundenen Probleme nicht schwerwiegender ausfallen als in anderen Bereichen, in welchen die Verfahrenszusammenlegung bereits erfolgt sei. Diese Probleme seien zudem nicht so gravierend, dass deswegen auf die Vorteile der vorgeschlagenen Verfahrensvereinfachung verzichtet werden sollte[256].

In den Eidgenössischen Räten führte die vom Bundesrat präferierte Zusammenlegung von Plangenehmigungs- und Enteignungsverfahren zu keinerlei Diskussionen[257]. Der Bundesgesetzgeber nahm mit dem neuen

---

[256] BBl 1998, 2611 f. Die im Vernehmlassungsverfahren geäusserte Kritik an der Zusammenlegung von Plangenehmigungs- und Enteignungsverfahren entsprach damit weitgehend derjenigen der projektspezifischen Arbeitsgruppe „Elektrische Anlagen" (vgl. oben).

[257] In den parlamentarischen Beratungen wurde die Zusammenlegung von Plangenehmigungs- und Enteignungsverfahren nur sehr vereinzelt und am Rande thema-

IV. Die Verfahrenszusammenlegung 97

Koordinationsgesetz vorschlagsgemäss entsprechende Verfahrensbestimmungen in die jeweiligen Spezialerlasse auf[258], was im Folgenden anhand der Regelung im Rohrleitungsgesetz exemplarisch dargestellt werden soll:

Art. 10   Enteignungsrecht

Der Unternehmung, die um eine Plangenehmigung ersucht, steht das Enteignungsrecht zu.

Art. 22a   Einsprache

[1] Wer nach den Vorschriften des Verwaltungsverfahrensgesetzes oder des EntG Partei ist, kann während der Auflagefrist beim Bundesamt Einsprache erheben. Wer keine Einsprache erhebt, ist vom weiteren Verfahren ausgeschlossen.

[2] Innerhalb der Auflagefrist sind auch sämtliche enteignungsrechtlichen Einwände sowie Begehren um Entschädigung oder Sachleistung geltend zu machen. Nachträgliche Einsprachen und Begehren nach den Artikeln 39-41 EntG sind beim Bundesamt einzureichen.

[3] ...

---

tisiert, so etwa im Votum des deutschsprachigen nationalrätlichen Berichterstatters Baumberger (Amtl.Bull. NR 1999, 49 f.).

[258] Die Eidgenössischen Räte folgten dem bundesrätlichen Vorschlag, die verfahrensrechtlichen Bestimmungen in den jeweiligen Spezialgesetzen so weit als möglich zu vereinheitlichen, auf die Schaffung eines selbständigen Koordinationserlasses jedoch zu verzichten (BBl 1998, 2610; vgl. dazu auch vorne II.D.2. sowie hinten IV.E.). Dementsprechend wurden mit dem neuen Koordinationsgesetz in sieben Bundesgesetze (MG, WRG, NSG, EleG, EBG, RLG und LFG) weitgehend identische Regelungen über die Zusammenlegung von Plangenehmigungs- und Enteignungsverfahren aufgenommen. Vgl. in diesem Zusammenhang auch die entsprechenden Bestimmungen im Vernehmlassungsentwurf zu einem Kernenergiegesetz (E-KEG) vom 6. März 2000 sowie PETER ETTLER, Minderwertentschädigungen wegen Fluglärms – für eine rechtsstaatlich einwandfreie Lösung, NZZ vom 5. April 2000, Nr. 81, S. 50, welcher u. a. das Verhältnis zwischen Plangenehmigungs- und Enteignungsverfahren im Luftfahrtbereich thematisiert.

Art. 23   Plangenehmigung; ...

¹ Mit der Plangenehmigung entscheidet das Bundesamt gleichzeitig auch über die enteignungsrechtlichen Einsprachen.

² ...

³ ...

Art. 26   Schätzungsverfahren; ...

¹ Nach Abschluss des Plangenehmigungsverfahrens wird, soweit erforderlich, das Schätzungsverfahren vor der Eidgenössischen Schätzungskommission (Schätzungskommission) nach den Bestimmungen des EntG durchgeführt. Es werden nur angemeldete Forderungen behandelt.

² ...

³ ...

Mit der Bestimmung von Art. 10 RLG wurde dem Einwand der Arbeitsgruppe „Elektrische Anlagen", wonach die Verfahrenszusammenlegung entweder die Einführung eines vorgelagerten Verfahrens zur *Erteilung des Enteignungsrechts* oder aber die Verleihung des Enteignungsrechts auf Gesetzesstufe erfordere, Rechnung getragen. Obwohl die zweite Variante von der erwähnten projektspezifischen Arbeitsgruppe in ihrer damaligen Beurteilung als politisch kaum realisierbar bezeichnet worden war, entschieden sich die Eidgenössischen Räte auf Vorschlag des Bundesrats für die Erteilung des Enteignungsrechts von Gesetzes wegen. Der Bundesrat wies in seiner Botschaft zum neuen Koordinationsgesetz wiederholt darauf hin, dass die Erteilung des Enteignungsrechts im Einzelfall eine unnötige Formalität darstelle, weil im Rahmen des Plangenehmigungsverfahrens ohnehin sämtliche Einwände erhoben werden könnten, eine Gesamtinteressenabwägung erfolgen müsse und das Projekt nur genehmigt werden dürfe, wenn ein überwiegendes Interesse daran bestehe, weshalb der Statuierung eines gesetzlichen Enteignungsrechts der Vorzug

IV. Die Verfahrenszusammenlegung   99

zu geben sei[259]. Zudem ist anzuführen, dass ein zusätzliches vorgelagertes Verfahren zur Erteilung des Enteignungsrechts dem Aspekt der Verfahrensbeschleunigung nicht oder nur ungenügend Rechnung getragen hätte, weshalb die vom Bundesgesetzgeber getroffene Regelung insgesamt zu begrüssen ist.

In der Regelung von Art. 22a Abs. 1 und 2 RLG kommt zum Ausdruck, dass mit der Zusammenlegung von Plangenehmigungs- und Enteignungsverfahren der Rechtsschutz des Einzelnen, den dieser bisher aufgrund der *Vorschriften des Enteignungsgesetzes* genossen hat, nicht geschmälert werden soll. In diesem Sinn erklärten die Eidgenössischen Räte mit dem neuen Koordinationserlass das Enteignungsgesetz auf das vereinigte Verfahren anwendbar, soweit nicht abweichende Vorschriften in den betreffenden Spezialgesetzen bestehen[260]. Dementsprechend ist etwa in Art. 22a Abs. 2 RLG festgehalten, dass enteignungsrechtliche Einwände bzw. Begehren ebenfalls innerhalb der Auflagefrist im Plangenehmigungsverfahren erhoben werden müssen, wobei für nachträgliche Einsprachen und Begehren auf die Regelung im Enteignungsgesetz verwiesen wird[261].

---

[259] BBl 1998, 2601 und 2623 f.; BBl 1999, 941. Neben Art. 10 RLG wurden auch Art. 46 Abs. 4 WRG, Art. 43 Abs. 1 EleG, Art. 36a Abs. 4 und Art. 40a Abs. 3 LFG sowie Art. 39 Abs. 1 NSG entsprechend ausgestaltet; mit letzterer Bestimmung wurde jedoch keine materielle Neuerung eingeführt, sondern bloss eine sprachliche Anpassung vorgenommen. Vgl. auch Art. 50 des Vernehmlassungsentwurfs zu einem Kernenergiegesetz vom 6. März 2000.

[260] BBl 1998, 2600 f. Im Gegensatz zum Rohrleitungsgesetz wurde dieser Grundsatz im Militärgesetz, Wasserrechtsgesetz, Nationalstrassengesetz, Elektrizitätsgesetz, Eisenbahngesetz und Luftfahrtgesetz explizit festgehalten (Art. 126a MG, Art. 47 WRG, Art. 26a NSG, Art. 16a EleG, Art. 18a EBG und Art. 37a LFG; BBl 1998, 2619). Vgl. dazu auch Art. 48 Abs. 1 sowie Art. 54 Abs. 1 und 2 des Vernehmlassungsentwurfs zu einem Kernenergiegesetz vom 6. März 2000.

[261] Gemäss Art. 39 EntG können nachträgliche enteignungsrechtliche Einsprachen nur geltend gemacht werden, wenn die Einhaltung der Frist wegen unverschuldeter Hindernisse nicht möglich war und die Ausführung des Werkes noch nicht in An-

In den Bestimmungen von Art. 23 Abs. 1 und Art. 26 Abs. 1 RLG wird schliesslich festgehalten, dass sich die Zusammenlegung von Plangenehmigungs- und Enteignungsverfahren auf die Verfahrensschritte bis zu einem gemeinsamen Entscheid über die Realisierung des Projekts und eine allfällige Enteignung beschränkt. Die *Konzentrationsbehörde* hat demnach mit der Plangenehmigung auch über enteignungsrechtliche Einsprachen zu entscheiden, während sich das nachfolgende Schätzungsverfahren – soweit überhaupt erforderlich – auf vermögensrechtliche Fragen bzw. Fragen bezüglich Sachleistungen beschränkt, wobei für dieses vor der *Eidgenössischen Schätzungskommission* stattfindende Verfahren die Vorschriften des Enteignungsgesetzes zur Anwendung gelangen[262].

C. Die Zusammenlegung von Plangenehmigungs- und Konzessionsverfahren

Neben der soeben thematisierten Verfahrensvereinigung postulierte der Bundesrat in seiner Botschaft zum neuen Koordinationsgesetz auch eine Zusammenlegung von Plangenehmigungs- und Konzessionsverfahren. Allerdings zielte diese verfahrensrechtliche Massnahme – im Unterschied

---

griff genommen worden ist. Die Anmeldung nachträglicher Einsprachen hat dabei innert 30 Tagen nach Wegfall des Hindernisses zu erfolgen. Richtigerweise wurde mit dem Koordinationsgesetz – als Abweichung von der Regelung gemäss Art. 39 Abs. 2 EntG – in den Spezialgesetzen statuiert, dass die nachträgliche Anmeldung nicht beim Präsidenten der Schätzungskommission, sondern bei der Konzentrationsbehörde zu erfolgen hat. Vgl. in diesem Zusammenhang auch HESS/WEIBEL, Band I, S. 445 ff.

[262] BBl 1998, 2620 ff. Dieser verfahrensrechtliche Systemwechsel wird auch eine Anpassung der bundesgerichtlichen Verordnung für die Eidgenössischen Schätzungskommissionen vom 24. April 1972 (SR 711.1) erfordern. Das Bundesgericht hat sich einstweilen darauf beschränkt, in einer Weisung an die Eidgenössischen Schätzungskommissionen vom 25. November 1999 einige unklare oder umstrittene Punkte zu klären. Vgl. auch Art. 56 und Art. 57 Abs. 1 des Vernehmlassungsentwurfs zu einem Kernenergiegesetz vom 6. März 2000.

zur ersterwähnten – nicht auf eine Änderung sämtlicher vom Koordinationsgesetz betroffenen Spezialgesetze ab, sondern sie sollte vielmehr nur bei den Grenzkraftwerken, den Rohrleitungsanlagen sowie den öffentlichen Flugplätzen (Flughäfen) gesetzliche Anpassungen mit sich bringen. Zudem wiesen die vom Bundesrat in diesen drei Rechtsbereichen vorgeschlagenen Gesetzesänderungen keine einheitliche Stossrichtung auf, abgesehen von der Tatsache, dass ihnen jeweils die Fragestellung des Verhältnisses zwischen Plangenehmigungs- und Konzessionsverfahren zugrunde lag.

1. Grenzkraftwerke

Nach der bisher geltenden Rechtslage war für Grenzkraftwerke[263] neben der Plangenehmigung eine Konzession erforderlich. Obwohl das Wasserrechtsgesetz explizit nur das Konzessionsverfahren vorsah, wurde für die eigentliche Plangenehmigung von Grenzkraftwerken regelmässig ein der Konzessionserteilung nachfolgendes separates Verfahren durchgeführt. An dieser verfahrensrechtlichen Zweiteilung stiess sich der Bundesrat, weshalb er in seiner Botschaft zum Koordinationsgesetz eine Verfahrensvereinigung forderte:[264]

---

[263] Nach Art. 76 Abs. 4 und 5 BV (Art. 24bis Abs. 3 und 4 aBV) verfügen grundsätzlich die Kantone über die Wasservorkommen und deren Nutzung. Eine Bundeskompetenz besteht allerdings dann, wenn über die Rechte an internationalen Wasservorkommen zu entscheiden ist. Dementsprechend fällt die Bewilligungshoheit für *Grenzkraftwerke*, mit welchen internationale Wasservorkommen genutzt werden sollen, dem Bund zu, weshalb dieser Teilbereich des Wasserrechtsgesetzes ebenfalls zum Gegenstand des Koordinationsgesetzes erhoben werden konnte. Zur Kompetenzausscheidung zwischen Bund und Kantonen vgl. auch BBl 1998, 2623 und 2652; JAAG/MÜLLER/TSCHANNEN/ZIMMERLI, S. 114 ff.; GUTACHTEN ZIMMERLI/SCHEIDEGGER, S. 56 ff.

[264] BBl 1998, 2602. Die vom Bundesrat vorgeschlagenen Änderungen des Wasserrechtsgesetzes bedeuteten dabei eine Verfahrenskonzentration zugunsten des Kon-

"Die Konzession wird regelmässig nicht blanko, sondern für ein bestimmtes Projekt erteilt. Die Grundzüge des Projektes werden damit natürlich auch fixiert und stehen bei der anschliessenden formellen Projektgenehmigung nicht mehr zur Diskussion. (...)

Bei den Grenzkraftwerken wird nun vorgeschlagen, das konzentrierte Verfahren im Rahmen der Konzessionserteilung durchzuführen, das heisst, gleichzeitig mit der Konzessionserteilung über die Plangenehmigung zu entscheiden."

Bereits im Rahmen der Vorarbeiten zum neuen Koordinationsgesetz prüfte die projektspezifische Arbeitsgruppe „Wasserkraftwerke" eine solche Zusammenlegung von Plangenehmigungs- und Konzessionsverfahren. Sie verwarf jedoch diese verfahrensrechtliche Massnahme insbesondere mit der Begründung, dass eine Verfahrensvereinigung zu einem wesentlich erhöhten Detaillierungsgrad des dem Konzessionsgesuchs beiliegenden Projekts führen würde, da die im Konzessionsverfahren bekanntgegebenen Pläne ohne Änderungen zur Ausführung gelangen müssten, was letztlich dem Gesuchsteller erhöhte Projektierungskosten verursachen würde[265]. In ihrem Gesamtbericht schloss sich die IDAG – zumindest im Resultat – dieser Argumentation an. Sie kam nach Würdigung der verschiedenen Berichte der projektspezifischen Arbeitsgruppen zum Schluss, dass es nicht angebracht sei, für sämtliche Projektarten generell ein einstufiges bzw. ein zweistufiges Verfahren vorzusehen:[266]

„Aus koordinativer Sicht wäre es an sich wünschbar, wenn sämtliche Aspekte, die für die Beurteilung der Zulässigkeit eines konkreten Vorhabens relevant sind, im Rahmen ei-

---

zessionsverfahrens, weil das Plangenehmigungsverfahren vollumfänglich im Konzessionsverfahren aufgehen sollte (BBl 1998, 2624).
[265] GESAMTBERICHT IDAG, S. 168.
[266] GESAMTBERICHT IDAG, S. 275 f.

nes einzigen Verfahrens geprüft und entschieden werden
könnten. Auf der anderen Seite spricht gerade die für
Grossprojekte typische Komplexität eher für eine zweistufige Konzeption der Entscheidverfahren. Die Schlussbe-
richte der projektspezifischen Arbeitsgruppen zeigen, dass
sich sowohl für die Ein- als auch für die Zweistufigkeit
gute Argumente anführen lassen. (...) Diese Überlegungen
führen die IDAG zum Schluss, dass die Frage der Ein- oder
Zweistufigkeit des Verfahrens mit Blick auf die jeweilige
Projektart beantwortet werden muss, sich mithin weder
die eine noch die andere Verfahrensausgestaltung als „Pa-
tentlösung" anbietet. Bei dieser Situation ist es nach ihrer
Auffassung zu akzeptieren, dass es bezüglich der Verfah-
rensstruktur auch in Zukunft Unterschiede geben wird."

Auch im Rahmen des Vernehmlassungsverfahrens stiess die geplante Zusammenlegung von Plangenehmigungs- und Konzessionsverfahren auf
Kritik[267]. Dies hielt den Bundesrat allerdings nicht davon ab, an der von
ihm verfolgten Verfahrensvereinigung festzuhalten. Wohl räumte er ein,
dass infolge der Verfahrenszusammenlegung die Projektunterlagen etwas
detaillierter sein müssten als im bisherigen Konzessionsverfahren, doch
werde dieser Nachteil bei weitem kompensiert durch die Tatsache, dass
nur noch ein einziges zentrales Verfahren durchgeführt werden müsse.
Zudem sei es nach wie vor möglich, nachträglich unter dem Titel der De-
tailprojektgenehmigung in einem vereinfachten Verfahren über Einzelheiten zu entscheiden, die weder für die Gesamtbeurteilung noch für das
Verhältnis zu Dritten erheblich seien[268].

---

[267] BBl 1998, 2611.
[268] BBl 1998, 2602, 2611 und 2624. Der Bundesrat hielt in diesem Zusammenhang fest,
dass die Verfahrenszusammenlegung eine weitgehende Bearbeitung des Projekts
voraussetze, damit mit der Konzessionserteilung auch die Pläne des eingereichten
Projekts genehmigt werden könnten. So sei insbesondere den Anforderungen des
Enteignungsgesetzes Genüge zu leisten, was zwangsläufig zu Umstellungen führen
und zumindest in der ersten Zeit praktische Probleme bringen werde (BBl 1998,

Anlässlich der parlamentarischen Beratungen des neuen Koordinationsgesetzes folgten die Eidgenössischen Räte dem Bundesrat ohne weitere Diskussionen[269] und nahmen mithin im Wasserrechtsgesetz eine Verfahrenskonzentration zugunsten des Konzessionsverfahrens vor[270].

2. Rohrleitungsanlagen

Eine ähnliche Ausgangslage bestand bei den Rohrleitungen. Nach der bisher geltenden Rechtslage war – wie bei den Grenzkraftwerken – neben der Plangenehmigung auch eine Konzession für den Bau von Rohrleitungsanlagen notwendig, wobei diese verfahrensrechtliche Zweiteilung eine positivrechtliche Verankerung im Rohrleitungsgesetz fand[271]. Die projektspezifische Arbeitsgruppe „Rohrleitungsanlagen" sprach sich im Rahmen der Vorarbeiten zum Koordinationsgesetz für die Beibehaltung des zweistufigen Verfahrens aus, was sie wie folgt begründete[272]:

> „Die Vernehmlassungen und Einsprachen im Konzessionsverfahren geben wertvolle Hinweise für die Ausgestaltung des Detailprojektes. Einwände im Konzessionsverfahren werden bei der Vorbereitung des Plangenehmigungsgesuches soweit als möglich berücksichtigt, was das nachfolgende Plangenehmigungsverfahren erleichtert. Zudem wird gestützt auf Artikel 10 RLG in der Regel gleichzeitig

---

2624). Zum vom Bundesrat erwähnten vereinfachten Verfahren vgl. Art. 62h WRG sowie vorne IV.A.

[269] Einzig der ständerätliche Berichterstatter Respini thematisierte – wenn auch nur am Rande – die im Wasserrechtsgesetz vorgeschlagene Zusammenlegung von Plangenehmigungs- und Konzessionsverfahren (Amtl.Bull. StR 1998, 1067).

[270] Vgl. Art. 62 ff. WRG sowie FN 264.

[271] Art. 2 ff. und Art. 21 ff. aRLG. Vgl. dazu auch BBl 1998, 2601 f.; JAAG/MÜLLER/TSCHANNEN/ZIMMERLI, S. 91 f.; GUTACHTEN ZIMMERLI/SCHEIDEGGER, S. 146 ff.

[272] GESAMTBERICHT IDAG, S. 118. Bezüglich der von der IDAG vertretenen Auffassung sowie der anlässlich des Vernehmlassungsverfahrens geäusserten Kritik kann vollumfänglich auf die Ausführungen unter IV.C.1. verwiesen werden.

IV. Die Verfahrenszusammenlegung

mit der Konzession das Enteignungsrecht erteilt. Bei einem Verzicht auf die rohrleitungsrechtliche Konzession müsste ein separates Verfahren für die Erteilung des Enteignungsrechtes durchgeführt werden; dies wäre nicht zweckmässig."

Der Bundesrat folgte dieser Empfehlung allerdings nicht, sondern sprach sich vielmehr für einen Systemwechsel bei den Rohrleitungsanlagen aus. In seiner Botschaft zum Koordinationsgesetz erklärte er, dass das im Rohrleitungsgesetz verankerte Konzessionssystem auf überholten Überlegungen beruhe, weshalb die Konzessionspflicht aufzuheben, d. h. eine Verfahrenskonzentration zugunsten des Plangenehmigungsverfahrens vorzunehmen sei. Das Konzessionssystem sei damals im Rohrleitungsgesetz statuiert worden, weil die Aufstellung blosser polizeilicher Vorschriften als nicht genügend erachtet worden sei. So sei etwa argumentiert worden, dass mit der Konzessionspflicht der Bau von Rohrleitungsanlagen an geeignete Bedingungen geknüpft oder aber auch verhindert werden könne, was aus wirtschafts-, versorgungs- und neutralitätspolitischen Interessen grosse Bedeutung habe. In der heutigen Zeit seien solche Überlegungen jedoch nicht mehr aktuell, weshalb auf die Konzession verzichtet und die früher im Konzessionsverfahren behandelten Fragen im Rahmen des Plangenehmigungsverfahrens geprüft werden könnten[273].

Der Bundesgesetzgeber schloss sich den bundesrätlichen Vorschlägen ohne nennenswerte Weiterungen an[274]. Der Verzicht auf die Konzessi-

---

[273] BBl 1998, 2602. Anders als bei den Grenzkraftwerken, bei welchen eine Verfahrenskonzentration zugunsten des Konzessionsverfahrens vorgenommen wurde, propagierte der Bundesrat bei den Rohrleitungen eine Verfahrenskonzentration zugunsten des Plangenehmigungsverfahrens, was er in seiner Botschaft auch hervorhob (BBl 1998, 2602).

[274] Der ständerätliche Berichterstatter Respini führte zum geplanten Systemwechsel aus (Amtl.Bull. StR 1998, 1069): „A l'avenir, les constructions nécessaires aux installations de transport en conduites seront soumises uniquement à une procédure

onspflicht und die Verfahrenskonzentration zugunsten des Plangenehmigungsverfahrens erforderten dabei umfangreiche Anpassungen im Rohrleitungsgesetz, was diese Gesetzesrevision in die Nähe einer Totalrevision rückte[275].

3. Öffentliche Flugplätze (Flughäfen)

Das Verhältnis zwischen Plangenehmigungs- und Konzessionsverfahren wurde vom Bundesrat schliesslich auch im Bereich der Luftfahrt thematisiert. Im Rahmen der Teilrevision des Luftfahrtgesetzes vom 18. Juni 1993 war festgelegt worden, dass sowohl die Anlage wie auch der Betrieb von öffentlichen Flugplätzen (Flughäfen) einer Konzession bedürfen, was bedeutete, dass die Genehmigung von Flughafenanlagen in Form einer Baukonzession zu erfolgen hatte[276]. An dieser – notabene erst vor kurzer Zeit erlassenen – Regelung stiess sich nunmehr der Bundesrat, weshalb er in seiner Botschaft zum neuen Koordinationsgesetz vorschlug, dass nur noch der Betrieb, nicht aber der Bau von Flughafenanlagen eine Konzession erfordern sollte. Nach Vorschlag des Bundesrats würde sich die Konzessionserteilung darauf beschränken, die Rechte für den Betrieb eines Flughafens auf einen bestimmten Betreiber zu übertragen, während alle

---

d'approbation des plans. C'est la nouveauté essentielle de ce projet qui représente aussi une simplification remarquable de la procédure."

[275] Von den bisher bestehenden 52 Artikeln des Rohrleitungsgesetzes wurden im Rahmen des Koordinationsgesetzes 25 geändert, 9 aufgehoben und 8 neu hinzugefügt. Angesichts dieser Zahlen stellt sich die Frage, ob eine vollumfängliche redaktionelle Neufassung des Rohrleitungsgesetzes nicht angezeigt gewesen wäre. Vgl. in diesem Zusammenhang auch die neu erlassene Rohrleitungsverordnung (RLV) vom 2. Februar 2000 (SR 746.11).

[276] Art. 37 Abs. 1 und Art. 37a Abs. 1 aLFG. Nach der Verordnung über die Infrastruktur der Luftfahrt (VIL) vom 23. November 1994 (SR 748.131.1) war für grössere Bauprogramme auf Flughäfen neben der *Baukonzession* auch eine *Rahmenkonzession* im Sinn eines baurechtlichen Vorentscheides notwendig (Art. 14 ff. aVIL). Vgl.

IV. Die Verfahrenszusammenlegung   107

im bisherigen Baukonzessionsverfahren geprüften Aspekte im Plangenehmigungsverfahren behandelt werden sollten[277].

Auch diesbezüglich folgten die Eidgenössischen Räte dem Bundesrat diskussionslos, womit in das Luftfahrtgesetz eine entsprechende Unterscheidung zwischen Konzessionsverfahren und Plangenehmigungsverfahren aufgenommen wurde[278].

D. Die Zusammenlegung von Plangenehmigungs- und Subventionsverfahren

1. Die Rechtsprechung des Bundesgerichts

In einem den Kanton Zürich betreffenden Entscheid aus dem Jahr 1991 musste sich das Bundesgericht mit der Frage auseinander setzen, ob zur Realisierung eines Autobahnanschlusses das Kreditbewilligungsverfahren[279] mit dem Plangenehmigungsverfahren zusammenzulegen sei, um der – insbesondere im Entscheid „Chrüzlen I" umschriebenen – Pflicht

---

in diesem Zusammenhang auch BGE 124 II 293 ff. (E. 9 und 10); JAAG, S. 213; vorne II.C.3.

[277] BBl 1998, 2602 und 2612. Mit seinem Vorschlag verfolgte der Bundesrat damit weniger eine Zusammenlegung von Plangenehmigungs- und Konzessionsverfahren als vielmehr eine verfahrensrechtliche Entflechtung der bodenbezogenen Entscheidverfahren im Bereich der Luftfahrt (vgl. dazu auch BBl 1998, 2644).

[278] Art. 36a Abs. 1 und 2 sowie Art. 37 Abs. 1 LFG. Vgl. auch BBl 1998, 2644 f., sowie ZIMMERLI, S. 146, welcher darauf hinweist, dass mit dieser Regelung das Verfahren zur Erteilung der Betriebskonzession vereinfacht wird.

[279] Auch wenn es beim *Kreditbewilligungsverfahren* nicht um die Gewährung von Subventionen geht, so sind die nachfolgend wiedergegebenen Erwägungen des Bundesgerichts dennoch von Interesse für die in diesem Abschnitt behandelte Thematik.

zur materiellen und formellen Koordination Genüge zu leisten. Das höchste nationale Gericht führte dazu aus:[280]

> „Die obengenannte Koordinationspflicht betrifft jedoch nur untrennbar miteinander verbundene Rechtsfragen, deren verfahrensrechtlich getrennte Behandlung zu sachlich unhaltbaren Ergebnissen führen würde. Das auf die finanzielle Sicherstellung eines Strassenbauprojekts ausgerichtete Kreditbewilligungsverfahren weist indessen keinen derart engen Sachzusammenhang zum Projektgenehmigungsverfahren auf, dass eine getrennte Durchführung dieser beiden selbständigen, verschiedenen Zwecken dienenden Verfahren zu sachlich unhaltbaren Ergebnissen führen würde. Beim Kreditbewilligungsverfahren als politischem Verfahren ist vor allem darauf zu achten, dass die politischen Rechte, namentlich das Stimmrecht, korrekt gehandhabt werden. Es liefert die finanzielle Grundlage dafür, dass das Projekt, wird es im späteren Plangenehmigungsverfahren genehmigt und bewilligt, erstellt werden kann. Erweist sich das Projekt im Plangenehmigungs- bzw. im nachfolgenden Rechtsmittelverfahren als rechtlich unhaltbar, und kann es deswegen nicht oder nur modifiziert ausgeführt werden, so muss der Kreditbeschluss mitunter aufgehoben oder nachträglich geändert werden (...). Die vom Beschwerdeführer verlangte verfahrensrechtliche Vereinigung von Projektgenehmigungs- und Krediterteilungsverfahren bzw. die Vorziehung der Projektgenehmigung wird somit von keiner bundesrechtlichen Norm vorgeschrieben."

Das Bundesgericht verneinte damit das Vorliegen eines genügend engen Sachzusammenhangs, welcher die Vereinigung von Kreditbewilligungsverfahren und Plangenehmigungsverfahren erfordern würde. Noch im gleichen Jahr musste sich das Bundesgericht in einem den Kanton Wallis

---

[280] BGE 117 Ib 35 ff. (E. 3e). Zur bundesgerichtlichen Rechtsprechung betreffend die Koordination vgl. vorne II.B.

IV. Die Verfahrenszusammenlegung

betreffenden Entscheid mit dem Verhältnis zwischen Plangenehmigungs- und Subventionsverfahren beschäftigen. Zu beurteilen war die Erstellung einer Forststrasse, für welche auch eine Subventionierung seitens des Bundes zur Diskussion stand, was das Bundesgericht zu folgenden Erwägungen veranlasste:[281]

> „Wie das Bundesgericht in letzter Zeit mehrfach festgehalten hat, verlangt das Bundesrecht in solchen Fällen, dass die verschiedenen, in einem engen Sachzusammenhang zueinander stehenden Vorschriften in einem Leitverfahren materiell und verfahrensmässig frühzeitig koordiniert angewendet werden. (...) Dabei sind nach der bundesgerichtlichen Rechtsprechung auch die für eine allfällige Subventionierung zuständigen Behörden von Bund und Kantonen in das Leitverfahren (...) miteinzubeziehen. Nach der erwähnten Rechtsprechung geht es nämlich nicht an, die Frage der Subventionierung ohne Berücksichtigung der übrigen massgebenden Gesetzgebung zu beurteilen. (...) Auch in Fällen wie dem vorliegenden, in welchem die zur Bewilligung eines Vorhabens zu prüfenden Rechtsfragen mit engem Sachzusammenhang erstinstanzlich teils durch Bundesbehörden (Bundessubvention und technische Genehmigung) und teils durch kantonale oder kommunale Behörden beurteilt werden, muss die materielle Koordination zwischen erstinstanzlichen Behörden sichergestellt werden (...)."

Aus diesen Ausführungen ergibt sich, dass das Bundesgericht den engen Sachzusammenhang zwischen Plangenehmigungs- und Subventionsverfahren bejahte und dementsprechend eine materielle wie formelle Koordination verlangte. In Übereinstimmung mit dieser Rechtsprechung wurde auch seitens der Lehre die Forderung erhoben, die Subventionsbehörde soweit in das Plangenehmigungsverfahren einzubeziehen, als für die

---

[281] BGE 117 Ib 42 ff. (E. 4a).

Gewährung von Subventionen gewisse Anforderungen an das Plangenehmigungsverfahren bestehen[282].

2. Die neuere gesetzgeberische Entwicklung

Im Gesamtbericht der Interdepartementalen Arbeitsgruppe wurde das Verhältnis zwischen kantonalem Plangenehmigungsverfahren und Subventionsverfahren verschiedentlich thematisiert und die damit verbundene Problematik anschaulich dargestellt, was – als Grundlage für die weiteren Ausführungen – bereits an dieser Stelle in einem kurzen Überblick wiedergegeben werden soll. So wies die IDAG darauf hin, dass sich das Verhältnis zwischen Plangenehmigungsverfahren und Subventionsverfahren als problematisch erweise, wenn ein Projekt im Rahmen des kantonalrechtlich geregelten Plangenehmigungsverfahrens zu beurteilen sei und zugleich eine Subventionierung seitens des Bundes anstehe:[283]

> „Die Belange der Raumplanung, des Umwelt- sowie des Natur- und Heimatschutzes müssen diesfalls bereits im Rahmen des Projektgenehmigungsverfahrens geprüft und berücksichtigt werden. Im Rahmen des Subventionsverfahrens überprüfen die Bundesbehörden de lege lata jedoch noch einmal, ob den erwähnten Anliegen im kantonalen Verfahren in hinreichendem Masse Rechnung getragen worden sei. Dies hat zur Konsequenz, dass gleiche Fragen sowohl von Bundes- als auch von kantonalen Behörden in verschiedenen Verfahren geprüft werden. Diese Doppelspurigkeit soll im Interesse einer beschleunigten und besser koordinierten Verfahrensabwicklung vermieden werden. Zu diesem Zweck sollte geprüft werden, unter welchen Voraussetzungen die materielle Prüfung des zu subventionierenden Vorhabens ausschliesslich und unter

---

[282] Vgl. etwa MARTI, Bewilligung, S. 1539.
[283] GESAMTBERICHT IDAG, S. 25. Auch ZIMMERLI/SCHEIDEGGER wiesen in ihrer Machbarkeitsstudie auf diese Problematik hin (S. 256).

IV. Die Verfahrenszusammenlegung 111

allen Gesichtspunkten im Rahmen des kantonalen Projektgenehmigungsverfahrens erfolgen könnte, um das Subventionsverfahren so auf die Frage der Subventionswürdigkeit des fraglichen Projekts, mithin auf finanzrechtliche Fragen beschränken zu können."

Im Rahmen der Teilrevision des Natur- und Heimatschutzgesetzes (NHG) vom 24. März 1995 nahm sich der Bundesrat dieser Problematik an. In seiner Botschaft schlug er den Eidgenössischen Räten vor, im Interesse der Rechtssicherheit und zwecks Verfahrensstraffung die Anfechtbarkeit von Verfügungen über Bundessubventionen einzuschränken, damit Vorbringen gegen ein Projekt nicht erst im Subventionsverfahren erhoben werden könnten. Dementsprechend sollte einerseits für den Fall, dass sowohl das Projekt wie auch dessen Subventionierung Bundesaufgaben darstellen, im Natur- und Heimatschutzgesetz ein Beschwerdeausschluss für das Subventionsverfahren statuiert werden, wenn im korrekt abgelaufenen vorgelagerten Plangenehmigungsverfahren über das Projekt bereits entschieden worden ist. Anderseits sollten Gemeinden und gesamtschweizerische Organisationen ihre Beschwerdeberechtigung für das nachfolgende Subventionsverfahren verlieren, wenn sie im kantonalen Plangenehmigungsverfahren keine Einwendungen gegen das Projekt erhoben hatten[284]. Der Bundesgesetzgeber folgte diesen Vorschlägen und nahm zwei entsprechende Bestimmungen in das Natur- und Heimatschutzgesetz auf[285], was im Resultat eine – zumindest partielle – Zusam-

---

[284] BBl 1991 III 1135 und 1139 f. Zur Teilrevision des Natur- und Heimatschutzgesetzes vom 24. März 1995 vgl. vorne II.C.4.
[285] Art. 12 Abs. 4 und 5 NHG; vgl. auch KELLER, in: Kommentar NHG, N 16 ff. zu Art. 12. Die Abgrenzung zwischen diesen beiden Bestimmungen erweist sich als nicht einfach. Im Unterschied zu Art. 12 Abs. 4 NHG werden von Art. 12 Abs. 5 NHG nur diejenigen kantonalen Plangenehmigungsverfahren erfasst, bei welchen der kantonale Projektentscheid keine Bundesaufgabe darstellt (z. B. Meliorationen). Dass diese Abgrenzung nicht bloss von theoretischer bzw. akademischer Bedeutung ist, zeigt sich etwa daran, dass in den Fällen von Art. 12 Abs. 5 NHG die Beschwerde gegen die Subventionsverfügung nicht von vornherein unzulässig ist (wie bei

menlegung von Plangenehmigungsverfahren und Subventionsverfahren bedeutete[286].

3. Das Bundesgesetz über die Koordination und Vereinfachung von Entscheidverfahren

Wie bereits erwähnt, wurde auch im Rahmen der Vorarbeiten zum neuen Koordinationsgesetz das Verhältnis zwischen kantonalem Plangenehmigungsverfahren und bundesrechtlichem Subventionsverfahren untersucht. Neben den projektspezifischen Arbeitsgruppen „Nationalstrassen" sowie „Deponien, Materialabbaustellen und weitere touristische Anlagen" beschäftigte sich insbesondere die Arbeitsgruppe „Meliorationen" einlässlich mit dieser Fragestellung[287]. In ihrem Gesamtbericht zuhanden des Leitungsausschusses würdigte die IDAG die diesbezüglichen Resultate der projektspezifischen Arbeitsgruppen und kam zum Schluss, dass nach übereinstimmender Auffassung das Hauptproblem darin zu sehen sei, dass ein von den zuständigen kantonalen Behörden bereits genehmigtes

---

Art. 12 Abs. 4 NHG), sondern eben nur unter gewissen Voraussetzungen. Zu den Einzelheiten vgl. KELLER, in: Kommentar NHG, N 17 f. zu Art. 12.

[286] Auch auf Verordnungsstufe erfolgte eine Koordination zwischen Plangenehmigungsverfahren und Subventionsverfahren. So wurde im Rahmen der Teilrevision der *Verordnung über die Umweltverträglichkeitsprüfung* (UVPV) vom 5. September 1995 in Art. 22 UVPV eine Regelung über die Verfahrensabstimmung aufgenommen, wonach die zuständige kantonale Behörde vor ihrem Entscheid die Stellungnahme der Bundessubventionsbehörde einzuholen hat, wenn sie feststellt, dass das zu beurteilende Projekt voraussichtlich nur mit einer Subvention des Bundes verwirklicht werden kann. Hat die Subventionsbehörde eine solche Stellungnahme abgegeben, so ist sie im nachfolgenden Subventionsverfahren daran gebunden, sofern sich die Voraussetzungen für die Beurteilung in der Zwischenzeit nicht geändert haben.

[287] GESAMTBERICHT IDAG, S. 107 f., 184 ff. und 223 f.

IV. Die Verfahrenszusammenlegung

Projekt im Rahmen des bundesrechtlichen Subventionsverfahrens noch einmal geprüft werde:[288]

„Die IDAG ist mit den projektspezifischen Arbeitsgruppen der Auffassung, dass bei kantonalen Vorhaben, für die Bundesgelder beansprucht werden können, der frühzeitige Einbezug sowohl der Bundessubventionsbehörde wie auch der übrigen interessierten Bundesbehörden in das kantonale Projektgenehmigungsverfahren unabdingbar ist, um die Koordination im hier interessierenden Bereich zu verbessern. Dadurch kann erreicht werden, dass das Vorhaben auch aus der Sicht der Bundesbehörden bereits im Rahmen des Projektgenehmigungs- und nicht erst im Rahmen des bundesrechtlichen Subventionsverfahrens auf seine Bundesrechtskonformität hin überprüft werden kann. Die Bundessubventionsbehörde soll im Rahmen ihrer Mitwirkung am kantonalen Projektgenehmigungsverfahren insbesondere signalisieren, welchen Anforderungen das Vorhaben genügen müsste, um in den Genuss von Bundesgeldern zu kommen; der Projektant erhält so frühzeitig die Gelegenheit, sein Projekt entsprechend anzupassen."

---

[288] GESAMTBERICHT IDAG, S. 265 ff., insb. 267. Allerdings unterschieden sich die Beurteilungen dieser projektspezifischen Arbeitsgruppen in einem wichtigen Punkt. So sprach sich die Arbeitsgruppe „Meliorationen" dafür aus, die Bundesrechtskonformität eines Vorhabens abschliessend im Rahmen des kantonalen Plangenehmigungsverfahrens überprüfen zu lassen, wobei die Bundesbehörden ihre Interessen nötigenfalls mittels Beschwerderecht durchzusetzen hätten. Demgegenüber beurteilte die Arbeitsgruppe „Deponien, Materialabbaustellen und weitere touristische Anlagen" die Durchsetzung des Bundesrechts mittels Behördenbeschwerderecht als ungenügend und forderte deshalb eine „Erfolgskontrolle" im Rahmen des Subventionsverfahrens, anhand welcher nachgeprüft werden solle, ob die kantonalen Behörden den bundesbehördlichen Stellungnahmen genügend Rechnung getragen hätten. Die Mehrheit der IDAG schloss sich indessen dem ersten Vorschlag an mit der Begründung, dass eine Nachprüfung im Rahmen des bundesrechtlichen Sub-

Die IDAG nahm dabei auch explizit Bezug auf die – im damaligen Zeitpunkt noch laufende – Teilrevision des Natur- und Heimatschutzgesetzes vom 24. März 1995[289]. Sie wies darauf hin, dass die mit der Teilrevision verfolgte Verfahrenszusammenlegung nur dann volle Wirkung entfalten könne, wenn die nach kantonalem Recht kompetente Behörde zur umfassenden Anwendung des gesamten Bundesrechts verpflichtet sei, d. h. das Projekt im kantonalen Plangenehmigungsverfahren unter allen massgeblichen bundesrechtlichen Aspekten zu beurteilen habe. Dies sei jedoch noch nicht in sämtlichen Fällen erfüllt, weshalb trotz laufender Revision des Natur- und Heimatschutzgesetzes weiterer Handlungsbedarf bestehe[290]. Dabei sei es angezeigt, die bundesrechtlichen Minimalanforderungen an das kantonale Plangenehmigungsverfahren für alle Projektarten einheitlich, d. h. in einem einzigen Bundeserlass zu regeln, wobei die normative Situierung entweder im Natur- und Heimatschutzgesetz oder im Subventionsgesetz[291] erfolgen könnte[292].

In seiner Botschaft zum neuen Koordinationsgesetz folgte der Bundesrat diesen Empfehlungen und schlug die Aufnahme einer Bestimmung in das Natur- und Heimatschutzgesetz vor, wonach Entscheide kantonaler Behörden über Vorhaben, die voraussichtlich nur mit Bundesbeiträgen ver-

---

ventionsverfahrens wiederum verfahrensrechtliche Doppelspurigkeiten hervorrufen würde (GESAMTBERICHT IDAG, S. 184 f., 224 und 266 ff.).

[289] Vgl. vorne IV.D.2.

[290] GESAMTBERICHT IDAG, S. 268. So bestand beispielsweise bezüglich der Bundesinventare von Objekten mit nationaler Bedeutung gemäss Art. 5 NHG nicht in allen Fällen eine Verbindlichkeitswirkung zulasten der Kantone, da die Kantone diese Inventare dann nicht zu berücksichtigen brauchten, wenn sie ausschliesslich kantonale Aufgaben erfüllten (vgl. GESAMTBERICHT IDAG, S. 268 [FN 204] sowie 293 f.).

[291] Bundesgesetz über Finanzhilfen und Abgeltungen vom 5. Oktober 1990 (SuG; SR 616.1).

[292] GESAMTBERICHT IDAG, S. 271 und 304 f. Die IDAG präferierte eine Regelung im Subventionsgesetz, wobei sie allerdings gleichzeitig darauf hinwies, dass zur angestrebten Verbindlichkeit von Bundesinventaren (vgl. FN 290) auch eine Regelung im Natur- und Heimatschutzgesetz notwendig wäre (GESAMTBERICHT IDAG, S. 305).

IV. Die Verfahrenszusammenlegung

wirklicht werden (können), der Erfüllung von Bundesaufgaben gleichgestellt sind. Zur Begründung führte der Bundesrat an, dass eine Koordination zwischen kantonalen Plangenehmigungsverfahren und bundesrechtlichen Subventionsverfahren wohl bereits anlässlich der Teilrevisionen des Natur- und Heimatschutzgesetzes sowie der Verordnung über die Umweltverträglichkeitsprüfung[293] erfolgt sei, doch könne die Verfahrensabstimmung durch die Aufnahme des nunmehr vorgeschlagenen Art. 2 Abs. 2 NHG noch verbessert werden. Aufgrund der verfassungsmässigen Kompetenzausscheidung im Bereich des Natur- und Heimatschutzes müssten die Kantone nach bisher geltendem Recht die Art. 3 und 5 ff. NHG nicht beachten, sofern sie nicht in Erfüllung einer Bundesaufgabe handelten. Dies könne dazu führen, dass materielle Fragen, die unter Umständen im kantonalen Plangenehmigungsverfahren noch nicht geprüft worden seien, erst im nachfolgenden bundesrechtlichen Subventionsverfahren überprüft werden müssten. Mit der vorgeschlagenen Bestimmung könne diese verfahrensmässige Doppelspurigkeit vermieden werden, indem die Art. 3 und 5 ff. NHG bereits im Rahmen des kantonalen Plangenehmigungsverfahrens berücksichtigt werden müssten, sofern eine finanzielle Unterstützung des Vorhabens durch den Bund zur Diskussion stehe[294].

Anlässlich der parlamentarischen Beratungen führte dieser Vorschlag in der Kleinen Kammer zu einigen Misstönen. Nachdem der ständerätliche Berichterstatter Ausgangslage und Zielsetzung der neuen Bestimmung im Natur- und Heimatschutzgesetz erläutert hatte, sah sich Ständerat Schmid (CVP) zu herber Kritik veranlasst:[295]

---

[293] Vgl. FN 286.
[294] BBl 1998, 2615 f. und 2654. Vgl. auch MARTI, Botschaft, S. 186.
[295] Amtl.Bull. StR 1998, 1065 f. Das Votum von Ständerat Schmid trifft wohl bezüglich der Möglichkeit einer finanziellen Ungleichbehandlung armer und reicher Kantone zu, beruht aber gleichzeitig auf einem Missverständnis bezüglich der verfassungsmässigen Kompetenzausscheidung im Bereich des Natur- und Heimatschutzes.

> „Ich bin bis zum heutigen Tag davon ausgegangen, dass die Beachtung von Bundesrecht eine ganz natürliche Pflicht aller Kantone sei. Wenn ich Artikel 2 Absatz 2 betrachte, scheint es mir so zu sein, dass reiche Kantone Bundesrecht nicht beachten müssen, während arme Kantone Bundesrecht beachten müssen. (...) Wenn das wirklich die Meinung des Gesetzgebers ist, wird hier eine schlagende Ungerechtigkeit postuliert und darüber hinaus noch eine Unterscheidung gemacht, die völlig haltlos ist. (...) Das ist der klassische Willkürtatbestand in der Gesetzgebung. Hier werden Unterscheidungen gemacht, die inhaltlich in keiner Art und Weise begründet sind."

Nach einem – etwas unglücklich formulierten – Erklärungsversuch seitens des Berichterstatters wies Bundesrat Leuenberger darauf hin, dass tatsächlich eine gewisse Ungleichbehandlung armer und reicher Kantone stattfinde, doch bringe die neue Regelung jedenfalls keine Verschlechterung der bestehenden Situation. Die Bestimmung von Art. 2 Abs. 2 NHG wurde in der Folge vom Ständerat angenommen, und die Grosse Kammer folgte als Zweitrat diskussionslos[296].

E. Würdigung

Die mit dem Bundesgesetz über die Koordination und Vereinfachung von Entscheidverfahren angestrebte Verfahrenszusammenlegung von erstinstanzlichen gestaffelten Verfahren muss als gelungen bezeichnet werden. Obwohl die vom Bundesrat vorgeschlagenen Massnahmen zur Verfahrensvereinfachung ein hohes verfahrenstechnisches Verständnis voraussetzten und zudem im Vorfeld der parlamentarischen Beratungen teilweise auf Kritik gestossen waren, liessen sich die Eidgenössischen Räte nicht von ihrer grundsätzlich gewählten Stossrichtung abbringen. Vielmehr folgten sie vollumfänglich den bundesrätlichen Vorschlägen und legten

---

[296] Amtl.Bull. StR 1998, 1066; Amtl.Bull. NR 1999, 57.

IV. Die Verfahrenszusammenlegung

die vom Koordinationsgesetz erfassten Verfahren soweit als möglich nach einheitlichen Kriterien zusammen. Dabei ist wohl nicht von der Hand zu weisen, dass diese Neuerungen in einer ersten Phase zu gewissen Umstellungs- bzw. Anlaufschwierigkeiten führen dürften, doch ist dies im Interesse der Verfahrensvereinfachung und Einheitlichkeit der Rechtsordnung hinzunehmen.

Der neue Koordinationserlass führte im Militärgesetz, Wasserrechtsgesetz, Nationalstrassengesetz, Elektrizitätsgesetz, Eisenbahngesetz, Rohrleitungsgesetz und Luftfahrtgesetz zu einer Revision der Bestimmungen über das Plangenehmigungsverfahren. Der Bundesrat, welcher dem Parlament dieses rechtsetzungstechnische Vorgehen vorschlug, führte zur Begründung an, dass die neuen Gesetzesbestimmungen wohl so weit als möglich vereinheitlicht werden müssten, doch weise jeder Sachbereich gewisse Eigenheiten auf, weshalb die Schaffung einer einheitlichen Rechtsgrundlage unzweckmässig sei[297]. Bei näherer Betrachtung erweisen sich die nunmehr in den verschiedenen Spezialgesetzen verstreuten Verfahrensbestimmungen allerdings als weitgehend deckungsgleich. Eine *einheitliche Regelung des Plangenehmigungsverfahrens* in einem bereits bestehenden Erlass oder in einem neu zu schaffenden Gesetz wäre somit durchaus möglich gewesen, wobei die jeweiligen verfahrensrechtlichen Eigenheiten im betreffenden Spezialgesetz (oder allenfalls auf Verordnungsstufe) hätten berücksichtigt werden können. Eine solche Lösung wäre unter rechtsetzungstechnischen Gesichtspunkten zu bevorzugen gewesen, weil dies unnötige gesetzgeberische Doppelspurigkeiten ver-

---

[297] BBl 1998, 2610; vgl. auch FN 258. Im Gesamtbericht der Interdepartementalen Arbeitsgruppe wurde jedoch gerade die Gegenmeinung vertreten, dies insbesondere vor dem Hintergrund der Gefahr der Durchbrechung der angestrebten verfahrensrechtlichen Einheitlichkeit im politischen Prozess (GESAMTBERICHT IDAG, S. 304 ff.).

mieden und dem Anliegen der quantitativen Deregulierung (besser) Rechnung getragen hätte[298].

---

[298] Dass auch der Bundesrat einer einheitlichen Regelung des Plangenehmigungsverfahrens nicht grundsätzlich abgeneigt war, zeigt sich daran, dass er vorschlug, in das Trolleybusgesetz und das Binnenschifffahrtsgesetz einen Verweis auf das Plangenehmigungsverfahren des Eisenbahngesetzes aufzunehmen, damit allfällige künftige Gesetzesrevisionen nicht (wieder) zu unterschiedlichen Verfahrensausgestaltungen führten (BBl 1998, 2637 und 2643). Dieser letzteren Argumentation ist ohne weiteres zuzustimmen, doch hätte ihre konsequente Umsetzung eben zu einer einheitlichen Normierung für sämtliche Rechtsbereiche führen müssen. Zum Begriff der quantitativen Deregulierung vgl. PFISTERER, S. 349.

V. DER RECHTSSCHUTZ

A. Einleitung

Die in den vergangenen Jahren geführten Diskussionen im Zusammenhang mit verfahrensrechtlichen Massnahmen zur Koordination, Vereinfachung und Beschleunigung thematisierten auch die Rechtsschutzproblematik. Dabei wurde der Rechtsschutzproblematik insbesondere im politischen Diskurs ein hoher Stellenwert beigemessen. So wies etwa Bundesrat Ogi anlässlich der parlamentarischen Beratungen zum Bundesbeschluss über das Plangenehmigungsverfahren für Eisenbahn-Grossprojekte auf die (vermeintlichen) Bauverzögerungen infolge von Beschwerden hin:[299]

> "Früher dienten Beschwerden im Ausnahmefall der Abwehr behördlicher Willkür. Heute gehört es zum guten Ton, alle Rekurse bis und mit Bundesgericht auszuschöpfen – aus Prinzip, und nicht, weil vitale Interessen bedroht sind. Mit Hilfe (...) des Rechtsmittelstaates wollen viele die Behörden einfach zu Konzessionen zwingen. Wenn man ein Werk nicht verhindern kann, so kann man es doch heute (...) ganz sicher verteuern und verzögern."

Wie weit der im Verwaltungsrecht in der Regel gut ausgebaute Rechtsschutz tatsächlich für Projektverzögerungen verantwortlich ist, stellt eine – mitunter auch stark politisch geprägte – Fragestellung dar, welche im Rahmen dieser Arbeit nur am Rande thematisiert werden kann und soll. Nachfolgend werden hauptsächlich die mit dem neuen Koordinationsgesetz verbundenen verfahrensrechtlichen Massnahmen im Bereich des Rechtsschutzes behandelt: So wird dargestellt, weshalb und wie mit dem

---

[299] Amtl.Bull. StR 1991, 414. Vgl. in diesem Zusammenhang auch hinten V.C.3., wo das politische Ringen um das Beschwerderecht von ideellen Verbänden beleuchtet wird.

neuen Koordinationsgesetz ein einheitlicher Rechtsmittelweg statuiert wurde (V.B.), wie sich das Beschwerderecht von ideellen Verbänden und von Behörden entwickelte (V.C.), welche Massnahmen im Zusammenhang mit der missbräuchlichen Beschwerdeführung diskutiert wurden (V.D.) und welcher verfahrensrechtliche Zusammenhang zwischen Rechtsschutz und Demokratie besteht (V.E.).

B. Der einheitliche Rechtsmittelweg

1. Grundlagen

a. Die Rechtsprechung des Bundesgerichts

Wie im zweiten Kapitel bereits dargestellt, hatte sich das Bundesgericht in seinem Leitentscheid "Chrüzlen I" - zumindest implizit - für die Ausgestaltung des Rechtsmittelverfahrens nach dem Konzentrationsmodell ausgesprochen, indem es festhielt, dass die Anfechtung von verschiedenen, getrennt erlassenen Entscheiden in einem einheitlichen Rechtsmittelverfahren ermöglicht werden müsse:[300]

> "Das kann etwa so geschehen, dass mehrere getrennt zu treffende Entscheide, in denen materielle Rechtsfragen mit engem Sachzusammenhang beurteilt werden, gleichzeitig eröffnet werden, am besten gesamthaft und zusammengefasst durch die erstinstanzliche Behörde, die für dasjenige Verfahren zuständig ist, das eine frühzeitige und umfassende Prüfung ermöglicht (Leitverfahren, massgebliches

---

[300] BGE 116 Ib 50 ff. (E. 4b; vgl. auch vorne II.B.3.). Diese Rechtsprechung wurde bereits kurze Zeit danach bestätigt in BGE 116 Ib 175 ff., in welchem das Bundesgericht - noch dezidierter - festhielt (E. 2c): "*La notification unique des différentes autorisations spéciales, coordonées en première instance, implique aussi qu'une seule voie de recours soit ouverte contre les décisions faisant l'objet de la synthèse, auprès d'une seule autorité de recours qui puisse également procéder à l'examen de l'ensemble des intérêts en jeu.*"

V. Der Rechtsschutz

Verfahren; [...]). Bei einer solchen einheitlichen und gleichzeitigen Eröffnung verschiedener getrennt getroffener kantonaler bzw. kommunaler erstinstanzlicher Entscheide durch eine Behörde ist, aus Gründen des Sachzusammenhangs, ein gegen alle Entscheide zulässiges Rechtsmittel vorzusehen. In Rechtsmittelbelehrungen ist auf dasjenige Rechtsmittel hinzuweisen, das für das Leitverfahren gegeben ist. Werden die getrennt zu treffenden Entscheide zwar zeitlich und inhaltlich koordiniert, aber getrennt eröffnet, – was sich in der Regel als unzweckmässig erweist, – so ist trotz dieses Vorgehens ebenfalls dasjenige Rechtsmittel offenzuhalten, welches gegen den Entscheid besteht, der im Leitverfahren getroffen wird. Nur so kann bei bestehendem engem Sachzusammenhang die sachgerechte Anwendung des materiellen Rechts gewährleistet werden."

In der Lehre wurde diese Pflicht zur formellen Koordination im Rechtsmittelverfahren – ebenso wie die vom Bundesgericht vorgebrachten Erwägungen zum erstinstanzlichen Verfahren – kritisiert: Einerseits wurde argumentiert, dass solche Eingriffe in die kantonale Organisations- und Verfahrenshoheit einer gesetzlichen Grundlage im formellen Sinn bedürften und nicht durch die (bundesgerichtliche) Praxis aufoktroyiert werden könnten. Anderseits wurde darauf hingewiesen, dass sich eine völlige Vereinheitlichung der eidgenössischen Rechtsmittelverfahren nur mit einer Revision der relevanten Spezialgesetze bzw. mit einer Revision des Bundesrechtspflegegesetzes (OG)[301] und des Verwaltungsverfahrensgesetzes (VwVG)[302] bewerkstelligen liesse[303].

---

[301] SR 173.110.
[302] SR 172.021.
[303] SALADIN, S. 292 f. Vgl. vorne II.B.3.

b. Die neuere gesetzgeberische Entwicklung

Die in den letzten Jahren auf Bundesebene erfolgten Gesetzgebungsarbeiten, welche den Rechtsschutz im Bereich der bodenbezogenen Entscheidverfahren betreffen, hatten hauptsächlich eine Koordination, Vereinfachung und Beschleunigung der Rechtsmittelverfahren zum Ziel. Die Teilrevision des *Raumplanungsgesetzes* vom 6. Oktober 1995, mit welcher insbesondere die Anpassung der kantonalrechtlichen Verfahrensordnungen an die Vorgaben des Bundesrechts erreicht werden sollte, orientierte sich dabei stark an der bundesgerichtlichen Rechtsprechung zur Koordination und erfüllte gleichzeitig die seitens der Lehre vorgebrachte Forderung nach einer genügenden Rechtsgrundlage für die Pflicht zur formellen Koordination[304]. Was den Rechtsschutz betrifft, so wurde mit der Revision einerseits statuiert, dass die kantonale Leitbehörde möglichst für eine gemeinsame oder gleichzeitige Eröffnung der Verfügungen sorgt. Anderseits wurden die Kantone verpflichtet, zur Anfechtung koordinationsbedürftiger Verfügungen einheitliche Rechtsmittelinstanzen zu schaffen. Die Eidgenössischen Räte entschieden sich damit – wie schon in der bundesgerichtlichen Rechtsprechung vorgezeichnet – in der Frage der erstinstanzlichen Eröffnung von Verfügungen für das Koordinationsmodell, während sie für das eigentliche Rechtsmittelverfahren das Konzentrationsmodell wählten[305].

Demgegenüber standen die Revisionsarbeiten zum Rechtsschutz bei Entscheidverfahren, in welchen dem Bund die alleinige Bewilligungshoheit zukommt, eher im Zeichen der Verfahrensvereinfachung und Verfahrensbeschleunigung. So wurde mit den *eisenbahnrechtlichen Bundesbeschlüssen* insbesondere eine Verkürzung des Instanzenzugs angestrebt[306].

---

[304] Vgl. vorne II.C.6.
[305] Art. 25a Abs. 2 lit. d und Art. 33 Abs. 4 RPG; BBl 1994 III 1084 f. und 1089.
[306] Vgl. vorne II.C.2.

Nach dem damals geltenden Recht verhielt es sich so, dass die Plangenehmigungsverfügung des Bundesamts für Verkehr (BAV) vorerst beim Eidgenössischen Verkehrs- und Energiewirtschaftsdepartement (EVED) und in der Folge – je nachdem, ob enteignungsrechtliche Fragen zur Diskussion standen oder nicht – entweder beim Bundesgericht mittels Verwaltungsgerichtsbeschwerde oder beim Bundesrat mittels Verwaltungsbeschwerde angefochten werden konnte[307]. Nach Ansicht des Bundesrats trug dieser dreiteilige Instanzenzug massgeblich zur Verzögerung der eisenbahnrechtlichen Verfahren bei, weshalb im Anwendungsbereich der neuen Bundesbeschlüsse nur noch zwei Instanzen – das EVED als Genehmigungsbehörde und das Bundesgericht als Rechtsmittelbehörde – über die Plangenehmigung entscheiden sollten; die Eidgenössischen Räte folgten dieser vom Bundesrat vorgeschlagenen einstufigen Rechtsmittel-Konzeption[308].

Allerdings vermochte auch diese neue Regelung die Gabelung des Rechtswegs nicht vollumfänglich zu verhindern: Wohl wurde in Art. 18 BB EGP statuiert, dass die Plangenehmigungsverfügung des EVED der Verwaltungsgerichtsbeschwerde an das Bundesgericht unterliegt. Trotzdem war es möglich, dass aufgrund des Ausnahmekatalogs im Bundesrechtspflegegesetz die Verwaltungsbeschwerde an den Bundesrat ergriffen werden musste, falls ausschliesslich technische Fragen Gegenstand des Rechtsstreits bildeten[309]. Der Bundesrat argumentierte, dass im Zusammenhang mit der Plangenehmigung regelmässig auch Beschwerden erhoben würden, die Einsprachen gegen die Enteignung oder Einwen-

---

[307] Art. 29 PlVV; Art. 47a Satz 1 und Art. 72 lit. a VwVG; Art. 97 ff., insbesondere Art. 99 Abs. 1 lit. c OG. Vgl. in diesem Zusammenhang auch MARTI, Verfahrensvereinfachung, S. 72, welcher darauf hinweist, dass zwecks Verfahrensvereinfachung und Verfahrensbeschleunigung eine Gabelung des Rechtswegs möglichst vermieden werden sollte.
[308] BBl 1991 I 998; Art. 16 Abs. 1 und Art. 18 BB EGP; Art. 12 Abs. 1 Alpentransit-Beschluss.
[309] Vgl. insbesondere Art. 99 Abs. 1 lit. c OG.

dungen gegen die Erteilung von Spezialbewilligungen zum Gegenstand hätten und mithin in die Zuständigkeit des Bundesgerichts fielen, weshalb – in Anwendung des Grundsatzes der Kompetenzattraktion – eine Gabelung des Rechtswegs de facto entfallen dürfte[310]. Auch wenn der bundesrätlichen Argumentation grundsätzlich zugestimmt werden kann, so ist dennoch nicht nachvollziehbar, weshalb – im Sinn der Widerspruchslosigkeit der Rechtsordnung – der Ausnahmekatalog im Bundesrechtspflegegesetz nicht entsprechend angepasst wurde.

Das neue *Militärgesetz* (MG) führte für militärische Bauten und Anlagen erstmals ein formelles Bewilligungsverfahren ein[311]. Nach der neuen Regelung war das Eidgenössische Militärdepartement (EMD) zuständig für den Bewilligungsentscheid, welcher in der Folge mittels Verwaltungsgerichtsbeschwerde direkt an das Bundesgericht gezogen werden konnte[312]. Damit hatte der Gesetzgeber im Bereich der militärischen Bauten und Anlagen – wie schon bei den Eisenbahn-Grossprojekten – der Verfahrensbeschleunigung Rechnung getragen, indem er sich für einen (bloss) zweistufigen Instanzenzug entschied. Im Gegensatz zu den eisenbahnrechtlichen Bundesbeschlüssen wurde allerdings mit dem Militärgesetz richtigerweise auch der Ausnahmekatalog des Bundesrechtspflegegesetzes angepasst, wodurch die Möglichkeit einer Gabelung des Rechtswegs de iure eliminiert und mithin eine einheitliche Rechtsmittelordnung angestrebt wurde[313].

---

[310] BBl 1991 I 1017. Vgl. in diesem Zusammenhang auch KÖLZ/HÄNER, N 883.
[311] Vgl. vorne II.C.5.
[312] Art. 129 Abs. 1 aMG i. V. m. Art. 3 der Militärischen Baubewilligungsverordnung (aMBV); Art. 130 Abs. 1 aMG.
[313] Art. 99 Abs. 2 lit. b und Art. 100 Abs. 2 lit. c OG; BBl 1993 IV 118.

V. Der Rechtsschutz

c. Das Bundesgesetz über die Koordination und Vereinfachung von Entscheidverfahren

Bei der Ausarbeitung des Koordinationsgesetzes zeichnete sich die generelle Marschrichtung bezüglich Rechtsschutz bereits frühzeitig ab. So lautete eine der Vorgaben, welche den projektspezifischen Arbeitsgruppen von der Interdepartementalen Arbeitsgruppe (IDAG) und vom Leitenden Ausschuss (LA) gemacht wurden, folgendermassen:[314]

"Gegen den Gesamtentscheid der Konzentrationsbehörde soll der Rechtsweg an eine verwaltungsunabhängige Rekurskommission geöffnet werden; deren Entscheid soll mit Verwaltungsgerichtsbeschwerde beim Bundesgericht anfechtbar sein (zweistufiger Instanzenzug)."

Zur Erläuterung dieser den Rechtsschutz betreffenden Vorgaben wurde angeführt, dass von der grundsätzlichen Zweistufigkeit des Rechtswegs nur dann abgewichen werden soll, wenn bereits nach der damals geltenden Rechtslage bloss eine Beschwerdeinstanz vorgesehen war. Zudem wurde die Einsetzung einer erstinstanzlichen verwaltungsunabhängigen Rekurskommission hauptsächlich mit der – ebenfalls den projektspezifischen Arbeitsgruppen erteilten – Vorgabe begründet, dass neu eine Fachbehörde als Konzentrationsbehörde amten soll, was nach einer Überprüfung durch eine verwaltungsunabhängige Instanz rufe. Schliesslich wurde auf die laufende Totalrevision des Bundesrechtspflegegesetzes hingewiesen, was einen entsprechenden Koordinationsbedarf bei der Schaffung von Rekurskommissionen mit sich bringe[315].

---

[314] GESAMTBERICHT IDAG, S. 17. Zur Ausarbeitung des neuen Koordinationsgesetzes vgl. auch vorne II.D.
[315] GESAMTBERICHT IDAG, S. 24. Zur Totalrevision der Bundesrechtspflege vgl. auch hinten V.B.2.a.

Allerdings thematisierten die projektspezifischen Arbeitsgruppen das Rechtsmittelverfahren – anders als etwa das Konzentrationsmodell – nur am Rande[316]. Bei dieser Ausgangslage erstaunt es denn auch nicht weiter, dass sich die IDAG zum Rechtsschutz in ihrer abschliessenden Würdigung grundsätzlich nicht äusserte, abgesehen von der – im Zusammenhang mit dem Konzentrationsmodell mit Anhörungsverfahren diskutierten – Beschwerdelegitimation von Behörden[317].

In seiner Botschaft zum Bundesgesetz über die Koordination und Vereinfachung von Entscheidverfahren übernahm der Bundesrat folgerichtig die aus den Vorarbeiten hervorgegangene (unbestrittene) Neuordnung des Rechtsmittelwegs und führte dazu aus[318]:

> "Der an den Entscheid der erstinstanzlichen Behörde anschliessende Rechtsweg im Konzessions- und Plangenehmigungsverfahren wird grundsätzlich wie bisher zweistufig ausgestaltet. Dabei erscheint es jedoch angezeigt, neu als erste Beschwerdeinstanz eine mit voller Kognition ausgestattete verwaltungsunabhängige Rekurskommission vorzusehen. Diese ersetzt in Zukunft das Departement als Beschwerdeinstanz. (...) Die Grundidee ist somit, dass Verfügungen der Genehmigungsbehörde an die Rekurskommission und dann an das Bundesgericht weitergezogen werden können."

---

[316] So führte beispielsweise die Arbeitsgruppe "Elektrische Anlagen" in ihrem Schlussbericht in einem Satz das vorgegebene Rechtsmittelverfahren an, ohne darauf aber näher einzugehen. Die Arbeitsgruppe "Rohrleitungsanlagen" hielt in ihrem Schlussbericht fest, dass sie gegen die vorgeschlagene Neuordnung des Rechtsmittelwegs keine Einwände habe (GESAMTBERICHT IDAG, S. 76 und 120).
[317] GESAMTBERICHT IDAG, S. 255 ff. Vgl. dazu hinten V.C.
[318] BBl 1998, 2603. In der Ergänzungsbotschaft zum Koordinationsgesetz hat der Bundesrat für den Bereich des Nationalstrassenbaus einen entsprechenden Rechtsmittelweg vorgeschlagen (BBl 1999, 933 und 940).

V. Der Rechtsschutz

Der Bundesrat präferierte damit für die vom Koordinationsgesetz erfassten Rechtsbereiche grundsätzlich einen *einheitlichen Rechtsmittelweg*, welcher über zwei verwaltungsunabhängige Beschwerdeinstanzen führt[319]. Einzig bei militärischen Bauten und Anlagen sowie bei Eisenbahn-Grossprojekten sollte nach dem Willen des Bundesrats weiterhin nur eine Beschwerdeinstanz vorgesehen sein, indem – im Sinn einer Verfahrensbeschleunigung – der Entscheid des zuständigen Departements (VBS bzw. UVEK) direkt mit der Verwaltungsgerichtsbeschwerde an das Bundesgericht gezogen werden könnte[320].

In den parlamentarischen Beratungen zeigte sich rasch, dass dem bundesrätlichen Ansinnen zur Schaffung eines einheitlichen Rechtsmittelwegs seitens der Eidgenössischen Räte keinerlei Opposition erwuchs. Der Bundesgesetzgeber folgte im Bereich des Rechtsschutzes mithin diskussionslos dem der Gesetzesvorlage zugrundeliegenden Konzept "*ein Verfahren, ein Entscheid, ein Rechtsmittelweg*"[321].

---

[319] Vgl. dazu auch BBl 1998, 2604, wo sich eine grafische Darstellung der Rechtswege nach bisherigem und neuem Recht findet.
[320] BBl 1998, 2617 f., 2622, 2633 und 2635. Nach dem bundesrätlichen Vorentwurf hätte auch im Bereich der Flughäfen der Departementsentscheid dem direkten Weiterzug an das Bundesgericht unterliegen sollen (MARTI, Vernehmlassungsentwurf, S. 859). Der Bundesrat hat in seiner Botschaft zum Koordinationsgesetz allerdings keine solche Ausnahme mehr vorgesehen, sondern vielmehr für den gesamten Bereich der Luftfahrt die Einführung einer Rekurskommission empfohlen (BBl 1998, 2644).
[321] Das einheitliche Rechtsmittelverfahren fand Erwähnung in den Voten der Berichterstatter der beiden Räte sowie im Votum von Nationalrat Herczog (Amtl.Bull. StR 1998, 1062 und 1065; Amtl.Bull. NR 1999, 49 und 53).

2. Die Beschwerde an die Rekurskommission UVEK

a. Die Schaffung der Rekurskommission UVEK

Wie aus der Botschaft zum Koordinationsgesetz hervorgeht[322], verfolgte der Bundesrat mit der generellen Einsetzung einer Rekurskommission als erster Rechtsmittelinstanz hauptsächlich zwei Vorteile: Einerseits sollte anstelle des bisher zuständigen Departements als verwaltungsinterner Beschwerdeinstanz eine verwaltungsunabhängige Rekurskommission treten, welche als Spezialverwaltungsgericht über richterliche Unabhängigkeit verfügt[323]. Der Bundesrat wollte damit insbesondere den Bedenken gegenüber dem Konzentrationsmodell mit Anhörungsverfahren Rechnung tragen, indem gegen den Entscheid der Konzentrationsbehörde bereits erstinstanzlich ein Rechtsmittel an eine verwaltungsunabhängige Beschwerdeinstanz ergriffen und mithin eine allfällige einseitige Entscheidpraxis seitens der Konzentrationsbehörde wirksam verhindert werden kann[324]. Anderseits sollte die neue Verfahrensregelung sowohl eine Entlastung des Bundesgerichts als auch eine Verfahrensbeschleunigung bewirken: Da einer Rekurskommission – wie auch schon dem bisher zuständigen Departement als Beschwerdebehörde – eine umfassende Kognition zukommt[325], kann sich das Bundesgericht als zweite gerichtliche

---

[322] BBl 1998, 2603.

[323] Art. 71c Abs. 1 und 2 VwVG. Vgl. auch MOSER/UEBERSAX, N 1.1, sowie KÖLZ/HÄNER, N 787 f.

[324] Der Aspekt der Überprüfung des Konzentrationsentscheides durch eine verwaltungsunabhängige Instanz ist anlässlich der parlamentarischen Beratungen auch von Bundesrat Leuenberger hervorgehoben worden (Amtl.Bull. StR 1998, 1064). Zum Konzentrationsmodell mit Anhörungsverfahren vgl. vorne III.

[325] Eine Rekurskommission ist sowohl zur Kontrolle der richtigen bzw. vollständigen Sachverhaltsfeststellung als auch zur Ermessenskontrolle befugt (Art. 71a Abs. 2 i. V. m. Art. 49 lit. b und c VwVG). Vgl. dazu auch BGE 123 II 385 ff. (E. 4a) sowie MOSER/UEBERSAX, N 1.1.

V. Der Rechtsschutz

Rechtsmittelinstanz grundsätzlich auf eine blosse Rechtskontrolle beschränken[326].

Die Schaffung der Rekurskommission UVEK, wie sie der Bundesrat mit dem Koordinationsgesetz anstrebte, stand dabei ganz im Zeichen der neueren gesetzgeberischen Entwicklung, wonach in der Bundesverwaltungsrechtspflege – insbesondere in Bereichen, in welchen sich verhältnismässig viele Beschwerdefälle oder schwierige Tatfragen ergeben – verschiedentlich richterliche Vorinstanzen eingesetzt worden waren. Obwohl schon vorher solche Spezialverwaltungsgerichte bestanden hatten, nahm die Bedeutung der Rekurs- und Schiedskommissionen insbesondere mit der Revision des Bundesrechtspflegegesetzes vom 4. Oktober 1991[327] stark zu, indem einerseits spezialgesetzlich neue Rekurskommissionen geschaffen wurden und anderseits mit den Art. 71a bis 71d VwVG eine – wenn auch nicht umfassende – Vereinheitlichung der Organisation und des Verfahrens der Rekurs- und Schiedskommissionen stattfand[328]. Der Bundesrat hielt diesbezüglich in seiner Botschaft zum Koordinationsgesetz fest:[329]

> "Seit der Änderung des OG vom 4. Oktober 1991 (...) wurden für die Verwaltungsrechtspflege des Bundes im Zuständigkeitsbereich der einzelnen Departemente neue Re-

---

[326] Hat eine richterliche Behörde als Vorinstanz den Sachverhalt nicht offensichtlich unrichtig, unvollständig oder unter Verletzung wesentlicher Verfahrensbestimmungen festgestellt, so ist das Bundesgericht an diese Feststellungen gebunden (Art. 104 lit. b i. V. m. Art. 105 Abs. 2 OG). Zudem kommt dem Bundesgericht im Bereich der bodenbezogenen Entscheidverfahren grundsätzlich keine Ermessenskontrolle zu (Art. 104 lit. c OG e contrario). Vgl. in diesem Zusammenhang auch BBl 1999, 9525 und 9532 f., wo aus denselben Überlegungen für den Bereich der Staatshaftung die Einsetzung einer Rekurskommission als richterliche Vorinstanz vorgeschlagen wird.
[327] In Kraft seit 1. Januar 1994.
[328] BBl 1991 II 465 ff., insb. 477 ff.; KÖLZ/HÄNER, N 787; SCHWEIZER, S. 4 ff.
[329] BBl 1998, 2603.

kurs- und Schiedskommissionen eingesetzt, welche an die Stelle der früheren departementsinternen Beschwerdedienste traten. Wenn nunmehr die Schaffung einer Rekurskommission für Beschwerden aus dem Tätigkeitsbereich des Eidgenössischen Departementes für Umwelt, Verkehr, Energie und Kommunikation (UVEK) ansteht, so entspricht dies (...) einer sachlogischen Fortsetzung der Anliegen, wie sie der Bundesrat in seiner Botschaft vom 18. März 1991 dargelegt hatte (...)."

Allerdings galt es im Zusammenhang mit der Einsetzung der Rekurskommission UVEK die parallel laufenden Bemühungen zur Totalrevision der Bundesrechtspflege zu beachten[330]: Nach dem Schlussbericht und Entwurf der betreffenden Expertenkommission soll mit dem neu zu schaffenden Bundesgerichtsgesetz ein zentrales Bundesverwaltungsgericht eingeführt werden, welches die Vielzahl der bestehenden Rekurs- und Schiedskommissionen ersetzt[331]. Dabei sollen – nach Ansicht der Expertenkommission – die Verfügungen von Verwaltungsbehörden direkt der Beschwerde an das Bundesverwaltungsgericht unterliegen, womit der verwaltungsinterne Beschwerdeweg generell entfallen würde. Die Entscheide des Bundesverwaltungsgerichts könnten in der Folge an das Bundesgericht gezogen werden. Nach dieser Verfahrensausgestaltung wären die Verfügungen von Bundesverwaltungsbehörden mithin nicht mehr direkt an das Bundesgericht weiterziehbar, sondern der Beschwerdeweg führte zwingend über das Bundesverwaltungsgericht als Vorinstanz[332].

---

[330] Auf diesen Koordinationsbedarf wiesen sowohl die IDAG und der LA in ihren Vorgaben an die projektspezifischen Arbeitsgruppen wie auch der Bundesrat in seiner Botschaft zum Koordinationsgesetz hin (GESAMTBERICHT IDAG, S. 24; BBl 1998, 2603).

[331] Von den (rund) 30 Rekurs- und 6 Schiedskommissionen soll einzig die Unabhängige Beschwerdeinstanz für Radio und Fernsehen (UBI) nicht in das zentrale Bundesverwaltungsgericht überführt werden. Zur Übersicht über die im Bund bestehenden Rekurs- und Schiedskommissionen vgl. etwa KÖLZ/HÄNER, N 811 ff.

[332] Vgl. EXPERTENBERICHT, S. 21 f. und 45 ff.; Art. 78 Abs. 1 lit. a Entwurf Bundesgerichtsgesetz (E-BGG); Ziff. 1 des Anhanges zum E-BGG. Vgl. in diesem Zusammen-

V. Der Rechtsschutz

Der vom Bundesrat mit dem Koordinationsgesetz vorgeschlagene einheitliche Rechtsmittelweg, welcher – im Anwendungsbereich des neuen Mantelerlasses – generell ein (Spezial-)Verwaltungsgericht als erste Rechtsmittelinstanz vorsah, entsprach damit der Verfahrensausgestaltung, wie sie von der Expertenkommission zur Totalrevision der Bundesrechtspflege präferiert wurde[333]. Sofern die entsprechenden Vorschläge der Expertenkommission auf politischer Ebene Zustimmung finden sollten, kann dereinst[334] die Rekurskommission UVEK in das zentrale Bundesverwaltungsgericht integriert werden, ohne dass dies zu einer erneuten (grundsätzlichen) Änderung des Rechtsmittelwegs führte.

Die Schaffung der Rekurskommission UVEK stiess in den parlamentarischen Beratungen – wohl als Konsequenz des grundsätzlichen Entscheids für einen einheitlichen Rechtsmittelweg – auf keinerlei Opposition und bildete denn auch nicht Gegenstand von Diskussionen im Plenum. Einzig ein Minderheitsantrag aus dem linken Parteispektrum versuchte eine Änderung von Art. 71b Abs. 3 des Verwaltungsverfahrensgesetzes zu erreichen, indem bei der Wahl der Richter von Rekurskommissionen zukünftig auch die *betroffenen Interessen* angemessen berücksichtigt werden sollten. Begründet wurde dies wie folgt:[335]

> "Im neuen System, das wir jetzt mehr oder weniger abgesegnet haben, werden die Rekurskommissionen eine ge-

---

hang auch WALTER KÄLIN, Kleine Justizreform mit erheblichem Potential. Rasche Umsetzung auf Gesetzesebene gefordert, NZZ vom 10. Februar 2000, Nr. 34, S. 15, sowie die neue Verfassungsbestimmung gemäss Art. 191a Abs. 2 BV.

[333] Dies betonte auch der Bundesrat in seiner Botschaft (BBl 1998, 2603).

[334] Nach Einschätzung des Bundesamts für Justiz könnte das neue Bundesgerichtsgesetz bereits im Jahr 2002 in Kraft treten. Demgegenüber gehen die Geschäftsprüfungskommissionen von National- und Ständerat sowie das Bundesgericht und das Eidgenössische Versicherungsgericht davon aus, dass eine Inkraftsetzung des Bundesgerichtsgesetzes vor dem Jahr 2004 kaum realistisch sein dürfte (BBl 1999, 9522). Vgl. dazu auch WALTER KÄLIN, zit. in FN 332.

[335] Amtl.Bull. NR 1999, 73 (Votum Nationalrat Jost Gross).

> waltige Machtfülle haben. Es wird dabei vorwiegend um reine Ermessensfragen gehen. Gehen Sie nicht davon aus, dass eine Art Gesetzesautomatismus in der Anwendung des Rechtes stattfinden wird, sondern das Ermessen der Rekurskommission wird ganz gross geschrieben sein. Deshalb denke ich, dass es absolut legitim ist, bei den Wahlkriterien auch an die betroffenen Interessen, vor allem an die ökologischen Schutzinteressen, zu denken. Es ist doch nicht in Ordnung, dass wir zwar die Vertretung der sprachlichen Minderheiten und Regionen festlegen, dass aber die ökologischen Schutzinteressen bei diesen Wahlkriterien für die unabhängige Rekurskommission überhaupt nicht berücksichtigt werden."

Diesem Minderheitsantrag wurde entgegengehalten, dass das Wesen von Spezialverwaltungsgerichten eben gerade in deren Unabhängigkeit bestehe und damit die Vertretung betroffener Interessen dem Charakter solcher unabhängiger Gerichte fundamental widersprechen würde[336]. Dieser Argumentation fügte Bundesrat Leuenberger pointiert hinzu:[337]

> "Zunächst einmal bin ich an Schlichtungsstellen im Mietwesen – oder bei Arbeitsstreitigkeiten – erinnert, wo jeweilen ein Vertreter der Mieterschaft und eine Vertretung der Hauseigentümerschaft gewählt werden. Wie kommt es heraus? Der "Mieterrichter" gibt der Mieterpartei recht, und der "Hauseigentümerrichter" gibt der Hauseigentümerpartei recht. In der Mitte ist dann der eigentliche Richter. Da kommt es nur noch auf diesen an, und die Parteien achten besorgt darauf, in welchen Wohneigentumsverhältnissen er wohl privat lebe.

---

[336] Amtl.Bull. NR 1999, 73 f. (Votum des nationalrätlichen Berichterstatters Baumberger).
[337] Amtl.Bull. NR 1999, 74. Die Ausführungen betreffend die Schlichtungsstellen im Mietwesen lassen aufhorchen, dies insbesondere vor dem Hintergrund, dass Bundesrat Leuenberger einer der Protagonisten des neuen Mietrechts war, mit welchem die paritätisch zusammengesetzten Schlichtungsstellen eingeführt wurden.

V. Der Rechtsschutz

> Bei den vorliegenden Rekursinstanzen geht es nicht nur um derart klar ausgeschiedene Interessen wie beim Miet- und Arbeitsrecht, sondern es ist ja von vornherein noch gar nicht klar, in welcher Materie sie dereinst richten werden. (...) Ja, muss man jetzt Vertreter einer "trolleybusbegabten" Partei in die Rekurskommission wählen? Wir wollen unabhängige Richter, die hauptamtliche Richter und eben nicht ihren eigenen Interessen verpflichtet sind."

Der entsprechende Minderheitsantrag wurde in der Folge wohl abgelehnt, doch vermochte er immerhin eine beachtliche Anzahl von Stimmen auf sich zu vereinigen[338]. Diese breite Unterstützung erscheint bedenklich, da der Minderheitsantrag nicht nur eine eklatante Systemwidrigkeit im Zusammenhang mit der personellen Besetzung von – unabhängigen[339] – Verwaltungsgerichten implizierte, sondern letztlich auch dem Grundgedanken der Verbesserung des Rechtsschutzes widersprochen hätte.

Die Schaffung der Rekurskommission UVEK verlangte lediglich die Aufnahme entsprechender (sachlicher) Zuständigkeitsregelungen in die verschiedenen Spezialgesetze[340], da sich die Regelung von Organisation und Verfahren bereits aus dem Verwaltungsverfahrensgesetz[341] und der Verordnung über Organisation und Verfahren eidgenössischer Rekurs- und Schiedskommissionen (VRSK)[342] ergibt[343]. Nach diesen rechtlichen Vorgaben besteht eine Rekurskommission aus mindestens sieben Richtern, die

---

[338] Der Minderheitsantrag wurde mit 74 zu 52 Stimmen abgelehnt (Amtl.Bull. NR 1999, 74).
[339] Vgl. dazu Art. 71c Abs. 1 VwVG, welcher explizit die richterliche Unabhängigkeit statuiert.
[340] Vgl. nachfolgend V.B.2.b.
[341] Art. 71a bis Art. 71c VwVG.
[342] SR 173.31.
[343] BBl 1998, 2605. Zu den Rechtsgrundlagen von Rekurs- und Schiedskommissionen vgl. auch MOSER/UEBERSAX, N 1.2, sowie KÖLZ/HÄNER, N 790 ff.

vom Bundesrat gewählt werden[344]. Die Landesregierung hat von dieser Kompetenz mit Bundesratsbeschluss vom 5. Oktober 1999 – notabene also noch vor Ablauf der Referendumsfrist für das Bundesgesetz über die Koordination und Vereinfachung von Entscheidverfahren – Gebrauch gemacht und in die Rekurskommission UVEK sieben hauptamtliche Mitglieder (wovon einen Präsidenten und einen Vizepräsidenten) gewählt[345].

b. Die sachliche Zuständigkeit der Rekurskommission UVEK

Wie bereits erwähnt, ergibt sich die sachliche Zuständigkeit von Rekurskommissionen aus den jeweiligen Spezialgesetzen, welche diese Rechtsschutzeinrichtungen vorsehen[346]. Mit dem Bundesgesetz über die Koordination und Vereinfachung von Entscheidverfahren wurden dementsprechend verschiedene Rechtserlasse angepasst. Dabei wurde entweder statuiert, dass gegen Konzentrationsentscheide Beschwerde bei der Rekurskommission UVEK geführt werden kann[347], oder es wurde die Rekurskommission UVEK in einem Rechtsbereich generell als Beschwerdeinstanz eingesetzt[348].

Im Anwendungsbereich des Koordinationsgesetzes wurde einzig bei militärischen Bauten und Anlagen sowie bei Eisenbahn-Grossprojekten die

---

[344] Art. 71b Abs. 1 und 3 VwVG; Art. 2 Abs. 1 VRSK.
[345] Diese Informationen waren bereits der Medienmitteilung des UVEK vom 29. September 1999 zu entnehmen (vgl. auch NZZ vom 1. Oktober 1999, Nr. 228, S. 14). Gemäss schriftlicher Auskunft des Stellvertretenden Generalsekretärs des UVEK erging der formelle Wahlbeschluss aber erst am 5. Oktober 1999.
[346] MOSER/UEBERSAX, N 1.3.1; KÖLZ/HÄNER, N 791 und 801.
[347] Art. 28 Abs. 5 NSG; Art. 23 EleG; Art. 18h Abs. 5 EBG; Art. 23 Abs. 3 RLG; Art. 8 Abs. 3 BSG. Vgl. auch BBl 1998, 2631 und 2635; BBl 1999, 940.
[348] Art. 72 Abs. 3 WRG; Art. 11 EBG; Art. 8 Abs. 2 TBG; Art. 6 Abs. 1 LFG. Vgl. auch BBl 1998, 2626 und 2633. Im Vernehmlassungsentwurf zu einem Kernenergiegesetz (E-KEG) vom 6. März 2000 wird ebenfalls eine generelle Beschwerdemöglichkeit an die Rekurskommission UVEK vorgeschlagen (Art. 75 E-KEG).

Beschwerde an die Rekurskommission UVEK nicht zugelassen. Der Gesetzgeber entschied sich in diesen Bereichen dafür, weiterhin das Bundesgericht als einzige Beschwerdeinstanz vorzusehen[349]. Auf der anderen Seite hat die sachliche Zuständigkeit der Rekurskommission UVEK ausserhalb des Anwendungsbereichs des Koordinationsgesetzes[350] eine Erweiterung erfahren, indem die bisher bestehenden Rekurskommissionen für die Wasserwirtschaft und für das Fernmeldewesen sowie die im Postgesetz vorgesehene Rekurskommission in die neu geschaffene Rekurskommission UVEK überführt wurden[351].

3. Die Verwaltungsgerichtsbeschwerde an das Bundesgericht

Die Entscheide von Rekurskommissionen – als ersten Rechtsmittelinstanzen – können grundsätzlich mittels Verwaltungsgerichtsbeschwerde beim Bundesgericht angefochten werden. Falls aufgrund eines im Bundesrechtspflegegesetz oder in einem Spezialgesetz enthaltenen Ausnahmetatbestandes die Verwaltungsgerichtsbeschwerde allerdings nicht zulässig sein sollte, entscheiden die Rekurskommissionen endgültig. Die Möglichkeit einer Beschwerde an den Bundesrat entfällt, weil es – insbesondere vor dem Hintergrund von Art. 6 Abs. 1 EMRK – nicht angeht, dass der

---

[349] Art. 130 Abs. 1 MG; Art. 18h Abs. 5 EBG. BOSONNET, S. 293 (FN 42), bemängelt in diesem Zusammenhang die unpräzise Darstellung des ständerätlichen Berichterstatters, welcher bloss auf den Spezialfall im Militärgesetz, nicht jedoch auf denjenigen im Eisenbahngesetz hingewiesen hat (Amtl.Bull. StR 1998, 1066 und 1068 f.). Vgl. dazu auch vorne V.B.1.c. und hinten V.F.
[350] Der Bereich der Wasserwirtschaft wird allerdings vom Koordinationsgesetz erfasst (vgl. Art. 72 Abs. 3 WRG).
[351] Art. 72 Abs. 3 aWRG; Art. 61 Abs. 2 und Art. 63 FMG; Art. 18 PG; BBl 1998, 2605; Änderung des Anhangs 1 zur VRSK (AS 1999, 3497). Vgl. dazu auch MOSER/UEBERSAX, N 6.96 ff.; KÖLZ/HÄNER, N 814; SCHWEIZER, S. 31 ff.

Entscheid eines Verwaltungsgerichts von einer oberen Verwaltungsinstanz überprüft wird[352].

Der im Bundesrechtspflegegesetz vorgesehene Ausschluss der sachlichen Zuständigkeit des Bundesgerichts erfolgt nach drei Kriterien: Einerseits ist die Verwaltungsgerichtsbeschwerde aufgrund des Gegenstands der Verfügung nicht zulässig (Art. 99 OG). Anderseits erfolgt der Ausschluss nach dem Sachgebiet, in welchem die Verfügung ergeht (Art. 100 OG). Schliesslich finden sich Ausnahmen von der grundsätzlichen Zuständigkeit des Bundesgerichts aufgrund des verfahrensrechtlichen Inhalts der Verfügung (Art. 101 OG)[353]. Im Zusammenhang mit den in der vorliegenden Arbeit zu behandelnden bodenbezogenen Entscheidverfahren interessiert insbesondere die Ausnahme von Art. 99 Abs. 1 lit. c OG: Danach ist die Verwaltungsgerichtsbeschwerde unzulässig gegen Verfügungen über Pläne, soweit es sich nicht um Entscheide über Einsprachen gegen Enteignungen oder Landumlegungen handelt. Dies bedeutet, dass Plangenehmigungsentscheide grundsätzlich nicht der Verwaltungsgerichtsbeschwerde unterliegen, sofern nicht auch eigentumsrechtliche Fragen zur Diskussion stehen[354].

---

[352] Art. 97 ff., insb. Art. 98 lit. e und Art. 99 ff. OG; Art. 74 lit. c VwVG; Art. 27 VRSK. Vgl. auch MOSER/UEBERSAX, N 1.3.6; KÖLZ/HÄNER, N 804 f.
[353] Zur sachlichen Zuständigkeit des Bundesgerichts im Bereich der Bundesverwaltungsrechtspflege vgl. auch KÖLZ/HÄNER, N 850 ff.
[354] Vgl. auch vorne II.C.2.b. und V.B.1.b. Der Ausnahmetatbestand von Art. 99 Abs. 1 lit. c OG hat in der Praxis zu verschiedenen (weiteren) Problemen geführt: Einerseits konnte es sich ergeben, dass sowohl Enteignete als auch andere Beschwerdeführer gegen den Plangenehmigungsentscheid gleiche oder zumindest ähnliche Rügen erhoben; zur Vermeidung einer Verfahrensspaltung und von möglicherweise gar widersprüchlichen Entscheiden hat das Bundesgericht – im Sinn der Kompetenzattraktion – jeweils sämtliche Beschwerden behandelt. Anderseits musste das Bundesgericht den Begriff der Enteignung weit auslegen, um der Rechtsweggarantie im Anwendungsbereich von Art. 6 Abs. 1 EMRK Genüge zu leisten (vgl. KÖLZ/HÄNER, N 883).

V. Der Rechtsschutz

Zur Umsetzung des vom Bundesrat mit dem Koordinationsgesetz angestrebten einheitlichen Rechtsmittelwegs über zwei gerichtliche Instanzen musste damit eine Anpassung der im Bundesrechtspflegegesetz enthaltenen Ausnahmekataloge vorgenommen werden. Der Bundesrat hielt in seiner Botschaft dazu fest:[355]

> "Bei Ausnahmen nach den Artikeln 99 ff. OG wäre entgegen der heutigen Regelung der Weiterzug eines gerichtlichen Entscheides nicht mehr möglich. Dieses Ergebnis vermag nicht in allen Teilen zu befriedigen. Insbesondere bei Plangenehmigungsverfügungen und anderen Verfügungen, denen ein spezielles Gewicht zukommt, soll die Rekurskommission nicht als letzte Instanz entscheiden. Dies erfordert eine Anpassung des OG-Ausnahmekataloges."

Die vorgeschlagene Anpassung des Ausnahmekatalogs von Art. 99 OG begründete der Bundesrat damit, dass es nicht sachgerecht sei, einzig aufgrund der Frage des Vorliegens einer Enteignung unterschiedliche Rechtsmittelwege vorzusehen: Die Verwaltungsgerichtsbeschwerde an das Bundesgericht sei ausgeschlossen, wenn ein Bauvorhaben – unabhängig von dessen Grösse und Bedeutung – ohne Enteignung erfolgen könne. Anderseits sei das Bundesgericht aber zuständig, wenn für ein noch so unbedeutendes Projekt auch nur ein Quadratmeter Land enteignet werden müsse. Mit dieser Argumentation schlug der Bundesrat den Eidgenössischen Räten vor, gegen Plangenehmigungsentscheide für Flugplätze und Nationalstrassen sowie für Eisenbahn-, Trolleybus-, öffentliche Schifffahrts-, Rohrleitungs- und elektrische Anlagen die Verwaltungsgerichtsbeschwerde an das Bundesgericht generell zuzulassen[356]. Sowohl der Ständerat als auch der Nationalrat folgten dem bundesrätlichen Vor-

---

[355] BBl 1998, 2603.
[356] BBl 1998, 2615 und 2654.

schlag diskussionslos[357], womit im Rahmen des Bundesgesetzes über die Koordination und Vereinfachung von Entscheidverfahren folgende Änderung bzw. folgender Zusatz in Art. 99 Abs. 2 OG aufgenommen wurde:

> ² Absatz 1 findet keine Anwendung auf:
> c. Betriebskonzessionen, Betriebsbewilligungen, Genehmigungen von Betriebsreglementen und Plangenehmigungen für Flugplätze;
> d. Plangenehmigungen für Eisenbahn-, Trolleybus-, öffentliche Schiffahrts-, Rohrleitungs- und elektrische Anlagen sowie für Nationalstrassen.

Neben der soeben dargestellten Gesetzesänderung schlug der Bundesrat den Eidgenössischen Räten auch eine Anpassung des Ausnahmekatalogs von Art. 100 OG vor. Danach sollte der bisher statuierte Ausschluss der Verwaltungsgerichtsbeschwerde auf dem Gebiete des Transports im öffentlichen Verkehr ersatzlos aufgehoben werden, um auch in diesem Sachbereich den Weiterzug von Entscheiden der Rekurskommission an das Bundesgericht gewährleisten zu können[358]; das Parlament leistete diesem Vorschlag des Bundesrats ebenfalls diskussionslos Folge[359]. Die in Art. 100 OG vorgenommene Änderung scheint – anders als die Anpassung des Katalogs von Art. 99 OG – einen weniger starken Bezug zum Anwen-

---

[357] Amtl.Bull. StR 1998, 1065; Amtl.Bull. NR 1999, 57.
[358] BBl 1998, 2615 und 2654. Vgl. dazu Art. 100 Abs. 1 lit. r aOG sowie VPB 1994 Nr. 79 (E. 1).
[359] Amtl.Bull. StR 1998, 1065; Amtl.Bull. NR 1999, 57. Der Berichterstatter des Ständerats führte zum bundesrätlichen Vorschlag aus: *"Avec l'abrogation de la lettre r, le Tribunal fédéral devient deuxième instance de jugement pour les recours contre les décisions de la commission de recours pour l'examen de l'application du droit. La commission est consciente qu'il ne sera ni aisé ni facile de distinguer les questions de droit justiciables de l'évaluation des faits techniques non justiciables. Nous avons considéré que les avantages représentés par le fait de disposer d'une deuxième instance de recours au Tribunal fédéral étaient de loin supérieurs à ce petit inconvénient. C'est la raison pour laquelle il est proposé d'accepter la version du Conseil fédéral telle quelle."* (Amtl.Bull. StR 1998, 1065).

V. Der Rechtsschutz

dungsbereich des Koordinationsgesetzes aufzuweisen. Trotzdem war diese Gesetzesänderung im Sinn der Sicherstellung eines einheitlichen Rechtsmittelwegs angezeigt.

Der Bundesgesetzgeber hat damit den Grundsatz der generellen Anfechtbarkeit von Entscheiden der Rekurskommission UVEK beim Bundesgericht konsequent umgesetzt. Ausnahmen ergeben sich lediglich in zweierlei Hinsicht: Einerseits ist die Verwaltungsgerichtsbeschwerde an das Bundesgericht dann ausgeschlossen, wenn ein Spezialerlass – abweichend vom Bundesrechtspflegegesetz – die Entscheide der Rekurskommission als endgültig bezeichnet; eine solche Regelung findet sich etwa im Postgesetz, welches statuiert, dass Entscheide der Rekurskommission über die Platzierung von Kundenbriefkästen sowie die Gewährung von Vorzugspreisen für die Beförderung von Zeitungen und Zeitschriften endgültig sind[360]. Anderseits wurde bei Eisenbahn-Grossprojekten sowie bei militärischen Bauten und Anlagen zwecks Verfahrensbeschleunigung weiterhin nur eine Beschwerdeinstanz beibehalten, womit der Entscheid des zuständigen Departements nicht erstinstanzlich an die Rekurskommission UVEK bzw. an die Rekurskommission VBS gezogen werden kann, sondern direkt der Verwaltungsgerichtsbeschwerde an das Bundesgericht unterliegt[361].

---

[360] Art. 18 Abs. 2 PG. Vgl. auch MOSER/UEBERSAX, N 6.100 f., sowie hinten V.F.
[361] Art. 130 Abs. 1 MG; Art. 18h Abs. 5 EBG. Vgl. dazu vorne V.B.1.c und V.B.2.b. sowie hinten V.F.

C. Das Beschwerderecht von ideellen Verbänden und von Behörden

1. Grundlagen

Das *Beschwerderecht von ideellen Verbänden* betrifft die Rechtsmittelbefugnis von Umweltorganisationen, wie sie auf Bundesebene mit dem Natur- und Heimatschutzgesetz vom 1. Juli 1966[362] erstmals statuiert wurde. Danach können gesamtschweizerische Vereinigungen, die sich statutengemäss dem Natur- und Heimatschutz, der Denkmalpflege oder verwandten, rein ideellen Zielen widmen, Beschwerde führen, sofern in letzter Instanz die Verwaltungsgerichtsbeschwerde an das Bundesgericht oder die Verwaltungsbeschwerde an den Bundesrat zulässig ist[363]. In Anlehnung an diese Regelung wurde in den Achtzigerjahren ein entsprechendes Beschwerderecht auch im Umweltschutzgesetz sowie im Fuss- und Wanderweggesetz (FWG)[364] verankert, wobei anlässlich der Teilrevision des Natur- und Heimatschutzgesetzes vom 24. März 1995 eine bessere Abstimmung der in den drei genannten Umwelterlassen enthaltenen Bestimmungen über das Beschwerderecht erfolgte[365]. Der Bundesrat hat in einer Verordnung die im Bereich des Umweltschutzes sowie des Natur- und Heimatschutzes zur ideellen Verbandsbeschwerde berechtigten Or-

---

[362] In Kraft seit 1. Januar 1967.
[363] Art. 12 NHG. Vgl. auch RIVA, S. 46 ff., sowie KÖLZ, S. 59 f. Im Folgenden wird für solche Umweltorganisationen auch der Terminus der *ideellen Verbände* bzw. für deren Beschwerderecht derjenige der *ideellen Verbandsbeschwerde* verwendet. Zur Terminologie vgl. auch GADOLA, Beteiligung, S. 99 f.
[364] Bundesgesetz über Fuss- und Wanderwege vom 4. Oktober 1985 (SR 704). Zur verfassungsrechtlichen Grundlage vgl. Art. 88 BV (Art 37quater aBV).
[365] Art. 55 USG und Art. 14 FWG. In Art. 46 Abs. 3 WaG wird auf das Beschwerderecht gemäss Art. 12 NHG verwiesen. Vgl. auch KELLER, in: Kommentar NHG, N 1 f. zu Art. 12; KELLER, S. 1125; HÄFELIN/MÜLLER, N 1530 f.; vorne II.C.4.; hinten V.C.2.b.

V. Der Rechtsschutz

ganisationen bezeichnet; danach sind gegenwärtig je 23 Organisationen nach Art. 12 NHG bzw. nach Art. 55 USG beschwerdeberechtigt[366].

Die *Behördenbeschwerde* bezeichnet das Beschwerderecht von Behörden auf Stufe Bund, Kantone und Gemeinden, welches – vorliegend interessierend – in der Bundesverwaltungsrechtspflege zur Verfügung steht. Wie von GADOLA dargelegt, ist der Terminus der Behördenbeschwerde jedoch in zweierlei Hinsicht ungenau: Einerseits kommt das Beschwerderecht nicht der Behörde als solcher, sondern vielmehr nur der rechtsfähigen öffentlichrechtlichen Verwaltungseinheit zu, welche allerdings durch die zuständige Behörde vertreten wird. Anderseits sollte aufgrund der erheblichen Unterschiede zwischen der Rechtsmittelbefugnis von Behörden verschiedenster Stufen zwischen "Behördenbeschwerde des Bundes", "Kantonsbeschwerde" und "Gemeindebeschwerde" unterschieden werden[367].

---

[366] Verordnung über die Bezeichnung der im Bereich des Umweltschutzes sowie des Natur- und Heimatschutzes beschwerdeberechtigten Organisationen vom 27. Juni 1990 (VBO; SR 814.076 [Stand am 30. Juni 1998]). Die Aufnahme der beschwerdeberechtigten Organisationen in die bundesrätliche Verordnung hat allerdings nur deklaratorische Bedeutung, weshalb einer ideellen Organisation bereits mit Erfüllen der gesetzlichen Voraussetzungen nach Art. 12 NHG bzw. nach Art. 55 USG die Beschwerdeberechtigung zukommt (vgl. KELLER, in: Kommentar NHG, N 13 zu Art. 12; KELLER, S. 1128; KÖLZ/HÄNER, N 593). Der Bundesrat hält in seiner Stellungnahme vom 15. Juni 1998 zur Empfehlung Rochat (Empfehlung 97.3493 vom 9. Oktober 1997) deshalb zu Unrecht fest, dass eine mögliche Sanktionierung eines rechtsmissbräuchlichen Verhaltens von ideellen Organisationen deren Streichung aus der VBO wäre, weil dies impliziert, dass die Bezeichnung der beschwerdeberechtigten Organisationen durch den Bundesrat konstitutive Wirkung aufweist.

[367] GADOLA, Behördenbeschwerde, S. 1458. Im Folgenden wird die von GADOLA präferierte Terminologie verwendet.

2. Die Beschwerdelegitimation von ideellen Verbänden und von Behörden

a. Die Rechtsprechung des Bundesgerichts

Zur besseren Verständlichkeit der folgenden Ausführungen ist vorab der Begriff der *formellen Beschwer* zu klären. Begriffselemente der Beschwerdelegitimation sind insbesondere die materielle und die formelle Beschwer. Die materielle Beschwer erfordert, dass der Beschwerdeführer stärker als die Allgemeinheit betroffen ist und in einer besonderen Beziehung zum Streitgegenstand steht, mithin ein unmittelbares, eigenes und persönliches Interesse am Verfahrensausgang hat; mit diesem Erfordernis soll die verpönte Popularbeschwerde ausgeschlossen werden. Im Gegensatz dazu liegt der – von der herrschenden Lehre und Rechtsprechung ebenfalls geforderten – formellen Beschwer der Gedanke zugrunde, dass nur derjenige beschwert sein kann, welcher sich am vorinstanzlichen Verfahren beteiligt hat und dort mit seinem Begehren nicht (vollumfänglich) durchgedrungen ist. Vom Erfordernis der formellen Beschwer wird allerdings dann abgesehen, wenn die konkrete Verfahrensordnung etwas anderes vorsieht, wenn der Beschwerdeführer erst durch den oberinstanzlichen Entscheid beschwert wird, oder wenn er ohne Verschulden verhindert war, von Anfang an am Verfahren teilzunehmen. Letzteres liegt etwa dann vor, wenn der Beschwerdeführer vom laufenden Verfahren oder vom anfechtbaren Entscheid keine genügende Kenntnis erhielt oder sich über die Folgen der Nichtbeteiligung nicht im Klaren sein konnte[368].

Das Bundesgericht ging in seiner Rechtsprechung zu Art. 12 NHG zunächst davon aus, dass ein erstmaliger Verfahrenseintritt der ideellen

---

[368] Für die Lehre vgl. KÖLZ/HÄNER, N 541 f.; GADOLA, Beteiligung, S. 107 f.; WULLSCHLEGER, Beschwerderecht, S. 361 f. Für die neuere Praxis vgl. etwa BGE 118 Ib 356 ff. (E. 1a) sowie VPB 1995 Nr. 12 (E. I.2.1. und I.2.2.).

V. Der Rechtsschutz

Verbände auch noch im Rahmen der Verwaltungsgerichtsbeschwerde vor Bundesgericht möglich sei, weil die genannte Bestimmung eben nicht vorschreibe, dass der Beschwerdeführer den Instanzenzug im kantonalen Verfahren einzuhalten habe, und dementsprechend kein Erfordernis der formellen Beschwer bestehe[369]. In seinem den Kanton Tessin betreffenden Entscheid "Medeglia" aus dem Jahr 1990 änderte das Bundesgericht jedoch diese Praxis, indem es nunmehr vorschrieb, dass sich die ideellen Organisationen zumindest am letztinstanzlichen kantonalen Rechtsmittelverfahren zu beteiligen hätten, um gemäss Art. 12 NHG bzw. Art. 55 USG zur Beschwerdeerhebung vor Bundesinstanzen zugelassen zu werden[370]. Das Bundesgericht bestätigte diese neue Praxis noch im gleichen Jahr[371] und hielt am Grundsatz der Beteiligungspflicht der ideellen Verbände am letztinstanzlichen kantonalen Verfahren auch weiterhin fest[372].

---

[369] In BGE 109 Ib 214 ff. (E. 2b) führte das Bundesgericht aus: "*Diese Vorschrift [Art. 12 NHG] verlangt in Verbindung mit Art. 98 lit. g OG nur die Letztinstanzlichkeit des angefochtenen kantonalen Entscheids. Wer in einem solchen Fall den kantonalen Instanzenzug durchlaufen hat, ist bei der Sonderregelung von Art. 12 NHG nicht entscheidend.*". Vgl. auch BGE 100 Ib 445 ff. (E. 4), in welchem Entscheid das Bundesgericht die entsprechende Frage allerdings offen liess.

[370] BGE 116 Ib 418 ff. = ZBl 92/1991, 372 ff. In diesem Entscheid musste das Bundesgericht die Frage, ob eine Teilnahmepflicht der Umweltorganisationen auch bereits vor den unteren kantonalen Instanzen besteht, nicht prüfen, da im Fall "Medeglia" der Grosse Rat des Kantons Tessin als einzige kantonale Instanz zu entscheiden hatte. Das Bundesgericht verneinte eine solche Beteiligungspflicht vor den unteren kantonalen Instanzen in BGE 117 Ib 270 ff. (E. 1a und 1b), dies insbesondere vor dem Hintergrund der damals laufenden Partialrevision des NHG (vgl. dazu vorne II.C.4. sowie hinten V.C.2.b.).

[371] BGE 116 Ib 119 ff. (E. 2b) und BGE 116 Ib 465 ff. (E. 2b). In diesen Entscheiden betonte das Bundesgericht allerdings, dass eine rechtzeitige Information der ideellen Vereinigungen Voraussetzung für deren Beteiligung am kantonalen Rechtsmittelverfahren sei. Zu dieser Informationspflicht vgl. auch BGE 118 Ib 1 ff. (E. 2b) sowie GADOLA, Beteiligung, S. 113 ff.

[372] Vgl. etwa BGE 118 Ib 296 ff. (E. 2a), BGE 119 Ib 222 ff. (E. 1b), BGE 121 II 190 ff. (E. 3.c.aa) und BGE 121 II 483 ff.

b. Die neuere gesetzgeberische Entwicklung

Mit der Teilrevision des Natur- und Heimatschutzgesetzes vom 24. März 1995[373] wurde der bisherige Art. 12 NHG, welcher das Beschwerderecht von Gemeinden, Kantonen und gesamtschweizerischen Organisationen umfassend regelte, auf drei Artikel aufgeteilt, indem nunmehr in zwei Artikeln das Beschwerderecht von Gemeinden und Organisationen und in einem Artikel dasjenige von Kantonen und Bundesbehörden behandelt wird[374].

Als wohl herausragendste diesbezügliche Neuerung wurde den *Gemeinden* und *ideellen Verbänden* im Sinn des Erfordernisses der formellen Beschwer die Pflicht auferlegt, sich bereits frühzeitig am Verfahren zu beteiligen, um am weiteren Verfahren als Partei teilnehmen zu dürfen. Der Bundesrat hatte – insbesondere vor dem Hintergrund der oben dargestellten bundesgerichtlichen Rechtsprechung zur Beschwerdelegitimation von ideellen Verbänden – den Eidgenössischen Räten eine entsprechende Gesetzesänderung vorgeschlagen, welche jedoch im Interesse der Verfahrensstraffung und Koordination über die bundesgerichtlichen Vorgaben hinausging, was der Bundesrat wie folgt begründete[375]:

> "Mit dieser neuen Bestimmung sollen die Gemeinden und Organisationen verpflichtet werden, bereits im erstinstanzlichen Verfahren aktiv zu werden. Denkbar wäre allerdings auch eine Lösung, die eine Mitwirkung erst im Rechtsmittelverfahren oder vor der letzten kantonalen Instanz verlangt [Hinweis auf den Bundesgerichtsentscheid "Medeglia"]. Es liegt jedoch im Interesse aller Parteien, dass sämtliche für ein Vorhaben relevanten Aspekte mög-

---

[373] Vgl. vorne II.C.4.
[374] Art. 12 NHG: Beschwerderecht der Gemeinden und Organisationen; Art. 12a NHG: Eröffnung der Verfügung und Verfahrenseintritt; Art. 12b NHG: Beschwerderecht der Kantone und des zuständigen Bundesamts. Vgl. dazu auch BBl 1991 III 1139.
[375] BBl 1991 III 1135 und 1140.

V. Der Rechtsschutz

lichst frühzeitig eingebracht werden. Deshalb ist die Mitwirkungspflicht bereits im erstinstanzlichen Verfahren anderen Lösungen vorzuziehen."

Der Bundesgesetzgeber folgte dem bundesrätlichen Vorschlag und stellte eine differenzierte Regelung auf: Falls das Bundesrecht oder das kantonale Recht[376] vorsieht, dass dem Erlass einer Verfügung ein Einspracheverfahren vorangeht, so haben sich die Gemeinden und ideellen Verbände bereits an diesem Einspracheverfahren zu beteiligen, um nicht ihrer Partei- und Beschwerderechte verlustig zu gehen. Andernfalls genügt es, wenn sie die erstinstanzliche, von kantonalen oder Bundesbehörden erlassene Verfügung angefochten haben; eine Ausnahme von diesem Erfordernis besteht nur dann, wenn die Gemeinden bzw. ideellen Verbände erst durch Anordnungen im Rahmen des Rechtsmittelverfahrens beschwert worden sind[377].

---

[376] Kantonale Verfahrensvorschriften haben allerdings nur soweit Bestand, als dadurch nicht das Bundesrecht – vorliegend das Beschwerderecht von Gemeinden und ideellen Organisationen – vereitelt wird. Eine solche Vereitelung wäre etwa in unzumutbar kurzen Einsprache- und Rechtsmittelfristen zu sehen, welche den Gemeinden und den Verbänden die Wahrnehmung von Partei- und Beschwerderechten verunmöglichen würden. Während der Bundesrat in seiner Botschaft zur Teilrevision des NHG ausführte, dass in der Regel eine Frist von 30 Tagen nicht unterschritten werden sollte (BBl 1991 III 1141), wird in der Literatur die Ansicht vertreten, dass eine (in der Hauptsache bestehende) Frist von weniger als 20 Tagen unzulässig wäre (KELLER, in: Kommentar NHG, N 16 ff., insb. N 17 zu Art. 12a). Vgl. auch ZIMMERMANN, S. 803; BGE 121 II 224 ff. (insb. E. 5), in welchem Entscheid das Bundesgericht – zumindest implizit – eine kantonale Frist von 20 Tagen nicht als Verunmöglichung oder übermässige Erschwerung des bundesrechtlich statuierten Verbandsbeschwerderechts qualifizierte.

[377] Art. 12a Abs. 2 und 3 NHG. Im Rahmen der Partialrevision vom 24. März 1995 wurden zwecks Verfahrensharmonisierung entsprechende Regelungen in das Umweltschutzgesetz (Art. 55 Abs. 4 und 5 USG) und in das Fuss- und Wanderweggesetz (Art. 14 Abs. 3 und 4 FWG) aufgenommen (vgl. BBl 1991 III 1135 und 1145). Vgl. auch KELLER, in: Kommentar NHG, N 4 ff. zu Art. 12a; KELLER, S. 1129 ff., wo er u. a. ausführt, dass bei konflikt- und damit auch beschwerdeträchtigen Projekten mit

Diese neue Regelung stiess in der Lehre – zumindest bezüglich des Verbandsbeschwerderechts von ideellen Verbänden – teilweise auf Zustimmung, teilweise auf Ablehnung: Die Befürworter brachten hauptsächlich vor, dass die formelle Beschwer eine generelle Prozessvoraussetzung darstelle und damit insbesondere auch für die ideellen Organisationen Geltung beanspruche. Dadurch könne nicht nur eine ungebührliche Verfahrensverzögerung und eine Projektverteuerung vermieden werden, sondern es werde eben auch ein wirksamer Gesetzesvollzug und die Durchsetzung des Allgemeininteresses gefördert, indem sich bereits die unteren Entscheidinstanzen ein umfassendes Bild über die Einwände gegenüber dem zu beurteilenden Projekt verschaffen könnten. Demgegenüber argumentierten die Gegner, dass das Erfordernis der frühzeitigen Mitwirkung die ideellen Verbände organisatorisch und finanziell überfordere. Ausserdem gewährleiste das Verbandsbeschwerderecht den rechtsgenügenden Vollzug des materiellen Umweltrechts und diene mithin der Durchsetzung von öffentlichen Interessen, welcher Tatsache die neue Regelung nicht oder nur ungenügend Rechnung trage[378].

Diese Diskussion hat wohl mittlerweile einiges an Brisanz verloren, da die entsprechenden revidierten Gesetzesbestimmungen den politischen Mitwirkungsprozess erfolgreich durchlaufen haben und nunmehr schon einige Jahre in Kraft sind[379]. Das generelle Erfordernis der frühzeitigen

---

der Festlegung eines Einspracheverfahrens, verbunden mit der generellen Teilnahmepflicht an diesem, die Verfahrensdauer insgesamt abnehmen dürfte.

[378] Für die Befürworter vgl. etwa GADOLA, Beteiligung, S. 108 ff. Für die Gegner vgl. BALLENEGGER, S. 216 ff. und 226 f.; WULLSCHLEGER, Beschwerderecht, S. 360 ff.; die Vorauflage von KÖLZ/HÄNER, N 255; ZIMMERMANN, S. 801.

[379] Im erst vor kurzem erschienen GUTACHTEN FLÜCKIGER/MORAND/TANQUEREL wird allerdings darauf hingewiesen, dass Gesuchsteller oftmals wenig Verständnis zeigten für Einsprachen, die von Umweltorganisationen eingereicht würden, obwohl vorgängig eine Verhandlungslösung gefunden worden sei. Diese Rechtswahrungseinsprachen dienten jedoch einzig der Sicherstellung, dass die vereinbarten Umweltschutzmassnahmen Eingang in den behördlichen Entscheid fänden und – sofern

V. Der Rechtsschutz

Verfahrensbeteiligung erscheint m. E. eine taugliche und verhältnismässige Massnahme zur Koordination und Beschleunigung von Verfahren, welche auch den mit der formellen Beschwer verbundenen Mehraufwand für die ideellen Organisationen zu rechtfertigen vermag[380].

Als verfahrensrechtlicher Ausgleich zur Auferlegung der frühzeitigen Beteiligungspflicht von Gemeinden und ideellen Organisationen wurde mit der Teilrevision des Natur- und Heimatschutzgesetzes jedoch die Regelung statuiert, dass die zuständigen Behörden mittels schriftlicher Mitteilung oder durch Veröffentlichung im Bundesblatt oder im kantonalen Publikationsorgan über die geplanten Vorhaben zu informieren haben. Damit sollte - in Anlehnung an die entsprechende bundesgerichtliche Praxis - sichergestellt werden, dass die Gemeinden und ideellen Verbän-

---

notwendig - auf dem Beschwerdeweg durchgesetzt werden könnten. Um die Umweltorganisationen nicht ihrer Beschwerdemöglichkeit zu berauben, sei deshalb gesetzlich vorzusehen, dass auch der erfolgreiche Abschluss von Verhandlungen die formelle Beschwer begründe (GUTACHTEN FLÜCKIGER/ MORAND/TANQUEREL, S. 66, 140 f., 156 f. und 206 ff.).

[380] In diesem Sinn äusserte sich etwa auch die Arbeitsgruppe "Elektrische Anlagen" in ihrem zuhanden der IDAG verfassten Schlussbericht (GESAMTBERICHT IDAG, S. 76): *"Für die Beschwerdeberechtigung der Umweltorganisationen soll diejenige Regelung übernommen werden, die das Parlament im Rahmen der Revision des Natur- und Heimatschutzgesetzes beschliesst, auch wenn die Arbeitsgruppe eher der Meinung ist, dass eine Gleichbehandlung aller Beschwerdeberechtigten angezeigt wäre. Die Tätigkeit der Umweltorganisationen würde durch eine Pflicht zur Teilnahme am erstinstanzlichen Verfahren nicht unbillig behindert und dem Postulat der Beschleunigung der Verfahren könnte ebenfalls Rechnung getragen werden."* In diesem Zusammenhang ist bemerkenswert, dass mit dem neuen Koordinationsgesetz - nach dem Vorbild der mit der Partialrevision vom 24. März 1995 herbeigeführten Regelung gemäss Art. 12a Abs. 2 NHG - das Erfordernis der formellen Beschwer positivrechtlich auf sämtliche Verfahrensbetroffene ausgedehnt wurde, indem nunmehr eine generelle Pflicht besteht, sich bereits am Einspracheverfahren zu beteiligen, ansonsten die Verfahrensbetroffenen ihre Partei- und Beschwerderechte verlieren (Art. 126f Abs. 1 MG; Art. 62e Abs. 1 WRG; Art. 27d Abs. 1 NSG; Art. 16f Abs. 1 EleG; Art. 18f Abs. 1 EBG; Art. 22a Abs. 1 RLG; Art. 37f Abs. 1 LFG). Vgl. dazu auch BBl 1998, 2620 und 2625; MARTI, Botschaft, S. 185.

de ihre Partei- und Beschwerderechte tatsächlich auch wahrnehmen können, indem sie von den für sie relevanten Projekten entweder durch individuelle Mitteilung oder durch kollektive Publikation rechtzeitig Kenntnis erhalten[381], was gerade auch vom Bundesrat in seiner Botschaft betont wurde[382]:

> "Untrennbar mit dieser Verpflichtung [Pflicht zur frühzeitigen Verfahrensbeteiligung] verknüpft und für die Verwirkungsfolge unabdingbare Voraussetzung ist die Pflicht der zuständigen Behörden, diese Parteien in überblickbarer Weise über die geplanten Vorhaben zu informieren."

Weiter wurde anlässlich der Partialrevision vom 24. März 1995 in Art. 12b Abs. 1 NHG die *Kantonsbeschwerde* gegen – in Erfüllung einer Bundesaufgabe ergangene[383] – Verfügungen von Bundesbehörden festgeschrieben, was allerdings keine Neuerung darstellte, sondern vielmehr dem bisher geltenden Recht entsprach[384]. Anders als bei der Gemeindebeschwerde wurde den Kantonen dabei keine Verpflichtung auferlegt, wonach sie sich im Sinn der formellen Beschwer bereits frühzeitig an einem Beschwerdeverfahren zu beteiligen hätten. Trotzdem wird seitens der Lehre gefordert, dass die Kantone – im Interesse der Verfahrensökonomie und in Anlehnung an die vom Bundesgericht mit dem Entscheid "Medeglia" ent-

---

[381] Art. 12a Abs. 1 und 2 NHG. Auch diesbezüglich wurden entsprechende Regelungen in das Umweltschutzgesetz und in das Fuss- und Wanderweggesetz aufgenommen (vgl. dazu FN 377). Vgl. auch KELLER, in: Kommentar NHG, N 12 f. zu Art. 12a; KELLER, S. 1131; FN 371 (betreffend die bundesgerichtliche Praxis zur rechtsgenügenden Information von ideellen Organisationen).
[382] BBl 1991 III 1135 und 1140.
[383] Zu diesem Erfordernis vgl. KÖLZ/HÄNER, N 584; KELLER, in: Kommentar NHG, N 4 zu Art. 12; KELLER, S. 1126 f.
[384] Art. 12 Abs. 2 aNHG; BBl 1991 III 1141; KELLER, in: Kommentar NHG, N 1 zu Art. 12b.

V. Der Rechtsschutz

wickelte Praxis – spätestens vor der Vorinstanz des Bundesgerichts bzw. des Bundesrats als Partei in das Verfahren einzutreten haben[385].

Als Gegenstück zur soeben besprochenen Kantonsbeschwerde gegen Verfügungen von Bundesbehörden wurde in Art. 12b Abs. 2 NHG die *Behördenbeschwerde des Bundes* gegen kantonale Verfügungen statuiert, wobei diesbezüglich – im Gegensatz zur Kantonsbeschwerde – auch echte Neuerungen mit der Gesetzesrevision verbunden waren. So fand einerseits aus Gründen der Rechtsharmonisierung eine Delegation der Beschwerdebefugnis vom bisher zuständigen Departement an das jeweils kompetente Bundesamt statt[386]. Anderseits wurde dem zuständigen Bundesamt das Recht eingeräumt, bereits am Verfahren vor den unteren und mittleren kantonalen Instanzen teilzunehmen, was auch als integrales Behördenbeschwerderecht bezeichnet wird[387].

---

[385] KELLER, in: Kommentar NHG, N 4 zu Art. 12b.
[386] Bisher war das Departement aufgrund der allgemeinen Regelung von Art. 103 lit. b OG beschwerdebefugt. Mit der Delegation des Beschwerderechts auf Stufe Bundesamt wurde eine Harmonisierung mit den entsprechenden Bestimmungen im Raumplanungsrecht (Art. 27 Abs. 3 der Verordnung über die Raumplanung vom 2. Oktober 1989 [RPV; SR 700.1]) und im Waldgesetz (Art. 46 Abs. 2 WaG) angestrebt. Vgl. BBl 1991 III 1141 sowie KELLER, in: Kommentar NHG, N 2 und 6 zu Art. 12b.
[387] Die *integrale Behördenbeschwerde* ist ein Mittel der Bundesaufsicht und dient insbesondere der Kontrolle der richtigen und einheitlichen Anwendung von Bundesverwaltungsrecht. Der Vorteil dieses Beschwerderechts liegt darin, dass kein letztinstanzlicher kantonaler Entscheid – sofern ein solcher überhaupt ergeht – abgewartet werden muss (vgl. Art. 103 lit. b OG); zudem kann der Bund auf seine allgemeinen aufsichtsrechtlichen Mittel im Rahmen der Verbandsaufsicht verzichten, womit die Verfahrens- und Organisationsautonomie der Kantone gewahrt bleibt. Vgl. BBl 1991 III 1141; GADOLA, Behördenbeschwerde, S. 1462 f.; KELLER, in: Kommentar NHG, N 2 und 7 f. zu Art. 12b; KÖLZ/HÄNER, N 581 f.

c. Das Bundesgesetz über die Koordination und Vereinfachung von Entscheidverfahren

Im Rahmen der Vorarbeiten zum neuen Koordinationsgesetz sah sich die IDAG veranlasst, neben dem bereits besprochenen Bereinigungsverfahren[388] auch das Instrument der *Behördenbeschwerde des Bundes* zu prüfen, weil sich zeigte, dass die Vorstellungen über die konkrete Ausgestaltung des Bereinigungsverfahrens weit auseinander gingen und die Diskussionen entsprechend kontrovers geführt wurden. Dabei kam die Mehrheit der IDAG zum Schluss, dass ein Behördenbeschwerderecht der Einführung eines formalisierten Bereinigungsverfahrens vorzuziehen sei, wobei das Beschwerderecht jedoch nicht sämtlichen am konzentrierten Entscheidverfahren mitwirkenden Bundesbehörden, sondern bloss den ersetzten Nebenbewilligungsbehörden eingeräumt werden sollte. Dies wurde im Gesamtbericht wie folgt begründet[389]:

> "Eine derartige Behördenbeschwerde sollte dabei – als Alternative zum oben dargestellten Bereinigungsverfahren – sicherstellen, dass jene Bundesbehörden, die ohne konzentrierte Verfahrensgestaltung Bewilligungsbehörden wären, mit qualifizierten Mitteln dafür Sorge tragen können, dass den von ihnen in materieller Hinsicht zu betreuenden Belangen auch im Konzentrationsentscheid in hinreichendem Masse Rechnung getragen wird. Das Behördenbeschwerderecht soll für diese Behörden demnach einen möglichst wirksamen Ausgleich für den Verlust der eigenen Bewilligungskompetenz bzw. den Verzicht auf einen expliziten Zustimmungsvorbehalt schaffen. (...)
>
> Das erstinstanzliche Verfahren dürfte sich ohne den zusätzlichen Verfahrensschritt eines formalisierten Bereini-

---

[388] Vgl. vorne III.C.2.c. und III.C.3.
[389] GESAMTBERICHT IDAG, S. 254 ff. Vgl. auch KÄGI-DIENER, S. 698, welche im Behördenbeschwerderecht ein adäquates Mittel zur materiellen Koordination und zur Kontrolle der Konzentrationsbehörde sieht.

V. Der Rechtsschutz

gungsverfahrens rascher und von der Konzeption her einfacher abwickeln lassen. Das Wissen um die gegebene Beschwerdemöglichkeit dürfte zudem wesentlich dazu beitragen, dass die Konzentrationsbehörde den Anträgen der Schutzbehörde das erforderliche Gewicht beimessen wird, muss sie sich doch bewusst sein, dass ihr Entscheid – sollte sie sich ohne wirklich triftige Gründe, mithin leichtfertig und mit entsprechend schwacher Begründung über die Anträge der beschwerdeberechtigten Fachbehörde hinwegsetzen – mit Sicherheit angefochten werden wird. In einem allfälligen Rechtsmittelverfahren muss die Konzentrationsbehörde die Sach- und Rechtsrichtigkeit des von ihr ausgefällten Gesamtentscheids jedoch nach allen Richtungen hin vertreten können."

Allerdings vertrat eine Minderheit in der IDAG die Auffassung, dass die Einführung eines solchen Behördenbeschwerderechts die Konflikte in zunehmendem Masse auf die Ebene der Justiz verlagern würde und dies der Rechtssicherheit abträglich wäre. Im Sinn einer fruchtbaren Zusammenarbeit unter den Bundesbehörden sollten allfällige Meinungsverschiedenheiten nicht vor Justizbehörden ausgetragen werden müssen, sondern vielmehr innerhalb der Verwaltung einer Lösung zugeführt werden, was zusätzlich den Vorteil der Verfahrensbeschleunigung aufweise[390]. Weiter galt es zu bedenken, dass mit der zur Diskussion gestellten Behördenbeschwerde insofern verfahrensrechtliches Neuland beschritten würde, als Verwaltungseinheiten des Bundes im Rahmen eines auf Bundesebene konzentrierten Entscheidverfahrens neu auch Verfügungen anderer Bun-

---

[390] GESAMTBERICHT IDAG, S. 255 f. Während einige projektspezifischen Arbeitsgruppen das Beschwerderecht von Bundesbehörden als mögliche Alternative zum Bereinigungsverfahren betrachteten, wurde es von der Arbeitsgruppe "Wasserkraftwerke" in ihrem Schlussbericht explizit abgelehnt, dies u. a. mit dem Hinweis, dass die Konzentration von Verfahren nur Sinn mache, wenn die Gesamtentscheide eine hohe Rechtsmittelbeständigkeit gewährleisten würden und mithin keiner nachträglichen Korrektur bedürften (GESAMTBERICHT IDAG, S. 171).

desbehörden anfechten könnten[391]. Diese Problematik wurde von der IDAG wohl erkannt, aber als Argument gegen die Einführung eines entsprechenden Instruments für nicht bzw. zu wenig stichhaltig befunden[392]. Weder der Bundesrat noch die Eidgenössischen Räte folgten allerdings der Empfehlung der IDAG zur Einführung eines Behördenbeschwerderechts des Bundes. Vielmehr entschied sich der Bundesgesetzgeber bei der Ausgestaltung des Koordinationsgesetzes für ein formalisiertes Bereinigungsverfahren[393], was m. E. sachgerecht erscheint. Das vorgeschlagene Behördenbeschwerderecht des Bundes wäre nicht nur systemwidrig gewesen, sondern hätte auch den verwaltungsrechtlichen Grundsatz, wonach Behörden innerhalb der gleichen Verwaltungshierarchie nicht gegeneinander prozessieren sollen, umgestossen[394]. Zudem dürfte das gewählte Bereinigungsverfahren, verbunden mit dem verbesserten Rechtsschutz[395], ein mindestens ebenso effektives Mittel zur Verhinderung von sachlich oder rechtlich unhaltbaren Entscheiden der Konzentrationsbehörde darstellen und auch dem Aspekt der Verfahrensbeschleunigung besser Genüge leisten.

---

[391] Das bisher bestehende Behördenbeschwerderecht des Bundes diente insbesondere der Kontrolle von *kantonalen* Entscheiden bezüglich richtiger und einheitlicher Anwendung von Bundesverwaltungsrecht (vgl. FN 387 sowie GADOLA, Behördenbeschwerde, S. 1459 ff.). Vor diesem Hintergrund implizierte das von der IDAG propagierte Instrumentarium eine erhebliche Systemwidrigkeit, weil dieses Beschwerderecht nicht dem Bund als rechtsfähigem öffentlichrechtlichen Verwaltungsträger, sondern den Nebenbewilligungsbehörden als solchen zur Anfechtung von Konzentrationsentscheiden des gleichen Rechtssubjekts eingeräumt werden sollte. Vgl. dazu auch vorne V.C.1.

[392] GESAMTBERICHT IDAG, S. 255 und 257. In diesem Sinn wohl auch KÄGI-DIENER, S. 698.

[393] Vgl. vorne III.C.2.c. und III.C.3. Bereits anlässlich der Ausarbeitung des Bundesbeschlusses über das Plangenehmigungsverfahren für Eisenbahn-Grossprojekte (vgl. dazu vorne II.C.2.c.) wurde ein entsprechendes Beschwerderecht von Bundesbehörden geprüft, doch verwarf der Bundesrat dieses insbesondere aufgrund der Tatsache, dass damit verwaltungsprozessrechtliches Neuland beschritten würde (BBl 1991 I 1016 f.).

[394] Vgl. FN 391; KÖLZ/HÄNER, N 580; GADOLA, Behördenbeschwerde, S. 1460.

[395] Vgl. vorne V.B.1.c., V.B.2. und V.B.3.

V. Der Rechtsschutz

Das Behördenbeschwerderecht des Bundes fand im neuen Koordinationsgesetz aber insoweit Behandlung, als dieses Instrument für das gesamte Umweltrecht vereinheitlicht wurde. Nach dem Vorbild der bereits bestehenden Regelung im Natur- und Heimatschutzgesetz sowie im Waldgesetz[396] wurde nunmehr auch im Anwendungsbereich des Umweltschutzgesetzes, des Gewässerschutzgesetzes und des Fischereigesetzes ein integrales Behördenbeschwerderecht des Bundes gegen kantonale Entscheide verankert, welches durch das BUWAL ausgeübt werden kann[397]. Zudem wurde im Eisenbahngesetz und im Luftfahrtgesetz ein Behördenbeschwerderecht des zuständigen Bundesamts gegen kantonale Verfügungen betreffend Eisenbahn- bzw. Flugplatz-Nebenanlagen verankert[398].

Nicht zur Disposition stand das *Verbandsbeschwerderecht von ideellen Organisationen*. Vielmehr wurde bereits anlässlich der Vorarbeiten zum neuen Koordinationsgesetz festgelegt, dass die Einsprachelegitimation von ideellen Verbänden im bisherigen Rahmen gewahrt bleiben sollte[399]. Dementsprechend erwähnte der Bundesrat das Verbandsbeschwerderecht weder in seiner Botschaft zum Bundesgesetz über die Koordination und Vereinfachung von Entscheidverfahren noch in den parlamentarischen Beratungen. Trotzdem wurde die ideelle Verbandsbeschwerde im Ratsplenum verschiedentlich thematisiert. Besonders dezidiert äusserte sich Nationalrat Scherrer (FPS) in der Eintretensdebatte zum Koordinationsgesetz[400]:

---

[396] Vgl. vorne V.C.2.b.
[397] Art. 56 Abs. 1 USG; Art. 67a Abs. 1 GSchG; Art. 26a Abs. 1 BGF. Vgl. auch BBl 1998, 2649.
[398] Art. 18m Abs. 3 EBG; Art. 37m Abs. 4 LFG. Vgl. auch BBl 1998, 2636 und 2647.
[399] GESAMTBERICHT IDAG, S. 16 und 22.
[400] Amtl.Bull. NR 1999, 51 f. Vgl. dazu auch das Votum von Nationalrat Wiederkehr (LdU), in welchem dieser die Verzögerung von Baubewilligungen aufgrund von Verbandsbeschwerden in Abrede stellt und vielmehr auf deren hohe Erfolgsquote vor Bundesgericht hinweist (Amtl.Bull. NR 1999, 54).

> "Das zweite Hindernis, das ich als das noch grössere bezeichne, sind die Verbandsbeschwerderechte. Die Verbandsbeschwerderechte müssen weg – schlicht und einfach weg! (...) Darum müssen diese Verbandsbeschwerderechte fallen, sonst bleibt dieses Bundesgesetz in den grössten Teilen reine Makulatur."

Solche kritische Voten zur ideellen Verbandsbeschwerde wurden allerdings nur sehr vereinzelt abgegeben und führten zu keinerlei weitergehenden Diskussionen im Plenum, weshalb die (implizite) bundesrätliche Absicht, dass mit dem Koordinationsgesetz nicht am Verbandsbeschwerderecht gerüttelt werden sollte, in den Eidgenössischen Räten weitgehend unbestritten blieb[401]. Eine inhaltliche Diskussion über das Verbandsbeschwerderecht fand im Rahmen der parlamentarischen Debatte dennoch – wenn auch nur am Rande – statt. Nationalrätin Nabholz beantragte dem Plenum, dass die Regelung von Art. 12a Abs. 1 NHG betreffend die Eröffnung von Verfügungen an beschwerdeberechtigte Gemeinden und ideelle Verbände[402] um die Bestimmung erweitert werden sollte, wonach die Dauer der Veröffentlichung in der Regel 30 Tage betrage. Ihren Antrag begründete sie wie folgt[403]:

> "Im Jahre 1995, als wir das NHG revidiert haben, hat man auf die Festlegung einer Frist für die Veröffentlichung von Verfügungen oder Gesuchen mit Blick auf die kantonale Verfahrenshoheit verzichtet. (...)
> Wenn man unsere einzelnen kantonalen Regelungen anschaut, dann fällt auf, dass in einer ganzen Reihe von Kantonen Fristen von zum Teil nur zehn Tagen gelten. (...)
> Ich denke deshalb, dass es, wenn wir hier zu vereinheitlichen und koordinieren versuchen, der Moment wäre, et-

---

[401] Vgl. auch ZIMMERLI, S. 147, welcher explizit darauf hinweist, dass im Rahmen des Koordinationsgesetzes die Beschwerdebefugnis der Umweltverbände vollumfänglich gewährleistet bleibt.
[402] Vgl. dazu oben V.C.2.b.
[403] Amtl.Bull. NR 1999, 57 f.

V. Der Rechtsschutz 157

> was nachzubessern, das man 1995 mit der NHG-Revision aus damals sicher erwägenswerten Gründen der kantonalen Hoheit überlassen hat. Dies hat sich aber nicht bewährt – und was sich nicht bewährt, gehört korrigiert. Ich möchte noch erwähnen, dass die kurze Frist in vielen Kantonen leider dazu führt – im Gegensatz zur Absicht, die Raschheit des Verfahrens zu garantieren –, dass sehr viele vorsorgliche Beschwerden ohne substantielle Aktenkenntnis eingereicht werden, damit man nichts verpasst. Dadurch wird das Verfahren beschwert und verlängert und nicht dadurch, dass man eine vernünftige, landesübliche Frist von 30 Tagen für all jene Fälle einführt, bei denen es eigentlich um Rechtsfragen etwas komplizierterer Natur geht."

Sowohl die nationalrätlichen Berichterstatter wie auch Bundesrat Leuenberger empfahlen der Grossen Kammer jedoch Ablehnung dieses Antrages, dies insbesondere unter Hinweis auf die Kompetenzausscheidung zwischen Bund und Kantonen sowie auf die erst vor geraumer Zeit erfolgte Revision des Natur- und Heimatschutzgesetzes. Trotzdem folgte das Plenum dem Antrag Nabholz[404], und der Ständerat schloss sich im Rahmen der Differenzbereinigung diesem Beschluss an[405]. Diese Gesetzesänderung erscheint m. E. wenig befriedigend, da nicht nur unnötigerweise in kantonale Kompetenzen eingegriffen[406], sondern auch die mit der

---

[404] Amtl.Bull. NR 1999, 58. Der Antrag Nabholz wurde mit 76 zu 58 Stimmen angenommen.

[405] Amtl.Bull. StR 1999, 440. Der Berichterstatter des Ständerats thematisierte in seinem Votum zudem die sprachliche Problematik der vorgeschlagenen Bestimmung, was von der Redaktionskommission reklamiert worden war. Dementsprechend lautet die endgültige Fassung von Art. 12a Abs. 1 Satz 2 NHG: "Die öffentliche Auflage dauert in der Regel 30 Tage."

[406] Wie in FN 376 erläutert, besteht bezüglich des Verbots der Vereitelung von Bundesrecht eine klare Rechtslage, weshalb sich die Kantone der Problematik bewusst sein und – sofern notwendig – entsprechende Gesetzesanpassungen vornehmen dürften (in diesem Sinn äusserte sich auch der nationalrätliche Berichterstatter Baumber-

Partialrevision vom 24. März 1995 angestrebte – und notabene erst seit 1. Februar 1996 in Kraft stehende – Harmonisierung des Verbandsbeschwerderechts teilweise wieder zunichte gemacht wurde[407].

3. Die ideelle Verbandsbeschwerde als politischer Dauer(b)renner

Die ideelle Verbandsbeschwerde ist seit ihrer erstmaligen Einführung mit dem Natur- und Heimatschutzgesetz vom 1. Juli 1966 politisch äusserst umstritten geblieben. Bereits RIVA weist in seiner aus dem Jahr 1980 stammenden Arbeit auf zahlreiche politische Vorstösse hin, mit welchen das Verbandsbeschwerderecht eingeschränkt oder gar aufgehoben werden sollte[408]. Daran hat sich auch in neuerer und neuster Zeit nichts geändert: So forderte etwa Nationalrat Fehr (SVP) in einer von 85 Parlamentariern mitunterzeichneten Motion vom 20. Juni 1997 die Aufhebung des Verbandsbeschwerderechts im Planungs- und Baubereich[409]. Das gleiche Ziel verfolgte auch eine von der Freiheitspartei lancierte eidgenössische Volksinitiative "für die Aufhebung des Verbandsbeschwerderechts auf Bundesebene", welche bei der Bundeskanzlei am 9. Dezember 1997 zur Vorprüfung eingereicht worden war, in der Folge allerdings nicht innert Frist zustande kam[410]. Auch der erwähnten Motion Fehr war kein Erfolg beschieden: In der Sommersession 1999 musste nach einer äusserst hitzigen Diskussion im Nationalrat die Beratung der Motion unterbrochen werden, weil das notwendige Quorum gemäss Art. 159 Abs. 1 BV nicht (mehr) erreicht wurde, nachdem verschiedene – die Motion befürwortende – Parlamentarier entweder den Nationalratssaal ver-

---

ger [Amtl.Bull. NR 1999, 58]). Zudem kann die Vereitelung von Bundesrecht infolge unzulässig kurzer kantonaler Fristen vor jeder Instanz gerügt werden.

[407] Zur Wahrung der Einheitlichkeit hätten auch Art. 55 Abs. 4 USG und Art. 14 Abs. 3 FWG entsprechend angepasst werden müssen. Zur Harmonisierung vgl. FN 377.

[408] RIVA, S. 171 f.

[409] Motion 97.3360 (abgedruckt in Amtl.Bull. NR 1999, 1205 f.).

[410] BBl 1998, 36 ff.; BBl 1999, 5427.

V. Der Rechtsschutz

lassen hatten oder bei der Feststellung des Quorums nicht mitwirkten[411]. Am folgenden Tag wurde ein Ordnungsantrag auf Fortsetzung der Beratung von einer knappen Ratsmehrheit abgelehnt[412], womit die Motion gescheitert war. Bereits Ende August 1999 reichte Nationalrat Fehr erneut einen von 84 Nationalräten mitunterzeichneten Vorstoss zur Abschaffung des Verbandsbeschwerderechts ein (nunmehr in der Form einer parlamentarischen Initiative), welcher voraussichtlich ab Mitte 2000 im Ratsplenum behandelt werden dürfte[413].

Die Argumente für und wider das Beschwerderecht von ideellen Verbänden sind seit dessen Einführung vor mehr als 30 Jahren in etwa die gleichen geblieben. Angesichts der langjährigen Auseinandersetzung erstaunt es denn auch nicht weiter, dass diese Thematik in der juristischen Literatur und in der politischen Diskussion bereits eine beachtliche Behandlung erfahren hat[414], weshalb sie im Rahmen dieser Arbeit keiner erneuten grundsätzlichen Erörterung bedarf. Im Folgenden soll lediglich ein kurzer Überblick über die Hauptargumente von Gegnern und Befürwortern der ideellen Verbandsbeschwerde geliefert werden.

---

[411] Amtl.Bull. NR 1999, 1213. Dieses Vorgehen veranlasste etwa Nationalrat Suter (FDP) zu folgendem Votum: *"Das ist schon ein Tiefpunkt des Demokratieverständnisses und der politischen Kultur. Die Leute, die hier nicht anwesend waren, waren draussen in der Wandelhalle. (...) Ich finde das unglaublich und eines Parlamentes nicht würdig."*

[412] Amtl.Bull. NR 1999, 1230. Der Ordnungsantrag wurde mit 76 zu 85 Stimmen abgelehnt.

[413] Parlamentarische Initiative 99.442. Text und Begründung der Initiative sind praktisch identisch mit der gescheiterten Motion. Vgl. dazu auch NZZ vom 9. Mai 2000, Nr. 107, S. 14.

[414] Für die juristische Literatur vgl. etwa RIVA, insb. S. 171 ff.; KÖLZ, insb. S. 59 ff.; HÄNNI, S. 56; MARTI, Verfahrensvereinfachung, S. 71; MARTI, Botschaft, S. 187; Plädoyer 2/98, S. 12 f. ("Irreführung mit ungenauen Zahlen"); GUTACHTEN FLÜCKIGER/MORAND/TANQUEREL. Für die politische Diskussion vgl. etwa die schriftliche Stellungnahme des Bundesrats vom 22. September 1997 zur Motion Fehr (abgedruckt in Amtl.Bull. NR 1999, 1206 f.) sowie die – teilweise äusserst gehässige – Beratung der gleichnamigen Motion im Nationalrat (Amtl.Bull. NR 1999, 1207 ff.).

Die ablehnende Haltung lässt sich in der Hauptsache auf das Argument der volkswirtschaftlichen Schädlichkeit des Verbandsbeschwerderechts reduzieren, wie dies etwa in der Begründung der Motion Fehr anschaulich zum Ausdruck gelangt:[415]

> "Das Verbandsbeschwerderecht, insbesondere jenes der Umweltschutzorganisationen, das vor über 25 Jahren auf Bundesebene eingeführt wurde, erweist sich immer mehr als folgenschwerer Hemmschuh für unsere Wirtschaft, für unser Gewerbe und die Arbeitsplätze.
> Dringend nötige Bauvorhaben im öffentlichen und privaten Bereich werden durch Verbandsbeschwerden, die wie ein Vetorecht wirken, oft über Jahre hinaus verzögert, blockiert oder sogar verhindert. Verbandsbeschwerden setzen oftmals die Entscheide von demokratisch gewählten Behörden oder des Volkes ausser Kraft. Dies ist sowohl aus wirtschaftlicher als auch aus rechtsstaatlicher Sicht unhaltbar.
> Die Verbände haben in der Regel einen sehr langen Atem; sie ziehen die Beschwerden nicht selten bis ans Bundesgericht. Investoren werden unter Druck gesetzt und mit Beschwerdedrohungen geradezu erpresst, damit Bauvorhaben in ihrem Sinne ausgeführt oder verhindert werden. Den Schaden haben die öffentlichen und privaten Investoren, die Gewerbetreibenden, also jene Leute, die arbeiten, Arbeitsplätze schaffen und Steuern bezahlen.
> Die oft willkürliche Verzögerungs- und Verhinderungspraxis von Verbänden wirkt sich in wirtschaftlich schwierigen Zeiten besonders verheerend aus."

Im Gegensatz dazu argumentieren die Befürworter, dass nur das Verbandsbeschwerderecht die Einhaltung der – sonst nicht vertretenen –

---

[415] Motion 97.3360 (abgedruckt in Amtl.Bull. NR 1999, 1205). Ebenso etwa die Voten der Nationalräte Scherrer (FPS; vgl. Amtl.Bull. NR 1999, 1208 f.), Giezendanner (SVP; vgl. Amtl.Bull. NR 1999, 1209 f.) und Borer (SVP; vgl. Amtl.Bull. NR 1999, 1210).

V. Der Rechtsschutz

Schutzinteressen zu gewährleisten vermöge, dies insbesondere vor dem Hintergrund der relativ offen gehaltenen Normierung im Planungs-, Bau- und Umweltrecht. Zudem rührten die Bauverzögerungen im Allgemeinen nicht von den Beschwerden der ideellen Organisationen her, da diese im Vergleich zu Einsprachen bzw. Beschwerden von privater Seite quantitativ kaum ins Gewicht fielen und vor (Bundes-)Gericht eine überdurchschnittliche Erfolgsquote aufwiesen; gerade letzteres, nämlich die Wirksamkeit des Verbandsbeschwerderechts, sei denn auch der Grund, weshalb dieses auf politischer Ebene so vehement bekämpft werde[416].

M. E. verdient die Argumentation der Befürworter des Verbandsbeschwerderechts grundsätzlich Zustimmung, was allerdings angesichts der Tatsache, dass in der juristischen Literatur diesbezüglich weitgehend Einigkeit herrscht, auch nicht weiter erstaunen dürfte. Einerseits stellt das Verbandsbeschwerderecht ein wichtiger Garant für die Durchsetzung des materiellen Umweltrechts dar. Wem letzteres – das materielle Umweltrecht – widerstrebt, der sollte dies auch offen deklarieren und konsequenterweise auf einen diesbezüglichen Regelungsabbau hinwirken und nicht den Ausweg über eine Beschneidung des verfahrensrechtlichen

---

[416] RIVA, S. 172 ff.; KÖLZ, S. 60 f.; BALLENEGGER, S. 224 ff.; MARTI, Verfahrensvereinfachung, S. 71, der zudem betont, dass man sich bezüglich der Abschaffung des Verbandsbeschwerderechts keine Illusionen machen dürfe, da oftmals auch legitimierte Privatpersonen an die Stelle der Umweltorganisationen treten könnten; MARTI, Botschaft, S. 187.; schriftliche Stellungnahme des Bundesrats vom 22. September 1997 zur Motion Fehr (abgedruckt in Amtl.Bull. NR 1999, 1206 f.); Voten von Nationalrätin Teuscher (Amtl.Bull. NR 1999, 1207 f.), Nationalrätin Semadeni (SPS; Amtl.Bull. NR 1999, 1208) sowie Nationalrätin Genner (GPS; Amtl.Bull. NR 1999, 1210 f.). Im GUTACHTEN FLÜCKIGER/MORAND/ TANQUEREL wird dargelegt, dass im Zeitraum zwischen 1996 und 1998 nur ungefähr ein Prozent der vom Bundesgericht behandelten Verwaltungsgerichtsbeschwerden von Umweltorganisationen stammten, jedoch 63 Prozent dieser Beschwerden vom höchsten nationalen Gericht ganz oder teilweise gutgeheissen wurden, während die durchschnittliche Erfolgsquote nur bei rund 18 Prozent liegt (GUTACHTEN FLÜCKIGER/MORAND/TANQUEREL, S. 87 f.).

Durchsetzungsinstrumentariums suchen[417]. Anderseits dürfte das Argument der Gegner, dass das Verbandsbeschwerderecht eine der Hauptursachen für Projektverzögerungen sei, nur in den seltensten Fällen tatsächlich zutreffen, was sowohl in der schriftlichen Stellungnahme des Bundesrats zur Motion Fehr[418] als auch im Gutachten Flückiger/Morand/Tanquerel[419] anhand von konkreten Beispielen belegt wurde.

Allerdings – und dies sei betont – bedeutet die grundsätzliche Befürwortung des Verbandsbeschwerderechts nicht, dass durchaus bestehende Probleme im Zusammenhang mit diesem Instrumentarium nicht erkannt würden. Allein schon die Tatsache, dass die Motion bzw. die parlamentarische Initiative Fehr 85 bzw. 84 Mitunterzeichnende auf sich zu vereinigen vermochte, verdeutlicht, dass gegenüber dem Verbandsbeschwerderecht ein breites Unbehagen besteht. Wenn mehr als 40 % der Mitglieder der Grossen Kammer einen Vorstoss zur Abschaffung des Verbandsbeschwerderechts unterstützen, so kann dies nicht (mehr) als Einzelaktion einiger weniger politischer Hardliner und Baulobbyisten abgetan werden, sondern verdient vielmehr einer sachlichen Erörterung[420]. Dabei stehen

---

[417] In diesem Sinn auch RIVA, S. 179, das Votum von Nationalrat David (CVP) anlässlich der Beratung der Motion Fehr (vgl. Amtl.Bull. NR 1999, 1212) sowie ein Kommentar in der NZZ vom 4./5. März 2000, Nr. 54, S. 13.

[418] Zit. in FN 414. Der Bundesrat weist in diesem Zusammenhang darauf hin, dass ein massgeblicher Faktor für Verfahrensverzögerungen die mangelnde Koordination der verschiedenen Bewilligungs- und Genehmigungsverfahren sei. Diesbezüglich werde jedoch mit dem neuen Koordinationsgesetz – zumindest für den Bereich der bundesrechtlichen Entscheidverfahren – Abhilfe geschaffen.

[419] GUTACHTEN FLÜCKIGER/MORAND/TANQUEREL, S. 124 ff.

[420] In der Beratung der Motion Fehr zeigte sich, dass verschiedentlich auch eher "gemässigte" Politiker ihre Unterstützung der Motion mit den negativen Praxiserfahrungen begründeten (vgl. etwa die Voten der Nationalräte Heim [CVP; Amtl.Bull. NR 1999, 1209] und Theiler [FDP; Amtl.Bull. NR 1999, 1211]); ebenso räumte ein Befürworter des Verbandsbeschwerderechts ein, dass das Beschwerdeverfahren auch seine negativen Seiten habe (Votum von Nationalrat David [Amtl.Bull. NR 1999, 1212]).

V. Der Rechtsschutz 163

m. E. zwei Ansatzpunkte im Vordergrund: Einerseits sollte der Gesetzgeber sein Augenmerk nicht nur auf Verbesserungen im Bereich des Verfahrensrechts richten, sondern ebenso für eine bessere Harmonisierung der verschiedenen materiellrechtlichen Umweltnormen sorgen. Dadurch könnten Rechtsunsicherheiten vermieden bzw. beseitigt werden, was zwangsläufig auch zu weniger Rechtsstreitigkeiten – und mithin zu weniger Verbandsbeschwerden – führte[421]. Anderseits sollten die gesamtschweizerischen ideellen Vereinigungen noch vermehrt darauf achten, dass sie keine Fundamentalopposition betreiben, sondern die Schutzinteressen auf konstruktive Art und Weise vertreten[422]. Gerade bei der derzeitigen politischen Grosswetterlage ist es im ureigenen Interesse der ideellen Vereinigungen, dass sie ihrem Ruf als ewige Verhinderer entschieden entgegentreten und dies mittels verstärkter Öffentlichkeitsarbeit

---

[421] In diesem Sinn argumentierten anlässlich der parlamentarischen Beratung der Motion Fehr sowohl Gegner wie Befürworter des Verbandsbeschwerderechts (vgl. die Voten der Nationalräte Borer [Amtl.Bull. NR 1999, 1210] und David [Amtl.Bull. NR 1999, 1213]). Zur Harmonisierung im materiellen Umweltrecht vgl. SCHMITZ, S. 176 f.; KARLEN; ROBERT WOLF, Auswirkungen des Lärmschutzrechts auf Nutzungsplanung und Baubewilligung, AJP 1999, S. 1055 ff. Im GUTACHTEN FLÜCKIGER/MORAND/TANQUEREL wird ausgeführt, dass das Umweltrecht viele Zielnormen und unbestimmte Rechtsbegriffe enthalte, was teilweise Rechtsunsicherheiten mit sich bringe. Eine stärkere Bestimmtheit des Umweltrechts sei allerdings nur punktuell, nicht aber grundsätzlich erreichbar (GUTACHTEN FLÜCKIGER/MORAND/TANQUEREL, S. 206 f. und 238 f.; vgl. dazu auch MORAND, S. 249 ff.).

[422] Damit ist aber nicht gemeint, dass die ideellen Vereinigungen ihrer Aufgabe als Vertreterinnen des öffentlichen Interesses nicht mehr oder nur noch teilweise nachkommen. Vielmehr geht es um ein möglichst frühzeitiges sowie konstruktives Zusammenwirken mit Bauherrschaft, Behörden und weiteren Beteiligten zur Herbeiführung einer gesetzeskonformen und allseits befriedigenden Lösung. In diesem Sinn wird im GUTACHTEN FLÜCKIGER/MORAND/TANQUEREL vorgeschlagen, dass zur Förderung von Verhandlungslösungen eine Verhandlungscharta zu schaffen sei, an welcher sich alle Beteiligten bezüglich der Abwicklung von Vergleichsverhandlungen zu orientieren hätten (GUTACHTEN FLÜCKIGER/MORAND/TANQUEREL, S. 230 ff. und 239). Vgl. dazu auch einen Bericht in der NZZ vom 11. April 2000 (Nr. 86, S. 15), in welchem u. a. die Rolle von ideellen Vereinigungen thematisiert wird.

auch kommunizieren[423], ansonsten sie Gefahr laufen, ihres Beschwerderechts vollumfänglich verlustig zu gehen.

D. Die missbräuchliche Beschwerdeführung

Im Gesamtbericht der IDAG zur Koordination der Entscheidverfahren wurde – neben den primär behandelten projektabhängigen Verfahrensfragen – auch auf mögliche generelle Regelungen hingewiesen[424]. Im Bereich des Rechtsschutzes setzte sich die IDAG mit der Problematik der querulatorischen und rechtsmissbräuchlichen Beschwerdeführung auseinander und führte zu den Rechtsschutz- und Mitwirkungsmöglichkeiten von Privaten aus:[425]

---

[423] Im GUTACHTEN FLÜCKIGER/MORAND/TANQUEREL wird darauf hingewiesen, dass die Umweltorganisationen sehr wohl auf ihr Image in der Öffentlichkeit bedacht seien. Letztere erwarte von ihnen zwar einen gewissen Biss, aber ebenso auch eine Konsensfähigkeit im Sinn des schweizerischen Demokratieverständnisses. Als Verbesserungsmöglichkeit wird vorgeschlagen, die Umweltorganisationen gesetzlich zu verpflichten, in ihren Jahresberichten Rechenschaft über die Ausübung des Verbandsbeschwerderechts abzulegen (GUTACHTEN FLÜCKIGER/MORAND/TANQUEREL, S. 153 ff. und 240 f.).

[424] GESAMTBERICHT IDAG, S. 292 ff. Zur Ausarbeitung des neuen Koordinationsgesetzes vgl. vorne II.D.

[425] GESAMTBERICHT IDAG, S. 298. Zur Frage der querulatorischen und rechtsmissbräuchlichen Beschwerdeführung vgl. etwa HÄNNI, S. 56 ff.; PFISTERER, S. 349 f. und 353 ff.; GADOLA, Drittbeschwerde. Letzterer diskutiert als mögliche Lösungsansätze den Entzug des Suspensiveffekts, die privatrechtliche Haftung des Beschwerdeführers und die Staatshaftung, die Prozessbeschleunigung, die Auferlegung von erhöhten Verfahrens- und Parteikosten, die Kostenbevorschussung und die Parteikostensicherheit sowie die Ordnungsbussen. Auch das Bundesgericht hat sich wiederholt mit der Frage der rechtsmissbräuchlichen Beschwerdeführung befasst: So hielt es etwa in BGE 123 III 101 ff. (E. 2) fest, dass der entgeltliche Rückzug eines Rechtsmittels in einem Bauverfahren dann sittenwidrig ist, wenn mit der Kommerzialisierung des Rechtsmittelverzichts nur die drohende Verzögerung des Bauprojekts – und nicht etwa schutzwürdige nachbarrechtliche Inkonvenienzen – abgegolten werden soll. Vgl. auch BGE 115 II 232 ff.

V. Der Rechtsschutz

"Solche Instrumente sind aber insofern problematisch, als bestimmte Individuen mit deren Gebrauch keine legitimen Rechtsschutzinteressen verfolgen, sondern lediglich Zeitgewinn und Schädigung des Gesuchstellers bezwecken. (...) Dieses Phänomen trägt massgeblich zur chronischen Überlastung der Justizbehörden bei und stellt ein ernstes Problem dar, welches nach mehrheitlicher Auffassung der projektspezifischen Arbeitsgruppen mit der Auferlegung von Verfahrens- und Parteikosten gelöst werden sollte."

Die IDAG beschäftigte sich dabei insbesondere mit der Frage, ob die *Kosten- und Entschädigungsregelung* des Verwaltungsverfahrensgesetzes[426] auch beim Einspracheverfahren zur Anwendung gelangen sollte. Dies wurde von der eingesetzten Expertengruppe allerdings abgelehnt, da das Einspracheverfahren sowohl der Wahrung des rechtlichen Gehörs gemäss Art. 29 Abs. 2 BV wie auch der zuständigen Behörde als Entscheidungshilfe diene, weshalb der erfolglose Einsprecher nicht nach dem normalerweise üblichen Unterliegerprinzip, sondern nur bei einem offensichtlich rechtsmissbräuchlichen oder querulatorischen Verhalten zu belangen sei[427].

Als weitere Massnahme gegen missbräuchliche und querulatorische Rechtsmittel diskutierte die IDAG – nach dem Vorbild der Regelung im Bundesrechtspflegegesetz – den grundsätzlichen *Entzug der aufschiebenden Wirkung* für Beschwerdeverfahren im Anwendungsbereich des Verwaltungsverfahrensgesetzes[428]. Die Expertengruppe sprach sich jedoch für

---

[426] Vgl. Art. 63 f. VwVG sowie KÖLZ/HÄNER, N 697 ff.
[427] GESAMTBERICHT IDAG, S. 300.
[428] Nach Art. 111 OG hat die Verwaltungsgerichtsbeschwerde an das Bundesgericht grundsätzlich keine aufschiebende Wirkung. Anders verhält es sich nach der Regelung von Art. 55 VwVG, wonach im verwaltungsinternen Beschwerdeverfahren bzw. im Verfahren vor verwaltungsunabhängigen Rekurskommissionen (vgl. Art. 71a Abs. 2 VwVG) der Beschwerde generell Suspensivwirkung zukommt. Zur aufschiebenden Wirkung vgl. auch KÖLZ/HÄNER, N 647 ff. und 964 ff.

die Beibehaltung des automatischen Suspensiveffekts aus, da sie die diskutierte Massnahme als nur beschränkt verfahrensbeschleunigend und für das verwaltungsinterne Beschwerdeverfahren als nicht opportun erachtete. Allerdings wies die IDAG gleichzeitig darauf hin, dass die Beschwerdeinstanz vermehrt von der Möglichkeit des partiellen Entzugs der Suspensivwirkung Gebrauch machen sollte, wenn einzelne Teile oder Aspekte eines Projekts unbestritten sind oder vom Prozessausgang nicht berührt werden[429].

Entsprechend der im Bundesrechtspflegegesetz enthaltenen Regelung, wonach das Bundesgericht querulatorische oder rechtsmissbräuchliche Rechtsmittel und Klagen für unzulässig erklären kann[430], befürwortete die IDAG für die verwaltungsunabhängigen Rekurskommissionen die *Schaffung eines vereinfachten Verfahrens samt Nichteintretensbefugnis* bei querulatorischen und rechtsmissbräuchlichen Beschwerden[431]. Hingegen sollte nach Ansicht der Interdepartementalen Arbeitsgruppe von einer analogen Regelung für das Einspracheverfahren aus folgenden Gründen abgesehen werden: Einerseits entscheide die zuständige Behörde als erste und einzige Instanz über eingegangene Einsprachen, weshalb sie – man-

---

[429] GESAMTBERICHT IDAG, S. 301 f. Vgl. in diesem Zusammenhang auch Art. 9 Abs. 2 der Verordnung über das Plangenehmigungsverfahren für elektrische Anlagen (VPeA) vom 2. Februar 2000 sowie einen Bericht in der NZZ vom 29. Oktober 1999, Nr. 252, S. 49, nach welchem das Bundesgericht einer Verwaltungsgerichtsbeschwerde gegen die geplante 5. Bauetappe auf dem Flughafen Zürich-Kloten die aufschiebende Wirkung soweit entzogen hat (recte wohl: nicht zukommen liess [vgl. FN 428 sowie NZZ vom 28. Januar 2000, Nr. 23, S. 45]), als mit den Bauarbeiten keine Eingriffe verbunden sind, die nicht mehr rückgängig gemacht werden können.

[430] Art. 36a Abs. 2 OG.

[431] GESAMTBERICHT IDAG, S. 302 f. Die IDAG schlug die Aufnahme dieser Regelung in einem allenfalls neu zu schaffenden Koordinationserlass oder in Art. 71b des Verwaltungsverfahrensgesetzes vor. Letzteres wurde mit der bereits bestehenden Normierung von Art. 71b Abs. 2 VwVG begründet, wonach das Bundesrecht – spezialgesetzlich – den Einzelrichter insbesondere für offensichtlich unzulässige, unbegründete oder begründete Beschwerden vorsehen kann.

V. Der Rechtsschutz

gels einer vorinstanzlichen Prozessgeschichte – kaum über genügend (brauchbare) Kriterien für die Ausfällung eines Nichteintretensentscheides verfüge. Anderseits sei das Nichteintreten auf Einsprachen auch vor dem Hintergrund des verfassungsrechtlich garantierten rechtlichen Gehörs bedenklich[432].

Die Hinweise bzw. Vorschläge der IDAG betreffend die Problematik der querulatorischen und rechtsmissbräuchlichen Beschwerdeführung fanden im Bundesgesetz über die Koordination und Vereinfachung von Entscheidverfahren allerdings keinen Niederschlag. Dies erklärt sich damit, dass im Gesamtbericht der Interdepartementalen Arbeitsgruppe selber nur von Hinweisen zu möglichen generellen Regelungen gesprochen wird, welche der vertieften Abklärung bedürften. Zudem verwies die IDAG im Zusammenhang mit der Rechtsschutzproblematik explizit auf die geplante Totalrevision der Bundesrechtspflege und wollte ihre Ausführungen bezüglich der Problematik von querulatorischen und rechtsmissbräuchlichen Beschwerden als blosse Diskussionsgrundlage für die mit der Totalrevision der Bundesrechtspflege befasste Expertenkommission verstanden wissen[433]. Diesbezüglich kann jedoch weder dem Schlussbericht noch dem Entwurf der Expertenkommission für die Totalrevision der Bundesrechtspflege etwas entnommen werden. Wohl wird von der Expertenkommission postuliert, dass mit dem neu zu schaffenden Bundesgerichtsgesetz ein zentrales Bundesverwaltungsgericht einzuführen sei, welches die Vielzahl der bestehenden Rekurs- und Schiedskommis-

---

[432] GESAMTBERICHT IDAG, S. 303.
[433] GESAMTBERICHT IDAG, S. 292 und 299. Die Nichtbehandlung von querulatorischen und rechtsmissbräuchlichen Beschwerden im neuen Koordinationsgesetz bedeutet allerdings nicht, dass der Bundesrat diese Problematik ignorierte. Vielmehr hat er beispielsweise bereits in seiner Botschaft über das Folgeprogramm nach der Ablehnung des EWR-Abkommens die Einführung einer Schadenersatzpflicht bei offenkundig missbräuchlicher Ausübung von Einspracherechten zur Diskussion gestellt (BBl 1993 I 831).

sionen ersetzen soll[434]. Über das Verfahren vor dem erstinstanzlichen Bundesverwaltungsgericht findet sich im Entwurf zum Bundesgerichtsgesetz lediglich der Hinweis, dass im Rahmen der Änderung des Verwaltungsverfahrensgesetzes ergänzende Verfahrensbestimmungen für das Verfahren vor dem Bundesverwaltungsgericht geschaffen werden sollen[435].

Somit ist derzeit noch nicht absehbar, ob und inwieweit die Hinweise bzw. Vorschläge der IDAG zur Problematik von querulatorischen und rechtsmissbräuchlichen Beschwerden im Rahmen der Totalrevision der Bundesrechtspflege Beachtung finden werden. Immerhin lässt sich einem im Auftrag der Expertenkommission für die Totalrevision der Bundesrechtspflege erstellten Gutachten entnehmen, dass – in Anlehnung an die bisherige Regelung gemäss Art. 55 und Art. 71a Abs. 2 VwVG sowie in Übereinstimmung mit der Empfehlung der IDAG – die Beschwerde an das neu zu schaffende Bundesverwaltungsgericht aufschiebende Wirkung haben soll[436].

E. Rechtsschutz und Demokratie

Gesetzgeberische Massnahmen zur verfahrensrechtlichen Koordination, Vereinfachung und Beschleunigung haben neben den Rechtsschutzaspekten immer auch die demokratischen Mitwirkungsrechte zu berücksichtigen. Dies zeigt sich insbesondere bei Grossprojekten[437], wel-

---

[434] Vgl. EXPERTENBERICHT, S. 21 f. und 45 ff., sowie vorne V.B.2.a.
[435] Vgl. Ziff. 1 des Anhanges zum E-BGG.
[436] SCHWEIZER, S. 112. Anders als die Expertenkommission empfiehlt der Gutachter allerdings, die Bestimmungen über das Verfahren vor Bundesverwaltungsgericht entweder in einen separaten Erlass oder in das Bundesgerichtsgesetz aufzunehmen (SCHWEIZER, S. 108 f.).
[437] Zu denken ist etwa an Eisenbahn-Infrastrukturanlagen (Bewilligungshoheit des Bundes) oder an Einkaufszentren (Bewilligungshoheit der Kantone). Zum Begriff

che nicht nur ein (allfälliges) Rechtsmittelverfahren zu durchlaufen haben, sondern oftmals vorgängig der Zustimmung seitens der Stimmbürgerschaft bedürfen. Dabei können das Demokratie- und das Rechtsschutzprinzip in einem – scheinbaren – Widerspruch zueinander stehen, wenn das betreffende Projekt zwar vom Stimmvolk genehmigt, mit dem nachfolgenden Rechtsmittelverfahren aber verzögert oder gar teilweise bzw. vollständig zu Fall gebracht wird. In der politischen Diskussion ist denn auch zuweilen das Argument zu hören, dass durch Rechtsmittelverfahren die Entscheide von demokratisch gewählten Behörden oder des Volkes ausser Kraft gesetzt würden, was unhaltbar sei[438]. Eine solche Aussage impliziert einen Vorrang des Demokratieprinzips gegenüber dem Rechtsschutzprinzip, was im derzeitigen politischen Diskurs ein geschicktes Argument sein mag, doch wird dieses Argument der zugrunde liegenden staats- und verwaltungsrechtlichen Problemstellung nicht gerecht, weil es sich bei den beiden genannten Maximen um zwei gleichrangige, voneinander abhängige und sich gegenseitig bedingende Prinzipien handelt[439].

Grossprojekt vgl. auch GUTACHTEN ZIMMERLI/SCHEIDEGGER, S. 15 f.; HÄNNI, S. 52 (FN 23); KOLB, S. 10 f.

[438] Vgl. etwa Amtl.Bull. NR 1999, 1205 und 1207 (Motion und Votum von Nationalrat Fehr betreffend das Beschwerderecht von ideellen Verbänden; vgl. vorne V.C.3). Vgl. in diesem Zusammenhang auch einen Bericht mit Kommentar in der NZZ vom 30. November 1999 (Nr. 279, S. 43), in welchem vor dem Hintergrund verschiedener Verwaltungsgerichtsbeschwerden gegen die Baukonzession des UVEK für das Dock Midfield auf dem Flughafen Zürich-Kloten u. a. das Verhältnis zwischen Demokratie und Rechtsstaat thematisiert wird.

[439] Vgl. KOLB, S. 86 und 88 f., welcher sich mit dieser Fragestellung eingehend auseinander setzt. Die dort wiedergegebene Aussage von TSCHANNEN, wonach das Verhältnis von direkter Demokratie und Justiz einen zentralen Nerv des schweizerischen Staatsverständnisses berühre, weil die demokratische Legitimation *"durch Querschüsse eines politisch abgehobenen, von aristokratischer Aura umgebenen Richtergremiums demontiert zu werden scheint"*, bringt m. E. ein weit verbreitetes Missbehagen gegenüber den rechtsstaatlichen Institutionen und Mechanismen anschaulich zum Ausdruck.

Bei umstrittenen Grossprojekten kommt es nicht selten vor, dass das Rechtsschutzverfahren auch Funktionen eines demokratischen Mitwirkungsprozesses übernimmt, wenn Hunderte oder gar Tausende von Einsprachen bzw. Beschwerden eingehen[440]. Dies dürfte – zumindest teilweise – das Resultat fehlender oder ungenügender demokratischer Instrumentarien sein, indem die vom Projekt Betroffenen das Demokratiedefizit mittels Rechtsschutzmöglichkeiten zu kompensieren versuchen. In seiner Arbeit stellt KOLB deshalb die These auf, dass eine ernsthafte demokratische Beteiligung von Betroffenen zur Entlastung der Rechtsmittelverfahren beitragen könne. Zur Begründung führt er an, dass einerseits durch eine umfassende Information der Stimmberechtigten vor Durchführung des demokratischen Entscheidverfahrens diejenigen Rechtsmittel zu einem wesentlichen Teil wegfielen, die auf Irrtümern und fehlendem Sachverständnis basierten. Anderseits bestehe vermutlich eine höhere Hemmschwelle, mit Rechtsmitteln gegen ein Projekt vorzugehen, das demokratisch breit abgestützt und legitimiert sei[441].

Eine verstärkte demokratische Legitimation von Grossprojekten vermag m. E. durchaus einen Beitrag zur Entlastung der Rechtsmittelinstanzen zu leisten, weshalb der Bundesgesetzgeber – gerade im Rahmen von verfahrensrechtlichen Massnahmen zur Koordination, Vereinfachung und Beschleunigung – diesem Aspekt vermehrt Beachtung schenken sollte[442]. Auf

---

[440] KOLB, S. 87 f., spricht in diesem Zusammenhang von einer "Abstimmung via Rechtsmittel" und liefert auch Beispiele für solche Masseneinsprachen (S. 87 [FN 335]): So wurden etwa gegen die Pläne des NEAT-Basistunnels zwischen Amsteg und Erstfeld über 1'500 sowie gegen die Neubaustrecke zwischen Koppigen/BE und Murgenthal/AG rund 5'200 Einsprachen eingereicht.

[441] KOLB, S. 87 f. und 176 f.

[442] Grossprojekte liegen oftmals in der Bewilligungshoheit des Bundes (so etwa Eisenbahnwerke, Nationalstrassen, Flugplätze, militärische Bauten und Anlagen). Insofern hätte sich gerade im Rahmen der Gesetzgebungsarbeiten zum Koordinationsgesetz eine Auseinandersetzung mit den demokratischen Aspekten von Entscheidverfahren aufgedrängt, was allerdings nicht geschah. Demgegenüber wird nunmehr

der anderen Seite darf jedoch das Vereinfachungs- und Beschleunigungspotenzial infolge demokratischer Entscheidabstützung auch nicht überschätzt werden. In der Vergangenheit hat sich verschiedentlich gezeigt, dass sich Betroffene trotz demokratischer Legitimation eines Projekts übergangen fühlten und zur Durchsetzung ihrer Interessen folglich den Rechtsmittelweg beschritten. Dies lässt sich u. a. wohl damit erklären, dass der Kreis der Projekt- und Verfahrensbetroffenen mit demjenigen der Stimmberechtigten in der Regel nicht deckungsgleich ist, mithin unterschiedliche Interessenlagen bestehen. Damit ist aber auch vorgezeichnet, dass trotz demokratischer Entscheidabstützung das Rechtsschutzverfahren weiterhin als Oppositionsinstrument genutzt werden dürfte, was auch von KOLB eingeräumt wird[443].

F. Würdigung

Der mit dem neuen Koordinationsgesetz angestrebte *einheitliche Rechtsmittelweg* über zwei verwaltungsunabhängige Instanzen ist sehr begrüssenswert. Der Bundesgesetzgeber erreichte dadurch nicht nur einen verbesserten Rechtsschutz für die Verfahrensbetroffenen, indem diese nunmehr den Gesamtentscheid der Konzentrationsbehörde zuerst an eine Rekurskommission ziehen und in der Folge mit Verwaltungsge-

---

im Vernehmlassungsentwurf zu einem Kernenergiegesetz (E-KEG) vom 6. März 2000 vorgeschlagen, dass die vom Bundesrat zu erteilende und von den Eidgenössischen Räten zu genehmigende Rahmenbewilligung für den Bau bzw. Betrieb einer Kernanlage dem fakultativen Referendum unterstehen soll (Art. 12 Abs. 1 und Art. 47 E-KEG).

[443] KOLB, S. 88. Vgl. in diesem Zusammenhang auch SCHMITZ, S. 176, welcher darauf hinweist, dass Verfahren ihrem originären Zweck nicht dienen könnten, wenn bei umstrittenen Projekten – wie etwa technischen Grossvorhaben – die Grundauffassungen der Gesellschaft sich diametral gegenüberstünden und keinerlei Kompromissbereitschaft existiere. Diesfalls seien Vorschläge, die allein am Verfahren ansetzten, nicht zielführend, sondern es müsse v. a. eine Modifizierung des materiellen Rechts angestrebt werden.

richtsbeschwerde dem Bundesgericht zur Beurteilung unterbreiten können, sondern er leistete auch eine vorausschauende und koordinative Gesetzgebungsarbeit, indem dereinst – die politische Realisierbarkeit der Totalrevision der Bundesrechtspflege vorausgesetzt – die Rekurskommission UVEK in das zentrale Bundesverwaltungsgericht integriert werden kann, ohne dass dies einer erneuten (grundsätzlichen) Änderung des Rechtsmittelwegs bedarf.

Allerdings hielt sich der Bundesgesetzgeber bei der Ausgestaltung des Rechtsmittelwegs – anders als beim Konzentrationsmodell mit Anhörungsverfahren – nicht an den Grundsatz der *Einheitlichkeit der Rechtsordnung*. Vielmehr folgte er den bundesrätlichen Vorschlägen und wich damit im Bereich der militärischen Bauten und Anlagen sowie der Eisenbahn-Grossprojekte von der Idee des einheitlichen Rechtsmittelwegs ab, indem solche Vorhaben betreffende Konzentrationsentscheide nach wie vor der (direkten) Verwaltungsgerichtsbeschwerde an das Bundesgericht unterliegen[444]. Abgesehen davon, dass diese beiden Ausnahmen etwas Zufälliges an sich haben[445], vermag auch die bundesrätliche Begründung der Ausnahmen mit der Verfahrensbeschleunigung letztlich nicht zu überzeugen. Der (allfällige) zeitliche Gewinn wird bei weitem aufgewogen durch die verfahrensrechtliche Unzulänglichkeit, dass sich das Bundesgericht – als einzige Rechtsmittelinstanz und zugleich höchstes nationales Gericht – regelmässig auch mit Fragen der Sachverhaltsfeststellung zu

---

[444] Vgl. vorne V.B.1.c., V.B.2.b. und V.B.3.
[445] Beispielsweise konnte im Bereich der öffentlichen Flugplätze (Flughäfen) nach bisherigem Recht der Konzessionsentscheid des Departements (vgl. Art. 37 Abs. 1 und Art. 37a Abs. 1 aLFG) nur von einer Rechtsmittelinstanz überprüft werden. Mit dem Koordinationsgesetz wurde nunmehr auch der Flughafen-Genehmigungsentscheid des Departements einem zweistufigen Rechtsschutz unterworfen (vgl. Art. 6 Abs. 1 und Art. 37 Abs. 2 lit. a LFG; BBl 1998, 2644) und damit der Rechtsmittelweg um eine Instanz verlängert. Der Bundesrat hielt es demnach nicht für notwendig, im Sinn der Verfahrensbeschleunigung auch in diesem Bereich die direkte Verwaltungsgerichtsbeschwerde an das Bundesgericht beizubehalten.

V. Der Rechtsschutz

beschäftigen haben dürfte, wofür es wenig geeignet erscheint. Hinzu kommt, dass mit der geplanten Totalrevision der Bundesrechtspflege die Möglichkeit der direkten Anfechtung von erstinstanzlichen Verfügungen beim Bundesgericht gerade unterbunden werden soll[446], weshalb sich bereits heute eine erneute Anpassung der verfahrensrechtlichen Ordnung im Bereich der militärischen Bauten und Anlagen sowie der Eisenbahn-Grossprojekte abzeichnet. Damit hat der Bundesgesetzgeber aber nicht nur dem Gebot der Einheitlichkeit der Rechtsordnung keine Genüge geleistet, sondern auch den Aspekten der *Rechtssicherheit und Rechtsbeständigkeit* zu wenig Beachtung geschenkt[447].

Eine ähnliche Problematik zeigt sich in der Rechtsschutznormierung gemäss Postgesetz, wonach Entscheide der Rekurskommission UVEK über die Platzierung von Kundenbriefkästen sowie über die Gewährung von Vorzugspreisen für die Beförderung von Zeitungen und Zeitschriften endgültig sind[448]. Wohl handelt es sich bei den beiden Tatbeständen um ausgesprochene Ermessensfragen, doch ist es m. E. nicht einsichtig, weshalb der Bundesgesetzgeber diese spezialgesetzliche Ausnahme mit dem Koordinationsgesetz nicht eliminierte und – im Sinn der Einheitlichkeit des Rechtsmittelwegs – gegen Entscheide der Rekurskommission UVEK generell die Verwaltungsgerichtsbeschwerde an das Bundesgericht zuliess. Ganz im Gegensatz dazu wurde mit dem Bundesgesetz über die Koordination und Vereinfachung von Entscheidverfahren die Bestimmung von Art. 100 Abs. 1 lit. r aOG gestrichen und damit für den Bereich des Transports im öffentlichen Verkehr der Weg an das Bundesgericht geöffnet, obwohl auch diesbezüglich regelmässig Ermessenstatbestände zur Diskussion stehen dürften[449]; diese Ungleichbehandlung durch den Ge-

---

[446] Vgl. vorne V.B.2.a.
[447] Vgl. auch die ähnlich lautende Kritik von BOSONNET, S. 293.
[448] Vgl. vorne V.B.3.
[449] In diesem Sinn äusserte sich auch der Berichterstatter des Ständerats bezüglich der Aufhebung von Art. 100 Abs. 1 lit. r aOG (vgl. FN 359).

setzgeber überzeugt nicht. Zudem wäre die generelle Statuierung eines einheitlichen Rechtsmittelwegs – und damit verbunden die Eliminierung der Ausnahmeregelung im Postgesetz – auch vor dem Hintergrund der geplanten Totalrevision der Bundesrechtspflege angezeigt gewesen, zumal die Expertenkommission für das neue Bundesgerichtsgesetz einen stark reduzierten Ausnahmekatalog vorschlägt, nach welchem im Anwendungsbereich des Postgesetzes gerade keine Unzulässigkeit der Beschwerde an das Bundesgericht bestehen soll[450].

Was das *Beschwerderecht von ideellen Verbänden* betrifft, so drängt sich im Rahmen von verfahrensrechtlichen Massnahmen zur Koordination, Vereinfachung und Beschleunigung von Entscheidverfahren keine Einschränkung bzw. Abschaffung des Verbandsbeschwerderechts auf. Handlungsbedarf besteht allerdings auf anderer Ebene, nämlich seitens des Gesetzgebers im Bereich der Harmonisierung von materiellen Umweltnormen sowie seitens der ideellen Organisationen bei der Vertretung von Schutzinteressen[451].

---

[450] Art. 77 E-BGG. Vgl. auch vorne V.B.2.a. Immerhin ist dem entgegenzuhalten, dass eine solche Gesetzesänderung im Postbereich dem Gebot der Einheit der Materie nicht genügend Rechnung getragen hätte (vgl. vorne II.D.3.).

[451] Zu den Einzelheiten vgl. vorne V.C.3. Generelle Verbesserungsvorschläge im Zusammenhang mit dem Verbandsbeschwerderecht finden sich im GUTACHTEN FLÜCKIGER/MORAND/ TANQUEREL, S. 240 f.

VI. FRISTVORGABEN

A. Einleitung

Wenn von verfahrensrechtlichen Beschleunigungsmassnahmen die Rede ist, dann werden regelmässig auch Fristvorgaben für die Vornahme bestimmter Verfahrenshandlungen diskutiert und postuliert. Mit der Statuierung von Fristvorgaben soll insbesondere dem in der Bevölkerung vielfach geäusserten Missmut über die nur schleppende Geschäftserledigung und Ineffizienz der öffentlichen Verwaltung Rechnung getragen werden[452], indem durch die Befristung von Verfahren bzw. Verfahrensabschnitten ein direkter Einfluss auf die Verfahrensdauer genommen wird.

Solche Fristvorgaben stehen dabei im Dienst der *Verwaltungs- oder Prozessökonomie*. Diesen Anliegen wird seitens der Politik und der Praxis in neuerer Zeit vermehrt Beachtung und auch Berücksichtigung geschenkt. So soll – gerade im Bereich des Verwaltungsrechts – noch verstärkt eine Verfahrensabwicklung angestrebt werden, welche nicht nur recht- und zweckmässig, sondern ebenso zeit- und damit auch kostensparend ist. Allerdings wird seitens der Lehre darauf hingewiesen, dass die Verwaltungs- und Prozessökonomie immer in einem gewissen Spannungsverhältnis zur Rechtsstaatlichkeit steht, weshalb einer (zeitlichen) Steigerung der Verwaltungsleistung rechtsstaatliche Grenzen gesetzt sind[453]. Diese

---

[452] So weist etwa ROMBACH, S. 215, darauf hin, dass man sich sowohl in Deutschland wie auch in anderen Ländern Witze über die angebliche Faulheit von Beamten und anderen öffentlichrechtlichen Angestellten erzähle, doch zeige sich bei einer ernsthaften Untersuchung der Problematik, dass die Ursache von im Einzelfall bestehendem Leerlauf, geringer Produktivität oder mangelnder Entscheidungsfreude in der Regel nicht beim Personal, sondern vielmehr im System bzw. in der Struktur der öffentlichen Verwaltung liege.

[453] KÖLZ/HÄNER, N 97 und 154 f.; SCHMIDT-JORTZIG, S. 7 und 10; GADOLA, Drittbeschwerde, S. 122 f.; BEATRICE WEBER-DÜRLER, Verwaltungsökonomie und Praktikabilität im Rechtsstaat, ZBl 87/1986, S. 193 ff.

Problematik akzentuiert sich heute besonders stark im Zusammenhang mit Massnahmen zur Umsetzung der wirkungsorientierten Verwaltungsführung (New Public Management), mit welcher die Verwaltungstätigkeit stärker auf die Wirtschaftlichkeit ausgerichtet wird[454].

Das Verhältnis zwischen Rechtsstaatlichkeit und Verwaltungsökonomie soll im Rahmen der vorliegenden Arbeit allerdings nicht näher untersucht werden. Vielmehr konzentrieren sich die nachfolgenden Ausführungen auf das verfahrensrechtliche Instrument der Fristvorgaben, wobei vorab die grundrechtlichen Vorgaben an die Verfahrensbeschleunigung sowie die verschiedenen Arten von Fristen dargestellt werden (VI.B.). Danach wird besprochen, ob und wie Fristvorgaben in der neueren gesetzgeberischen Entwicklung Berücksichtigung fanden (VI.C.) und wie der Bundesgesetzgeber diesbezüglich im neuen Koordinationsgesetz legiferierte (VI.D.).

B. Grundlagen

1. Grundrechtliche Vorgaben an die Verfahrensbeschleunigung

a. Rechtsquellen

Unter dem Titel des Verbots der formellen Rechtsverweigerung haben Lehre und Praxis bis anhin aus Art. 4 Abs. 1 aBV verschiedene Verfahrensgarantien abgeleitet, welche dem Privaten einen angemessenen Rechtsschutz und eine gesicherte Stellung im Verfahren gewährleisten sollen[455]. Eine dieser Verfahrensgarantien besteht im Verbot der Verwei-

---

[454] Vgl. dazu etwa HÄFELIN/MÜLLER, N 1010e ff., insb. 1010g ff.
[455] Zum Verbot der formellen Rechtsverweigerung vgl. HÄFELIN/HALLER, N 1584 ff.; HÄFELIN/MÜLLER, N 433 ff.; MÜLLER, in: Kommentar aBV, N 85 ff. zu Art. 4.

VI. Fristvorgaben

gerung oder Verzögerung eines Rechtsanwendungsakts[456], welches verletzt wird, wenn eine Behörde untätig bleibt oder das gebotene Handeln über Gebühr hinauszögert. Dieses Verbot wurde mit der neuen *Bundesverfassung* nunmehr auch positivrechtlich statuiert, indem in Art. 29 Abs. 1 BV den Privaten in Verfahren vor Verwaltungs- und Gerichtsinstanzen ein Anspruch auf Beurteilung innert angemessener Frist eingeräumt wird.

Auch die *Europäische Menschenrechtskonvention* (EMRK) garantiert in Art. 6 Abs. 1 einen entsprechenden Anspruch auf Durchführung und Abschluss eines Verfahrens innerhalb angemessener Frist. Diese Garantie gilt allerdings nicht für Verfahren vor Verwaltungsbehörden, sondern nur für Gerichte, welche zivilrechtliche Ansprüche und Verpflichtungen sowie strafrechtliche Anklagen im Sinn von Art. 6 Abs. 1 EMRK behandeln[457]. Das Bundesgericht ging in seiner bisherigen Rechtsprechung davon aus, dass Art. 6 Abs. 1 EMRK keinen weitergehenden Schutz bietet als das aus Art. 4 Abs. 1 aBV abgeleitete Gebot der Verfahrensbeschleunigung, woran

---

[456] Das Verbot der Verweigerung oder Verzögerung eines Rechtsanwendungsakts findet im *Beschleunigungsgebot* seinen Parallelbegriff, wonach – positiv formuliert – über eine Sache innert angemessener Frist entschieden werden muss. Das Beschleunigungsgebot richtet sich dabei insbesondere an den Gesetzgeber, indem dieser die Verwaltungs- und Gerichtsbehörden in persönlicher und sachlicher Hinsicht mit genügenden Mitteln auszustatten hat, sowie an die Behörden, welche die Pflicht zur effizienten Arbeitsorganisation trifft (KÖLZ/HÄNER, N 153). Vgl. in diesem Zusammenhang auch Art. 178 Abs. 1 BV, nach welcher Bestimmung der Bundesrat für eine zweckmässige Verwaltungsorganisation und eine zielgerichtete Aufgabenerfüllung zu sorgen hat.

[457] VILLIGER, N 455. Trotzdem kommt Art. 6 Abs. 1 EMRK auch bei Verwaltungsverfahren eine gewisse Bedeutung zu: Wenn dem Gerichtsverfahren ein verwaltungsinternes Rechtsmittelverfahren vorgeschaltet ist, beginnt die in der EMRK geforderte angemessene Frist bereits mit der Einleitung des verwaltungsinternen Beschwerdeverfahrens zu laufen, d. h. dieses findet Berücksichtigung bei der Berechnung der Gesamtverfahrensdauer (KÖLZ/HÄNER, N 720; VILLIGER, N 456).

sich auch unter dem Regime der neuen Bundesverfassung nichts ändern dürfte[458].

Schliesslich enthält auch der *Internationale Pakt über bürgerliche und politische Rechte* (UNO-Pakt II) in Art. 14 Abs. 3 lit. c ein Verbot der Rechtsverzögerung, welches jedoch nur auf Strafverfahren Anwendung findet[459].

b. Rechtsverweigerung und Rechtsverzögerung

Eine *Rechtsverweigerung* liegt nach Lehre und Praxis dann vor, wenn es die kompetente Behörde ausdrücklich ablehnt oder stillschweigend unterlässt, einen Rechtsanwendungsakt vorzunehmen, obwohl sie dazu verpflichtet wäre. Demgegenüber stellt die – im Rahmen dieser Arbeit hauptsächlich interessierende – *Rechtsverzögerung* eine abgeschwächte Form der Rechtsverweigerung dar, indem die zuständige Behörde wohl zu erkennen gibt, dass sie sich mit der Sache beschäftigen will, die Behandlung jedoch über Gebühr verzögert. Eine solche Verfahrensverschleppung wird dann angenommen, wenn die Behörde den Rechtsanwendungsakt nicht binnen der Frist vornimmt, welche gesetzlich vorgeschrieben ist oder nach der Natur und dem Umfang der Sache sowie der Gesamtheit der übrigen Umstände als angemessen erscheint[460].

---

[458] BGE 119 Ib 311 ff. (E. 5); BGE 117 Ia 193 ff. (E. 1b); BGE 107 Ib 160 ff. (E. 3b); BGE 103 V 190 ff. (E. 2b). Vgl. auch JÖRG PAUL MÜLLER, S. 503 (FN 56).
[459] JÖRG PAUL MÜLLER, S. 503 f., welcher aber darauf hinweist, dass die internationale Praxis zu Art. 14 Abs. 3 lit. c UNO-Pakt II auch in verwaltungsrechtlichen Angelegenheiten zu berücksichtigen sei.
[460] JÖRG PAUL MÜLLER, S. 495 ff. und 503 ff.; KÖLZ/HÄNER, N 719; MÜLLER, in: Kommentar aBV, N 89 und 92 f. zu Art. 4; BGE 124 I 139 ff. (E. 2c); BGE 121 II 305 ff.; BGE 119 Ib 311 ff. (E. 5b); BGE 117 Ia 193 ff. (E. 1c); BGE 107 Ib 160 ff. (E. 3b); BGE 103 V 190 ff. (E. 3); VPB 1993 Nr. 23 (E. 2.1.).

VI. Fristvorgaben

Die Frage, ob eine übermässige Verfahrensdauer vorliegt, ist jeweils anhand des konkreten Einzelfalls zu beurteilen, wobei die Praxis verschiedene *Kriterien bezüglich zeitlicher (Un-)Angemessenheit* entwickelt hat: Abgestellt wird insbesondere auf die Bedeutung des Verfahrens für den Privaten, auf die Komplexität des Falls, auf das Verhalten des Privaten sowie auf die Behandlung des Falls durch die Behörden[461]. Bei letzterem Kriterium gilt es zu beachten, dass es unerheblich ist, ob die Behörde ein Verschulden an der Verfahrensverzögerung trifft, was bedeutet, dass auch objektive Umstände – wie eine übermässige Geschäftslast oder ein vorübergehender Personalmangel – eine Rechtsverzögerung nicht zu rechtfertigen vermögen[462].

c. Folgen einer Rechtsverweigerung bzw. Rechtsverzögerung

Zur Durchsetzung des verfassungsmässig garantierten Beschleunigungsgebots stehen im Bundesverwaltungsrecht die Rechtsverzögerungsbeschwerde an die Aufsichtsbehörde, die Verwaltungsgerichtsbeschwerde an das Bundesgericht sowie – subsidiär – die Aufsichtsbeschwerde zur

---

[461] VILLIGER, N 455 und 459 ff.; KÖLZ/HÄNER, N 153. Die angeführten Autoren weisen zudem darauf hin, dass diese Kriterien vom Europäischen Gerichtshof für Menschenrechte entwickelt wurden und vom Bundesgericht in seiner neueren Rechtsprechung vermehrt herangezogen worden sind (so etwa in BGE 124 I 139 ff. [E. 2c] und in BGE 119 Ib 311 ff. [E. 5b]).

[462] BGE 119 III 1 ff. (E. 2); BGE 110 Ib 332 ff. (E. 2c); BGE 107 Ib 160 ff. (E. 3c), in welchem Entscheid das Bundesgericht festhält, dass eine angemessene Entscheidungsfrist nicht nur in Zeiten eines durchschnittlichen Geschäftseingangs gewährleistet sein muss, sondern auch in Zeiten einer vorübergehenden Überlastung der (Gerichts-)Behörden; BGE 103 V 190 ff. (E. 3c); VPB 1990 Nr. 1, in welchem Entscheid der Bundesrat eine Rechtsverzögerung verneint, wenn ausserordentliche Umstände die Geschäftslast unvorhergesehen stark ansteigen lassen und diesem Arbeitsanfall trotz grosser Anstrengungen seitens der politischen Behörden nicht ohne weiteres beizukommen ist; VPB 1995 Nr. 23 (E. 10).

Verfügung[463]. Diesen Rechtsmitteln bzw. Rechtsbehelfen ist gemeinsam, dass bei Vorliegen einer Rechtsverzögerung nur deren Verfassungswidrigkeit festgestellt und die säumige Behörde angehalten werden kann, innert bestimmter Frist gewisse Verfahrenshandlungen vorzunehmen[464]; der angerufenen Instanz ist es insbesondere verwehrt, anstelle der rechtsverzögernden Behörde die ausstehende Verfahrenshandlung vorzunehmen. Aus der festgestellten Rechtsverzögerung kann sich für den Privaten allenfalls ein Anspruch aus Staatshaftung ergeben[465].

2. Die verschiedenen Arten von Fristen

Zum besseren Verständnis der nachfolgenden Ausführungen betreffend die Statuierung von Fristvorgaben durch den Bundesgesetzgeber sind vorab die verschiedenen *Arten von Fristen* darzustellen. Im Gegensatz zur schweizerischen Lehre, welche sich mit dieser Fragestellung bisher noch wenig beschäftigte, wird in der deutschen Literatur das Instrument von

---

[463] GESAMTBERICHT IDAG, S. 295 sowie S. 296 (FN 366). Für die Rechtsverzögerungsbeschwerde vgl. Art. 70 VwVG sowie KÖLZ/HÄNER, N 722 ff.; für die Verwaltungsgerichtsbeschwerde an das Bundesgericht vgl. Art. 97 ff., insb. Art. 97 Abs. 2 OG, sowie KÖLZ/HÄNER, N 1022 f.; für die Aufsichtsbeschwerde vgl. Art. 71 VwVG sowie KÖLZ/HÄNER, N 452 ff. Nach Erschöpfung des innerstaatlichen Instanzenzuges kann zudem eine Individualbeschwerde an den Europäischen Gerichtshof für Menschenrechte erhoben werden (Art. 34 f. EMRK).

[464] So explizit in Art. 70 Abs. 2 VwVG für die Rechtsverzögerungsbeschwerde. Der säumigen Behörde können etwa organisatorische Weisungen für eine speditive Verfahrenserledigung erteilt werden, doch dürfen dadurch keine Rechtsungleichheiten zulasten von anderen Privaten entstehen.

[465] JÖRG PAUL MÜLLER, S. 508 f.; KÖLZ/HÄNER, N 727 und 1023; MÜLLER, in: Kommentar aBV, N 91 und 95 zu Art. 4. Zur Frage der Staatshaftung wegen Rechtsverzögerung vgl. etwa GADOLA, Drittbeschwerde, S. 124 f., BGE 119 III 1 ff. (E. 3) sowie den illustrativen BGE 107 Ib 160 ff. Die selben Rechtswirkungen zeitigt auch eine Individualbeschwerde an den Europäischen Gerichtshof für Menschenrechte (vgl. dazu FN 463), wenn dieser eine Rechtsverzögerung im Sinn von Art. 6 Abs. 1 EMRK feststellt (vgl. VILLIGER, N 455, sowie Art. 41 EMRK).

VI. Fristvorgaben 183

Fristvorgaben für den Bereich des Verwaltungsrechts schon seit längerem thematisiert[466]. Im Folgenden wird deshalb hauptsächlich die von der deutschen Lehre entwickelte Terminologie verwendet, gemäss welcher die Fristvorgaben nach den Kriterien der Sanktionierung, der Dauer und des Verfahrensstadiums unterschieden werden[467].

a. Sanktionslose und sanktionierte Fristen

Das wohl bedeutendste Unterscheidungskriterium für Fristvorgaben ist dasjenige der Sanktionierung. Von *sanktionslosen Fristen* wird gesprochen, wenn der Gesetzgeber zwar verbindliche Fristvorgaben statuiert, auf die Festlegung von Sanktionen bei Nichteinhaltung dieser Fristen jedoch verzichtet. Immerhin sind auch bei Fehlen gesetzlich statuierter Sanktionen die üblichen Rechtsmittel sowie aufsichtsrechtliche Massnahmen gegen die betreffende Behörde zulässig[468]. Im Gegensatz dazu stehen die *sanktionierten Fristvorgaben*, welche an den unbenutzten Ablauf der gesetzlich statuierten Frist bestimmte Rechtsfolgen knüpfen. Die Möglichkeiten der Sanktionierung sind dabei sehr vielfältig: Die Bandbreite reicht von der bloss verwaltungsinternen Mitteilungspflicht an die übergeordnete Behörde bis hin zur Fiktion, dass mit Nichteinhalten der Frist durch die Verwaltungsbehörde die Genehmigung automatisch als

---

[466] Zu verweisen ist etwa auf SCHULTE, S. 108 ff., ROMBACH, S. 215 ff., BULLINGER, S. 49 ff., und WAGNER, S. 147 ff.
[467] In der Schweiz ist v. a. die Terminologie der *Ordnungs-* und *Verwirkungsfristen* gebräuchlich (vgl. etwa GESAMTBERICHT IDAG, S. 296 f., sowie die in FN 511 zitierte Verordnung). Die nachfolgend verwendeten Unterscheidungskriterien und Begriffe sind m. E. jedoch genauer und vermögen zudem die zur Diskussion stehenden Fristvorgaben klarer zu definieren bzw. abzugrenzen.
[468] Vgl. SCHULTE, S. 112; GESAMTBERICHT IDAG, S. 296; vorne FN 463. ROMBACH, S. 217, spricht in diesem Zusammenhang von *verbindlichen unbewehrten Fristen* und weist darauf hin, dass solche Fristvorgaben theoretisch wohl eine leichtere gerichtliche Durchsetzbarkeit ermöglichten, doch zeige die Praxis, dass sich die Gerichte diesbezüglich sehr zurückhaltend verhielten.

erteilt gilt[469]. Nachfolgend sollen die beiden im Rahmen dieser Arbeit hauptsächlich interessierenden Sanktionen der Rechtfertigungspflicht und der Genehmigungsfiktion besprochen werden.

Wie soeben erwähnt, kann eine Fristvorgabe etwa mit der Pflicht verbunden werden, dass bei einer Verfahrensverzögerung die vorgesetzte Behörde zu informieren ist, was eine rein verwaltungsinterne Massnahme darstellt. Der Gesetzgeber kann jedoch noch einen Schritt weitergehen und eine *Rechtfertigungspflicht* (auch) gegenüber dem Gesuchsteller statuieren. Dabei wird die Behörde verpflichtet, dem Gesuchsteller gegenüber darzulegen, warum die vorgegebene Frist nicht eingehalten wurde und innert welcher weiteren Frist mit dem Behördenentscheid zu rechnen ist. Eine solche Rechtfertigungspflicht vermag Verfahrensverzögerungen wohl nicht generell zu verhindern, doch bleibt im Fall einer behördlichen Fristüberschreitung immerhin der weitere (zeitliche) Verfahrenslauf für den Gesuchsteller kalkulierbar[470]. Zudem muss sich die Behörde infolge der Rechtfertigungspflicht einer gewissen Selbstbindung unterziehen, indem sie sich an den von ihr selbst gesetzten Zeitrahmen zu halten hat und diesen nicht ohne triftige Gründe abermals überschreiten darf.

Die schärfste Sanktion von allfälligen Verstössen gegen Fristvorgaben besteht in der Regelung, wonach mit unbenutztem Ablauf der Frist eine *Genehmigungsfiktion* eintritt, mithin die Genehmigung als erteilt gilt. Solche Sanktionen finden sich etwa im US-amerikanischen, im spanischen und im französischen Verwaltungsrecht und scheinen auf den ersten Blick etwas Bestechendes an sich zu haben. Allerdings wurde namentlich von der deutschen Lehre aufgezeigt, dass das Instrument der Genehmigungsfiktion weder in der Praxis hält, was es vordergründig verspricht[471],

---

[469] SCHULTE, S. 113.
[470] SCHULTE, S. 113 f.
[471] Vgl. etwa BULLINGER, S. 49 ff., welcher sich ausführlich auseinander setzt mit einem Gesetz des US-Bundesstaats New York von 1977, das eine Genehmigungsfiktion

noch mit den rechtsstaatlichen Grundsätzen vereinbar ist: So kann es nicht angehen, dass weitere Verfahrensbeteiligte (neben dem Gesuchsteller) aufgrund einer Untätigkeit der zuständigen Behörde ihrer Rechte verlustig gehen. Daran vermag auch die Möglichkeit eines nachfolgenden Rechtsmittelverfahrens nichts zu ändern, weil aufgrund der Genehmigungsfiktion nicht nur der Instanzenzug faktisch um eine Instanz verkürzt wird, sondern möglicherweise auch nicht allen erstinstanzlichen Verfahrensbeteiligten die Rechtsmittellegitimation zukommt[472]. Weiter gilt es zu bedenken, dass im Rahmen des Genehmigungsverfahrens nicht nur die Interessen des Gesuchstellers zur Diskussion stehen, sondern auch verschiedenste Interessen der Allgemeinheit – wie etwa das öffentliche Interesse an einer nachhaltig ausgerichteten und umweltverträglichen Raumordnung – berücksichtigt werden müssen. Diese umfassende Interessenabwägung, welche eine materielle Prüfung des Gesuchs voraussetzt, würde durch eine Genehmigungsfiktion im Fall einer Fristverletzung seitens der Entscheidbehörde allerdings gerade verunmöglicht, was aufgrund der damit verbundenen Nachteile oder gar Gefahren für die Öffentlichkeit rechtsstaatlich äusserst fragwürdig erscheint und sich auch nicht mit dem Aspekt der Verfahrensbeschleunigung rechtfertigen

---

vorsieht. Dabei weist er nach, dass es im Zeitraum von 1978 bis Frühjahr 1989 in keinem einzigen Fall (bei ungefähr 150'000 bis 200'000 Fällen) dazu gekommen ist, dass kraft Gesetzes eine Genehmigung wegen Ablaufs der Entscheidungsfrist als erteilt galt. Dies begründet BULLINGER u. a. damit, dass sich die Genehmigungsfiktion durch die Behörden leicht unterlaufen lasse, indem diese bei Gefahr des Fristablaufs entweder das Gesuch "vorsorglich" ablehnen oder den Gesuchsteller mit der Drohung einer solchen präventiven Ablehnung zu einer gesetzlich nicht vorgesehenen Fristverlängerung zwingen würden. In einem Fall, welcher allerdings nicht im Zusammenhang mit dem erwähnten Gesetz stand, griffen die US-Behörden sogar zu einem rechtlich äusserst fragwürdigen Mittel, indem sie das Gesuch überhaupt nicht zu den Akten nahmen, um die Frist der Genehmigungsfiktion gar nicht erst in Gang zu setzen.

[472] Zu denken ist etwa an (drittbeteiligte) Fachbehörden.

lässt[473]. Zudem impliziert die Genehmigungsfiktion, dass der von der zuständigen Behörde auszufällende Entscheid in einem einfachen Ja oder Nein besteht. Gerade bei komplexen Projekten dürfte dies jedoch kaum zutreffen, weil die kompetente Behörde regelmässig auch Nebenbestimmungen – wie etwa Auflagen – in den Entscheid aufzunehmen hat, um das Vorhaben mit den gesetzlichen Bestimmungen in Übereinstimmung zu bringen, weshalb sich die Genehmigungsfiktion in solchen Fällen als grundsätzlich ungeeignet erweist. Schliesslich fragt sich auch, ob die Genehmigungsfiktion tatsächlich eine verfahrensbeschleunigende Wirkung zeitigt. Wohl würde das erstinstanzliche Verfahren bei einer Fristüberschreitung seitens des Entscheidbehörde zeitlich stark verkürzt, doch wäre damit nicht viel gewonnen, da im anschliessenden, von legitimierten Drittpersonen initiierten Rechtsmittelverfahren die bisher nicht erfolgte aufwändige inhaltliche Prüfung des Projekts vorgenommen werden müsste und mithin bei den Rechtsmittelinstanzen zusätzlicher Arbeitsaufwand anfallen würde[474].

b. Normalfristen und Maximalfristen

Ein weiteres Unterscheidungskriterium stellt die Zeitdauer von Fristvorgaben dar. Bei der *Normalfristenregelung* wird eine – eher kurze – Grundsatzfrist vorgegeben, wobei allerdings im Einzelfall eine Fristverlängerung möglich ist, so etwa bei besonders komplexen Projekten oder bei anderen mit dem Projekt verbundenen Besonderheiten, welche einen überdurchschnittlichen zeitlichen Aufwand mit sich bringen. Solche

---

[473] In diesem Zusammenhang ist zudem zu erwähnen, dass Schadenereignisse, welche infolge einer ungenügenden bzw. überhaupt nicht erfolgten materiellen Prüfung des Projekts eintreten würden, zu unabsehbaren Haftungsfolgen für den Staat führen könnten.
[474] SCHULTE, S. 140 ff.; ROMBACH, S. 218 f.; BULLINGER, S. 68 ff., welcher in diesem Zusammenhang auch von einer "Hammerlösung" spricht; AEMISEGGER, S. 84; MARTI, Verfahrensvereinfachung, S. 70; PFISTERER, S. 364.

VI. Fristvorgaben

Normalfristen, welche sowohl seitens des Gesetzgebers wie auch seitens der Verwaltung statuiert werden können, orientieren sich demnach an der erfahrungsgemässen Durchschnittsdauer korrekt durchgeführter Verfahren und sind von den zuständigen Behörden im Normalfall zu beachten. Mit ihnen soll – als primär verwaltungsinternem Steuerungsinstrument – eine gewisse Signalwirkung erreicht werden, indem die vorgesetzte Verwaltungsbehörde oder allenfalls sogar der Gesetzgeber bei einem vereinzelten oder fortdauernden Nichteinhalten der vorgegebenen Fristen mittels organisatorischer und/oder personeller Vorkehrungen Abhilfe zu schaffen hat.

Im Gegensatz dazu wird beim Konzept der *Maximalfristen* eine – relativ lange – Gesamtverfahrensdauer statuiert, welche von der kompetenten Behörde nach ihrem Ermessen ausgenützt, aber keinesfalls überschritten werden darf. Diese Regelung hat den Vorteil, dass die Verfahrensdauer sowohl für Behörden wie auch für Private optimal voraussehbar ist. Allerdings birgt sie die Gefahr in sich, dass sich die Maximalfristen zu wenig am konkreten Einzelfall orientieren und die Entscheidbehörden versucht sein könnten, die Maximalfristen generell auszunützen, was der Verfahrensbeschleunigung abträglich wäre. Zudem bedingt das Maximalfristenkonzept, dass die statuierten Fristen von den betroffenen Behörden überhaupt eingehalten werden können, mithin in ihrer Dauer realistisch angesetzt sind, ansonsten die getroffenen Fristnormierungen Erwartungen weckten, die nicht erfüllt werden könnten, und dementsprechend nur eine symbolische Gesetzgebung betrieben würde[475].

---

[475] SCHULTE, S. 112; ROMBACH, S. 216 f.; BULLINGER, S. 62 ff.; GESAMTBERICHT IDAG, S. 296. Zur Problematik der symbolischen Gesetzgebung vgl. BBl 1994 III 1085 sowie GEORG MÜLLER, N 260 f.

c. Fristen zur Abgabe von Stellungnahmen und Entscheidungsfristen

Schliesslich können die verschiedenen Arten von Fristen nach dem *Verfahrensstadium*, in welchem sie zum Tragen kommen, unterschieden werden. Dabei ist eine Normierung von Fristvorgaben insbesondere für folgende Verfahrensschritte denkbar: Fristen zur Überprüfung der Vollständigkeit der Gesuchsunterlagen; Fristen zur Abgabe von behördlichen Stellungnahmen; Fristen zur Erhebung von Einsprachen durch (private) Drittbetroffene; Fristen zur Ausfällung der Entscheidung durch die zuständige Behörde[476].

Die nachfolgenden Ausführungen thematisieren ausschliesslich verfahrensrechtliche Massnahmen zur Beschleunigung der Behördentätigkeit und beschränken sich dementsprechend auf Fristvorgaben zur Abgabe von behördlichen Stellungnahmen und zur behördlichen Entscheidfällung.

C. Die neuere gesetzgeberische Entwicklung

Im Rahmen des *Bundesbeschlusses über das Plangenehmigungsverfahren für Eisenbahn-Grossprojekte* (BB EGP) beschlossen die Eidgenössischen Räte zwecks Verfahrensbeschleunigung die Statuierung von gesetzlichen Behandlungsfristen. So enthielt der Bundesbeschluss für das verwaltungsinterne Vorprüfungsverfahren verschiedene Fristvorgaben, innert welchen insbesondere die Stellungnahmen seitens der Bundesbehörden

---

[476] SCHULTE, S. 115 ff., welcher zusätzlich die Möglichkeit von Fristvorgaben für den Erörterungstermin (entsprechend der Einigungsverhandlung im schweizerischen Recht [vgl. Art. 45 ff. EntG]) anführt; ROMBACH, S. 216; BULLINGER, S. 67 f.; WAGNER, S. 147 ff. In Frage kommen jedoch nicht nur Fristvorgaben für das erstinstanzliche Verfahren, sondern auch solche für das Rechtsmittelverfahren; vgl. dazu GADOLA, Drittbeschwerde, S. 123 f., welcher allerdings im Zusammenhang mit dem Rechtsmittelverfahren die Möglichkeit von Fristvorgaben nicht explizit erwähnt.

VI. Fristvorgaben

sowie der Bericht des Bundesamts für Verkehr über das Vorprüfungsverfahren zu erfolgen hatten[477].

Auch mit der *Teilrevision des Raumplanungsgesetzes* vom 6. Oktober 1995 wurde eine Verfahrensbeschleunigung angestrebt, indem der Bundesgesetzgeber die Kantone verpflichtete, für alle zur Errichtung oder zur Änderung von Bauten und Anlagen erforderlichen Verfahren Fristen zu setzen und deren Wirkung zu regeln[478]. Die Eidgenössischen Räte folgten dabei der Konzeption des Bundesrats, welcher die Normierung von Fristvorgaben wie folgt begründete:[479]

> "Die Arbeit einer Bewilligungsbehörde besteht darin, die eingegangenen Gesuche darauf zu prüfen, ob sie dem geltenden Recht entsprechen. Die Arbeit bestimmt sich daher nach den eingereichten Gesuchen und der Komplexität der zu prüfenden rechtlichen und tatsächlichen Fragestellungen. Der Zeitbedarf für die Erledigung dieser Aufgaben bestimmt sich nach den vorhandenen Ressourcen und der Effizienz, mit der diese eingesetzt werden. Das Ansetzen von Fristen soll dadurch beschleunigend wirken, dass die Effizienz gesteigert oder vermehrt Ressourcen für die Bewilligungsverfahren bereitgestellt werden. (...)
> Einmal dürfte die strengere Handhabung von Fristen gegenüber Gesuchstellern und deren Anwälten ein gewisses Beschleunigungspotential in sich bergen. Die Fristen zwingen andererseits die Behörde, Fristüberschreitungen zu

---

[477] Art. 7 Abs. 5 und Art. 9 Abs. 1 BB EGP; BBl 1991 I 1008 f. Diese Fristvorgaben enthielten allerdings keine Sanktionierung für den Fall ihrer Nichteinhaltung. Zum Bundesbeschluss über das Plangenehmigungsverfahren für Eisenbahn-Grossprojekte vgl. vorne II.C.2.c.

[478] Art. 25 Abs. 1bis RPG; RUCH, in: Kommentar RPG, N 17 ff. zu Art. 25. Vgl. etwa für den Kanton Zürich die entsprechende Regelung in § 319 des Gesetzes über die Raumplanung und das öffentliche Baurecht (Planungs- und Baugesetz) vom 7. September 1975 (LS 700.1). Zur Revision des Raumplanungsgesetzes vgl. vorne II.C.6.

[479] BBl 1994 III 1083.

> begründen, zeigen die Flaschenhälse innerhalb der Verwaltung auf und ermöglichen, diese gezielt zu beseitigen. Den Baugesuchstellern wird damit eine bessere zeitliche Planung ermöglicht."

Mit der entsprechenden Gesetzesnovelle wurde den Kantonen nur die Schaffung von Fristvorgaben und die Regelung von deren Wirkungen vorgeschrieben. Damit blieb den Kantonen bezüglich der Ausgestaltung dieser Fristen und deren Wirkungen ein erheblicher Spielraum, was der Bundesrat in seiner Botschaft betonte, gleichzeitig aber auch die bundesrechtlichen Minimalanforderungen vorzeichnete: So wies er darauf hin, dass nicht nur für die einzelnen Verfahrenshandlungen, sondern auch für das Verfahren insgesamt Fristen zu setzen seien, was entweder generell in Verfahrensgesetzen oder im Einzelfall durch Verfügung der prozessleitenden Behörde erfolgen könne[480]. Weiter müssten die Fristvorgaben kürzer sein, als dies schon nach dem verfassungsrechtlich gesicherten Verbot der Rechtsverzögerung geboten wäre, doch eben immerhin so lang, dass sie auch realistisch bemessen seien und mithin ernst genommen würden. Hinsichtlich der Wirkung von Fristvorgaben im Fall einer Fristüberschreitung hielt der Bundesrat fest, dass die von den Kantonen zu setzenden Fristvorgaben einen korrekten materiellen Entscheid nicht gefährden dürften:[481]

> "So können Prioritäten bei der Geschäftserledigung, die Überprüfung einer Amtsstelle bezüglich Arbeitserledigung und dafür zur Verfügung stehende Mittel (Personal, Infrastruktur) usw. mit dem Fristenlauf verknüpft werden. Unzulässig wäre es, unbenutzten Fristablauf einer Zustim-

---

[480] Letzteres erscheint insbesondere aus Gründen der Rechtssicherheit und der Rechtsgleichheit problematisch (vgl. dazu HÄFELIN/MÜLLER, N 300 f.), weshalb m. E. einer generell-abstrakten Regelung klarerweise der Vorzug zu geben ist. In diesem Sinn auch GESAMTBERICHT IDAG, S. 297 f.; RUCH, in: Kommentar RPG, N 20 zu Art. 25.

[481] BBl 1994 III 1083 und 1085.

VI. Fristvorgaben

mung gleichzusetzen (...) oder eine Behörde zu verpflichten, eine Antwort aufgrund einer unvollständigen Prüfung zu erteilen."

Die vom Bundesrat vorgeschlagenen und von den Eidgenössischen Räten übernommenen Vorgaben an die Kantone orientierten sich damit am Modell der *sanktionierten Fristen*, wobei die Wahl der Sanktionierung – abgesehen vom Instrument der Genehmigungsfiktion – den Kantonen überlassen blieb[482]. Als verfahrensrechtliche Besonderheit ist hervorzuheben, dass die kantonalen Fristvorgaben grundsätzlich auch von am Verfahren beteiligten Bewilligungsbehörden des Bundes zu beachten sind, doch zeitigen die durch das kantonale Recht statuierten Wirkungen für diese Bundesbehörden keine (direkte) Geltung. Der Bundesrat führte dazu allerdings aus, dass das wiederholte Versäumen realistisch bemessener Fristen durch Bundesbehörden dem Kanton Anlass geben könne, beim Bund vorstellig zu werden, damit Abhilfe geschaffen werde[483].

In der Lehre stiess die Teilrevision des Raumplanungsgesetzes auf sehr unterschiedliche Aufnahme. Die ablehnende Seite kritisierte – neben der (nach ihrer Ansicht) ungenügenden Gesetzgebungskompetenz des Bundes für den Erlass einer solchen Regelung – insbesondere die Unzweckmässigkeit von Fristvorgaben, da solche gesetzlichen Vorgaben zu starr und zu schematisch seien und sich zu wenig am konkreten Einzelfall orientierten. Weiter wurde angeführt, dass die Festsetzung und Kontrolle

---

[482] RUCH, in: Kommentar RPG, N 24 zu Art. 25. Die vom Bundesrat angeführten zulässigen *Sanktionen* beschränkten sich auf rein verwaltungsinterne Folgen, ohne dass auch auf die Möglichkeit der Statuierung einer Rechtfertigungspflicht gegenüber dem Gesuchsteller hingewiesen worden wäre. Was das Kriterium der *Fristdauer* betrifft, so wurde den Kantonen mit Art. 25 Abs. 1bis RPG weder ein Normal- noch ein Maximalfristenkonzept vorgegeben. Bezüglich des *Verfahrensstadiums* betonte der Bundesrat insbesondere die Pflicht zur Setzung einer Frist für das gesamte Verfahren, also einer Frist zur Ausfällung der Entscheidung durch die zuständige Behörde. Zu den verschiedenen Arten von Fristvorgaben vgl. vorne VI.B.2.
[483] BBl 1994 III 1085.

von Fristen sowie die Bewältigung einzelner zeitlicher Engpässe einen wesentlichen Teil der Verwaltungskapazitäten absorbieren würden und darunter die eigentlich im Vordergrund stehende materielle Beurteilung der Baugesuche zu leiden hätte; zudem sei eine Aufblähung der Verwaltung zur Bewältigung solcher bürokratischer Aufgaben – gerade angesichts der Finanzknappheit des Staats – auch wenig sinnvoll. Schliesslich sei zu befürchten, dass der von den gesetzlichen Fristvorgaben ausgehende Druck auf die Behörden vielfach zu unsorgfältigen Entscheidungen führe, was letztlich auch der Verfahrensbeschleunigung abträglich sei, da derartige "Schnellschüsse" regelmässig ein zeitaufwändiges Rechtsmittelverfahren mit sich bringen würden. Aus all diesen Gründen seien gesetzliche Fristvorgaben kein taugliches Mittel zur Verfahrensbeschleunigung, was allerdings nicht bedeute, dass eine solche überhaupt nicht möglich sei: Seitens der Verwaltung könnten sehr wohl erfolgversprechende verfahrensbeschleunigende Massnahmen getroffen werden, so insbesondere im personellen Bereich mittels Verbesserung der fachlichen Kompetenz der Bewilligungsbehörden[484].

Demgegenüber betrachtete die befürwortende Seite den mit der Teilrevision des Raumplanungsgesetzes statuierten Regelungsauftrag an die Kantone als (noch) von der Grundsatzgesetzgebungskompetenz des Bundes abgedeckt und qualifizierte gesetzliche Fristvorgaben als eine durch-

---

[484] GEORG MÜLLER, Baubewilligungen gesetzlich beschleunigen? Kontraproduktive "Fristenlösung" des Bundesrats, NZZ vom 13. Oktober 1994, Nr. 239, S. 15; AEMISEGGER, S. 83 f.; PFISTERER, S. 345 und 363 ff., welcher Fristvorgaben anhand einer geplanten, aber gescheiterten gesetzlichen Regelung im Kanton Aargau untersucht und dabei zusätzlich darauf hinweist, dass Fristvorgaben im Bereich der bodenbezogenen Entscheidverfahren den Behörden die Traktandenliste diktierten, indem vorweg alle Baudossiers behandelt werden müssten, unabhängig davon, ob noch andere, für Private oder für die Öffentlichkeit viel wichtigere Geschäfte anstehen würden; HÄNNI, S. 55 f., welcher ohne nähere Begründung die Festlegung zwingender Behandlungsfristen als unzweckmässig erachtet; RUCH, in: Kommentar RPG, N 18 f. zu Art. 25.

VI. Fristvorgaben 193

aus geeignete Massnahme zur Verfahrensbeschleunigung, was etwa wie folgt begründet wurde:[485]

> "Auch blosse Ordnungsfristen – am besten flexible Regelfristen, nicht Detailfristen mit komplizierten Verlängerungsregeln – bringen aber nach allgemeiner Erfahrung Verbesserungen im Hinblick auf eine speditive Verfahrensabwicklung. Solchen Fristen kommt der Charakter von Führungs- und Ordnungsmassnahmen zu. Sie erleichtern die Verfahrensüberwachung durch Entscheid- und Aufsichtsbehörden und geben dem Gesuchsteller zumindest einen Anhaltspunkt für die zeitliche Planung. Bei Missachtung solcher Ordnungsfristen steht den Beteiligten jedenfalls der Rechtsweg offen. Allenfalls könnten sich für das Gemeinwesen auch Haftungsfolgen ergeben."

D. Das Bundesgesetz über die Koordination und Vereinfachung von Entscheidverfahren

Im Rahmen der Vorarbeiten zum neuen Koordinationsgesetz beschäftigte sich auch die Interdepartementale Arbeitsgruppe (IDAG) mit der Frage der Festsetzung von Behandlungsfristen. Dabei wies sie in ihrem Gesamtbericht zuhanden des Leitungsausschusses zunächst darauf hin, dass aufgrund der einzelfallbezogenen Betrachtung und der sehr vagen Formel des Bundesgerichts die Schwelle zur Rechtsverzögerung recht hoch angesetzt sei. Dementsprechend stellten die verfassungsrechtlichen Vorgaben an die Verfahrensbeschleunigung ein wenig praktikables und griffiges Instrumentarium dar, weshalb denn auch in der Politik und der Öffentlichkeit der Ruf nach Fristvorgaben für den Bereich der bodenbezogenen

---

[485] ARNOLD MARTI, Die Beschleunigung von Bewilligungsverfahren. Fristen als massvolle Auflage im Interesse der Revitalisierung, NZZ vom 23. Dezember 1994, Nr. 300, S. 13. Vgl. auch MARTI, Verfahrensvereinfachung, S. 70; GADOLA, Drittbeschwerde, S. 123.

Entscheidverfahren immer stärker werde[486]. Die IDAG befürwortete die Einführung solcher Behandlungsfristen für das erstinstanzliche Verfahren, betonte jedoch gleichzeitig das (nach ihrer Ansicht) sehr beschränkte Beschleunigungspotenzial dieser verfahrensrechtlichen Massnahme. Zudem wollte sie die Behandlungsfristen als sanktionierte Fristvorgaben verstanden wissen, allerdings unter Ausschluss der Sanktion der Genehmigungsfiktion:[487]

> "Behandlungsfristen sollten bei Überschreitung keine Verwirkung behördlicher Mitspracherechte, insbesondere keine Entscheid- oder Zustimmungsfiktionen vorsehen (bloss Ordnungsfristen). (...) Die IDAG erachtet indessen die Absicherung und Verstärkung der Signalwirkung durch flankierende Massnahmen als sinnvoll: Zu nennen sind etwa regelmässige Terminkontrollen und die Orientierung des Gesuchstellers durch die Entscheidbehörde bei Nichteinhaltung der gesetzten Frist. Zudem müssen Entscheidbehörden sowie Fachämter in Geschäftsberichten über eingehaltene bzw. versäumte Fristen und die tatsächliche Verfahrensdauer Rechenschaft ablegen, wodurch ein zusätzlicher Druck zur speditiven Sachbearbeitung entstehen kann."

---

[486] GESAMTBERICHT IDAG, S. 295. Neben der Politik und der Öffentlichkeit sprachen sich auch die projektspezifischen Arbeitsgruppen "Elektrische Anlagen", "Nationalstrassen", "Wasserkraftwerke" und "Deponien, Materialabbaustellen und weitere touristische Anlagen" für die Schaffung von Fristvorgaben aus (GESAMTBERICHT IDAG, S. 74 f., 106 f. und 110 f., 171 f. sowie 212).

[487] GESAMTBERICHT IDAG, S. 296 f. Die von der IDAG verwendeten Begriffe der *Ordnungs-* und *Verwirkungsfristen* unterscheiden sich aufgrund von deren Sanktionierung, wobei sowohl Ordnungs- wie auch Verwirkungsfristen sanktionierte Behandlungsfristen darstellen, jedoch bezüglich Art und Intensität der Sanktion unterschiedlich sind. Der in der Schweiz geläufige Begriff der Ordnungsfrist erscheint vor diesem Hintergrund etwas unglücklich gewählt, da er eher auf eine sanktionslose Fristvorgabe hindeutet. Vgl. dazu auch vorne VI.B.2. (insb. FN 467).

VI. Fristvorgaben

Weiter sprach sich die IDAG für die Schaffung von Normalfristen aus, da beim Maximalfristenkonzept die Fristen relativ lang ausfielen und die involvierten Behörden erfahrungsgemäss versucht seien, die gesetzten Fristen vollumfänglich auszuschöpfen, um dadurch insbesondere ihrer Aus- bzw. Überlastung gebührend Ausdruck zu verleihen. Beim vorgeschlagenen Normalfristenkonzept sollten nach Ansicht der IDAG flexible Rahmenfristen gesetzt werden, welche dem konkreten Einzelfall entsprechend verkürzt oder in begründeten Ausnahmefällen auch verlängert werden könnten. Dabei seien die grundlegenden Aspekte der Fristvorgaben aus Gründen der Rechtssicherheit und Rechtsgleichheit im neu zu schaffenden Koordinationsgesetz zu regeln, während die Einzelheiten – wie etwa die konkrete Fristdauer – projektspezifisch auf Verordnungsstufe statuiert werden könnten. Schliesslich befürwortete die IDAG die Schaffung von Fristvorgaben nur für das erstinstanzliche Verfahren, nicht aber für das nachfolgende Rechtsmittelverfahren, weil die Gerichte ohnehin überlastet seien und die Justiztätigkeit nicht oder nur schlecht befristet werden könne[488].

Der Bundesrat folgte den Empfehlungen der IDAG allerdings nicht. Während er im Vorentwurf noch vollumfänglich auf die Statuierung von

---

[488] GESAMTBERICHT IDAG, S. 297 f. Die Argumentation der IDAG, dass wegen der generellen Überlastung der Gerichte von der Statuierung von Fristvorgaben für das Rechtsmittelverfahren abzusehen sei, ist m. E. wenig stichhaltig: Diese Argumentation impliziert, dass die erstinstanzlichen Verwaltungsbehörden nie und die Gerichte immer überlastet sind, was in dieser Absolutheit (erfahrungsgemäss) nicht stimmt. Vgl. dazu etwa einen Bericht in der NZZ vom 18. Februar 2000 (Nr. 41, S. 13), in welchem die Geschäftslast des Eidgenössischen Versicherungsgerichts und des Bundesgerichts thematisiert wird und sich folgende Kommentierung findet: „Zumindest zahlenmässig ist beim Bundesgericht in Lausanne weiterhin alles im Lot. Wohl wird im Geschäftsbericht die Auffassung vertreten, die aktuellen Geschäftszahlen würden „eine angemessene Belastung bei weitem übersteigen", doch zumindest hinter vorgehaltener Hand wird eingeräumt, dass von einer Überlastung der Instanz zurzeit ernsthaft nicht die Rede sein kann."

Fristvorgaben auf Gesetzesstufe verzichten wollte[489], sah er im Gesetzesentwurf immerhin vereinzelt Verfahrensfristen vor[490]. Letzteres darf aber nicht darüber hinwegtäuschen, dass der Bundesrat anlässlich der Gesetzgebungsarbeiten zum neuen Koordinationserlass eine ablehnende Grundhaltung gegenüber Fristvorgaben vertrat, was er in seiner Botschaft wie folgt begründete:[491]

> "Neuere Tendenzen fordern zusätzlich die Einführung von Behandlungsfristen für erstinstanzliche Bewilligungsverfahren (...). Es wird geltend gemacht, solche Fristen (Ordnungsfristen) würden sich erfahrungsgemäss positiv auf die Dritt- und Selbstkontrolle der Behörden auswirken. (...)
>
> Demgegenüber ist einerseits darauf hinzuweisen, dass eine Fristenregelung nicht dazu führen darf, dass die entscheidende Behörde sich die notwendigen Entscheidungsgrundlagen vor dem Entscheid nicht mehr verschaffen kann. Sie wäre nämlich dadurch nicht mehr in der Lage, einen sachgerechten Entscheid zu fällen. Ein nicht sachgerechter Entscheid ist jedoch rechtswidrig. Da die Versäumung von Ordnungsfristen anderseits keine direkten Rechtsfolgen oder Sanktionen nach sich zieht, ist die Einführung von Behandlungsfristen im Sinne von Ordnungsfristen nur ein beschränkt taugliches Mittel zur Verfahrensbeschleunigung."

Diese Ausführungen sind in zweierlei Hinsicht bemerkenswert: Einerseits verwendete der Bundesrat – im Gegensatz zu seinen damaligen Erläuterungen zur Teilrevision des Raumplanungsgesetzes – den Begriff der

---

[489] BBl 1998, 2606; MARTI, Vernehmlassungsentwurf, S. 858. Nach Ansicht des Bundesrats könnten Fristvorgaben allenfalls auf Verordnungsstufe eingeführt werden, was eine projektspezifischere Betrachtung und damit den Verhältnissen angepasstere Lösung erlaube.

[490] BBl 1998, 2612; MARTI, Botschaft, S. 186, welcher als Beispiel die Fristbestimmung für das Anhörungsverfahren anführt (vgl. Art. 62a RVOG).

[491] BBl 1998, 2605 f.

VI. Fristvorgaben

Ordnungsfristen und qualifizierte diese als sanktionslose Fristvorgaben, was nach der in dieser Arbeit vertretenen Ansicht gerade nicht bzw. nicht generell zutrifft[492]. Anderseits vollführte der Bundesrat einen vollumfänglichen Richtungswechsel, wenn er im Rahmen des Koordinationsgesetzes die Schaffung von Fristvorgaben wegen deren (angeblich) beschränkten Wirkungspotenzial ablehnte, während er noch anlässlich der – notabene erst wenige Jahre zurückliegenden – Teilrevision des Raumplanungsgesetzes die Gegenmeinung vertreten hatte[493]. Damit verbunden ist auch eine Ungleichbehandlung von Bund und Kantonen, da nach den bundesrätlichen Vorstellungen nur von den Kantonen, nicht aber vom Bund die Schaffung von Behandlungsfristen verlangt werden sollte[494].

Während die Kammer der Standesvertreter – als Erstrat – dem bundesrätlichen Vorschlag des weitgehenden Verzichts auf eine gesetzlichen Statuierung von Fristvorgaben folgte, formierte sich in der vorberatenden nationalrätlichen Kommission für Umwelt, Raumplanung und Energie (UREK) Widerstand, was schliesslich in einen Kommissionsantrag auf eine gesetzliche Festsetzung von Behandlungsfristen mündete. Anlässlich der Eintretensdebatte im Ratsplenum begründete der deutschsprachige Berichterstatter Baumberger diesen Antrag wie folgt[495]:

"Entgegen dem Bundesrat, welcher auf die Vorgabe von Fristen für die Entscheidverfahren verzichten wollte, weil damit keine direkten Sanktionen verbunden werden können, hat Ihre Kommission einen neuen Artikel 62c ins

---

[492] Vgl. FN 487.
[493] So führte der Bundesrat in seiner Botschaft zur Teilrevision des Raumplanungsgesetzes etwa aus: *"Trotzdem* [d. h. auch wenn nicht mit einer Genehmigungsfiktion sanktioniert] *können solche Fristen eine erhebliche Wirkung haben."* (BBl 1994 III 1083).
[494] In diesem Sinn auch MARTI, Botschaft, S. 186.
[495] Amtl.Bull. NR 1999, 49. Keine Erwähnung fand der Antrag auf eine gesetzliche Statuierung von Fristvorgaben hingegen beim französischsprachigen nationalrätlichen Berichterstatter Grobet (Amtl.Bull. NR 1999, 50 f.).

RVOG eingesetzt und damit den Bundesrat verpflichtet, solche Ordnungsvorschriften – je nach Verfahrensart und Komplexität unter Umständen verschieden Fristen – auf dem Verordnungswege festzulegen. Die UREK hat sich damit nicht nur auf die zunehmenden Forderungen nach solchen Fristen abgestützt, sondern auch darauf, dass auch der Bund den Kantonen im kürzlich revidierten Bundesgesetz über die Raumplanung in Artikel 25a [recte: Artikel 25 Absatz 1bis] solche Fristen vorgeschrieben hat. Vor allem aber zeigt die Praxis in verschiedenen Kantonen, die das bereits haben, dass sich derartige Ordnungsvorschriften positiv auf die Selbstkontrolle der Verwaltung auswirken. Der Bundesrat soll deshalb im Rahmen seiner Verordnung Vorgaben für das Zeitmanagement der einzelnen Verfahrensschritte machen, was insgesamt zu einer klaren Verkürzung der Gesamtdauer der Verfahren führen wird. Mit der Mitteilungs- und Begründungspflicht in Artikel 62c Absatz 2 RVOG haben wir den Beschleunigungsehrgeiz der Verwaltung noch etwas angestachelt."

Der Antrag wurde in der Detailberatung vom Nationalrat ohne weitere Diskussionen angenommen[496]. Im Rahmen der Differenzbereinigung schloss sich der Ständerat der Grossen Kammer ebenso diskussionslos an, nachdem der ständerätliche Berichterstatter dem Plenum erklärt hatte, dass den vom Nationalrat beschlossenen Fristvorgaben weder seitens des Bundesrats bzw. der Bundesverwaltung noch seitens der vorberatenden

---

[496] Amtl.Bull. NR 1999, 57. Einzig Nationalrat Speck (SVP) thematisierte die Fristvorgaben anlässlich der Eintretensdebatte zum Koordinationsgesetz (Amtl.Bull. NR 1999, 51): *"Ich bin mir bewusst – auch aus Erfahrungen im Bauwesen in Gemeinde und Kanton –, dass mit Fristansetzungen immer auch Probleme verbunden sind. Die Kommission unterstützte einen Antrag Baumberger, wonach alle vom Bundesgesetz betroffenen Einzelgesetze so zu ändern sind, dass die entscheidende Behörde im Sinne einer Ordnungsvorschrift ihren Entscheid innert angepasster Frist zu treffen hat. (...) Ich glaube, dass damit das angestrebte Ziel einer Beschleunigung der Verfahren besser erreicht werden kann, und bitte Sie, in der Detailberatung mit der Mehrheit der Kommission zu stimmen."*

VI. Fristvorgaben

Kommission des Ständerats Opposition erwachsen sei[497]. Das Parlament hatte sich damit für die Einfügung einer Grundsatznorm betreffend Fristvorgaben in das Regierungs- und Verwaltungsorganisationsgesetz (RVOG) entschieden, welche folgenden Wortlaut trägt:

Art. 62c   Fristen

¹ Der Bundesrat setzt für die Verfahren, mit denen die Pläne für Bauten und Anlagen genehmigt werden, Fristen fest, innert welchen der Entscheid zu treffen ist.

² Sofern eine dieser Fristen nicht eingehalten werden kann, teilt die Leitbehörde dem Gesuchsteller unter Angabe der Gründe mit, wann der Entscheid getroffen werden kann.

Diese von den Eidgenössischen Räten statuierte Grundsatznorm ist als sanktionierte Fristvorgabe zu qualifizieren. Im Fall einer Verfahrensverzögerung beschränkt sich die Sanktionierung allerdings auf eine gegenüber dem Gesuchsteller bestehende Rechtfertigungspflicht, welche einerseits eine Begründung für die eingetretene Verzögerung und anderseits eine Mitteilung des (voraussichtlichen) Zeitpunkts der Entscheidung beinhaltet[498]. Gleichzeitig mit dieser Rechtfertigungspflicht hätte auch eine verwaltungsinterne Mitteilungspflicht an die übergeordnete Verwaltungsbehörde verankert werden können, worauf der Bundesgesetzgeber indessen verzichtete; dies ist m. E. zu bedauern, weil eine solche Grundsatzregelung den Aufsichtsbehörden ein wirksames Überwachungsinstrument verschafft hätte[499].

---

[497] Amtl.Bull. StR 1999, 440.
[498] Art. 62c Abs. 2 RVOG.
[499] Wenn ein Departement als Konzentrationsbehörde entscheiden muss (vgl. dazu vorne III.B.3.a.), dann hätte im Fall einer Verfahrensverzögerung die Mitteilung an den Bundesrat zu erfolgen, was jedoch angesichts der Tatsache, dass der Bundesrat – als Landesregierung – von solchen Geschäften gerade entlastet werden sollte, störend wäre. Vgl. in diesem Zusammenhang auch BULLINGER, S. 66, welcher für den Fall des Nichteinhaltens der gesetzten Fristen in mehr als einem Viertel der Ge-

Die Festsetzung der Fristdauer delegierten die Eidgenössischen Räte an den Bundesrat, was den Vorteil hat, dass auf Verordnungsebene eine projektspezifischere Betrachtung möglich ist und dementsprechend bei der Festsetzung der Fristdauer den jeweiligen verfahrensrechtlichen Eigenheiten eines bestimmten Sachbereichs Rechnung getragen werden kann[500]. Die offene Formulierung der Delegationsnorm gibt dem Bundesrat zudem die Möglichkeit, die auf dem Verordnungsweg zu schaffenden Fristvorgaben sowohl nach dem Normalfristen- als auch nach dem Maximalfristenkonzept auszugestalten[501]. Allerdings beinhaltet die Bestimmung von Art. 62c RVOG nur die Kompetenz zur Setzung von Entscheidungsfristen[502], und dies bloss für das erstinstanzliche Verfahren.

---

nehmigungsverfahren eine Mitteilungspflicht sowohl an die vorgesetzten Behörden wie auch an die politischen Entscheidungsträger vorschlägt.

[500] Art. 62c Abs. 1 RVOG. Als Beispiele für solche Regelungen auf Verordnungsstufe seien Art. 29 Abs. 4 der Militärischen Plangenehmigungsverordnung (MPV) sowie Art. 8 der Verordnung über das Plangenehmigungsverfahren für Eisenbahnanlagen (VPVE) genannt: Nach ersterer Bestimmung ist der Plangenehmigungsentscheid in der Regel innerhalb von drei Monaten nach Abschluss des Bereinigungsverfahrens zu treffen, während nach letzterer Bestimmung die Behandlungsfrist mit dem vollständigen Erhalt der Gesuchsunterlagen zu laufen beginnt und je nach durchzuführendem Verfahren (vereinfachtes, ordentliches oder kombiniertes Verfahren) 4, 12 oder 18 Monate beträgt.

[501] So entschied sich der Bundesrat etwa in Art. 29 Abs. 4 MPV (vgl. FN 500) sowie in Art. 2 der Wasserrechtsverordnung (WRV) für das – m. E. zweckmässigere – Normalfristenkonzept. Vgl. dazu auch vorne VI.B.2.b.

[502] Dies hielt den Bundesrat allerdings nicht davon ab, neben Entscheidungsfristen auch andere Fristen zu setzen. So findet sich beispielsweise in Art. 2 Abs. 1 und 2 der Wasserrechtsverordnung (WRV) eine Fristvorgabe von einem Monat für die Überprüfung der Gesuchsunterlagen auf deren Vollständigkeit sowie eine sechsmonatige Frist für die Erörterung von Einsprachen in Einigungsverhandlungen. Vgl. dazu auch vorne VI.B.2.c.

VI. Fristvorgaben

Der Bundesgesetzgeber hat mit Art. 62c RVOG eine rechtssetzungstechnisch überzeugende Lösung getroffen[503], indem er sich für eine stufengerechte Regelung entschied: Während auf Gesetzesebene die Grundsätze der Fristvorgaben – wie v. a. die Sanktionierung bei allfälligen Fristüberschreitungen – einheitlich für sämtliche Verfahren, in welchen Pläne für Bauten und Anlagen zu genehmigen sind, formuliert werden, ist die Berücksichtigung der projektspezifischen Eigenheiten dem Verordnungsgeber überlassen, welchem dabei ein erheblicher Spielraum bezüglich der Setzung der Fristen zukommt[504].

Die Bestimmung von Art. 62c RVOG war jedoch nicht die einzige Fristvorgabe, die im Rahmen des Koordinationsgesetzes in das Regierungs- und Verwaltungsorganisationsgesetz aufgenommen wurde. So legten die Eidgenössischen Räte – diesmal auf Vorschlag des Bundesrats – im Zusammenhang mit dem Anhörungsverfahren fest, dass die fachbehördlichen Stellungnahmen innert zwei Monaten abzugeben sind, wobei die Konzentrationsbehörde in einfachen Fällen diese Frist abkürzen und bei besonders aufwändigen Projekten verlängern kann[505].

Diese das Anhörungsverfahren betreffende Regelung unterscheidet sich ganz erheblich von derjenigen gemäss Art. 62c RVOG: Einerseits statuierte der Bundesgesetzgeber für das Anhörungsverfahren zwingend eine Normalfristenregelung und setzte dabei die Regelfrist gleich selbst bei zwei Monaten fest. Anderseits ergibt sich ein Unterschied bezüglich Ver-

---

[503] Immerhin ist Kritik angebracht bezüglich der Statuierung dieser Fristvorgaben im RVOG. Dazu kann vollumfänglich auf die entsprechenden Ausführungen unter III.C.3.a. verwiesen werden.
[504] Ein ähnliches Regelungsmodell postuliert BULLINGER, S. 66 f., welcher allerdings vorschlägt, die Fristen in den einzelnen Fachgesetzen, d. h. auf Gesetzesstufe festzulegen.
[505] Art. 62a Abs. 3 RVOG; BBl 1998, 2614. Beispielsweise wird in Art. 19 Abs. 1 MPV (vgl. FN 500) festgeschrieben, dass die Konzentrationsbehörde die Anhörungsfristen aus *wichtigen Gründen* verlängern kann. Vgl. auch vorne III.C.3.b.

fahrensstadium, da die in Art. 62a Abs. 3 RVOG normierten Fristvorgaben die Abgabe von fachbehördlichen Stellungnahmen betreffen, während die Regelung von Art. 62c RVOG Entscheidungsfristen beinhaltet. Schliesslich verzichtete das Parlament beim Anhörungsverfahren auf eine Sanktionierung von allfälligen Fristüberschreitungen, was Art. 62a Abs. 3 RVOG als sanktionslose Fristvorgabe qualifiziert. Sollte eine Fachbehörde erst nach Ablauf der gesetzten Frist ihre Stellungnahme zuhanden der Konzentrationsbehörde abgeben, so kann diese Stellungnahme wie ein verspätetes Parteivorbringen gemäss Art. 32 Abs. 2 VwVG behandelt, d. h. trotz Verspätung noch berücksichtigt werden. Der Bundesrat hielt diesbezüglich fest, dass der Konzentrationsbehörde regelmässig gar kein anderes Vorgehen offen stehen dürfte, da sie auf den Sachverstand der Fachbehörde angewiesen sei[506]. Dieser Argumentation ist grundsätzlich zuzustimmen, doch wäre es m. E. angezeigt gewesen, zumindest eine verwaltungsinterne Sanktionierung – wie etwa eine Rechtfertigungspflicht gegenüber der vorgesetzten Behörde und/oder gegenüber der Konzentrationsbehörde – gesetzlich festzulegen. Der Bundesgesetzgeber hätte damit der Verwaltung deutlich signalisiert, dass er zwecks Verfahrensbeschleunigung nicht nur (symbolische) Fristen statuiert, sondern zu deren Durchsetzung auch das notwendige Instrumentarium bereitstellt.

E. Würdigung

Ausgangspunkt sind die grundrechtlichen Vorgaben an die Verfahrensbeschleunigung. Sie bilden den zeitlichen Rahmen für die Verwaltungstätigkeit und verhelfen bei massiven Verfahrensverzögerungen den Betroffenen zu ihrem Recht. Da die Schwelle zur Rechtsverzögerung aber recht

---

[506] BBl 1998, 2614. Vgl. in diesem Zusammenhang auch SCHULTE, S. 122 f., welcher darauf hinweist, dass die Sanktion einer Genehmigungsfiktion bei Ausbleiben der fachbehördlichen Stellungnahmen innert gesetzter Frist kein gangbarer Weg sei, da eine solche Fiktion nicht nur zulasten der Fachbehörde, sondern letztlich zulasten der Allgemeinheit ginge.

VI. Fristvorgaben

hoch angesetzt ist, vermögen die grundrechtlichen Vorgaben die Verwaltungstätigkeit hinsichtlich Verfahrensbeschleunigung nur ungenügend zu steuern. In neuerer Zeit ertönte deshalb seitens der Politik und der Praxis der Ruf nach Fristvorgaben, welche dieses Steuerungsdefizit beheben sollten. Der Bundesgesetzgeber konnte resp. wollte sich dieser Forderung nicht widersetzen und führte im Rahmen des Bundesbeschlusses über das Plangenehmigungsverfahren für Eisenbahn-Grossprojekte und der Teilrevision des Raumplanungsgesetzes sowie anlässlich der Schaffung des Bundesgesetzes über die Koordination und Vereinfachung von Entscheidverfahren entsprechende Fristvorgaben ein.

Diese Entwicklung, welche dem Aspekt der Beschleunigung der Behördentätigkeit verstärkt Rechnung trägt, ist grundsätzlich begrüssenswert. Allerdings verlief die Schaffung von Fristvorgaben nicht ohne Widersprüche. So begrüsste der Bundesrat insbesondere anlässlich der Teilrevision des Raumplanungsgesetzes die Festsetzung von Behandlungsfristen und pries dieses Instrument als wirksamen Beitrag zur Verfahrensbeschleunigung. Nach bloss vier Jahren vertrat er in seiner Botschaft zum neuen Koordinationsgesetz plötzlich eine andere Ansicht und wollte im Rahmen der Gesetzesvorlage – ursprünglich vollständig – auf die Schaffung von Fristvorgaben verzichten. Diesen Meinungsumschwung vermochte der Bundesrat nicht einmal ansatzweise zu begründen, was – richtigerweise – die Eidgenössischen Räte zur Intervention bewog. Dabei ist die vom Bundesgesetzgeber in Art. 62c RVOG statuierte Grundsatznorm betreffend Behandlungsfristen als gelungen zu bezeichnen. Sie steht allerdings in einem unauflösbaren systematischen Widerspruch zum ebenfalls neu geschaffenen Art. 62a Abs. 3 RVOG, welcher für die Abgabe von fachbehördlichen Stellungnahmen im Rahmen des Anhörungsverfahrens ein vollkommen anderes Fristenmodell vorsieht. Diese Unterschiedlichkeit ist wohl darauf zurückzuführen, dass die letztere Fristvorgabe vom Bundesrat vorgeschlagen wurde, während die Erstere im Rahmen der parlamentarischen Beratungen entstand; gerade angesichts dieser unterschiedlichen Entstehungsgeschichte hätte der Bundesgesetzgeber die Frage der Einheitlichkeit und Systematik der beiden Fristnormierungen aber besser berücksichtigen sollen.

Wenn Nationalrat Baumberger anlässlich der parlamentarischen Beratungen des Koordinationsgesetzes erklärte, die Statuierung von Behandlungsfristen führe *"zu einer klaren Verkürzung der Gesamtdauer der Verfahren"*[507], so dürfte er damit die verfahrensbeschleunigende Wirkung von Fristvorgaben zweifellos überschätzen und zudem Erwartungen wecken, die wohl nicht erfüllt werden können. Dennoch scheint mir die Setzung von Fristen ein (beschränkt) taugliches Mittel zur Verfahrensbeschleunigung, welches insbesondere im Bereich des Bundesverwaltungsrechts noch vermehrt eingesetzt werden sollte.

Als idealtypisches Fristenmodell könnte die Regelung von Art. 62c RVOG herangezogen werden: Auf Gesetzesstufe wäre festzulegen, für welche Verfahrensschritte der Verordnungsgeber Fristen zu statuieren hat[508] und welches die Sanktionen bei allfälligen Fristüberschreitungen wären. Dabei sollten weder sanktionslose Behandlungsfristen noch Genehmigungsfik-

---

[507] Vgl. vorne VI.D.
[508] Fristvorgaben sollten allerdings nicht nur für das erstinstanzliche, sondern auch für das *Rechtsmittelverfahren* geschaffen werden. Die Normalfristen wären von den Gerichten – in der Funktion als Verordnungsgeber – festzulegen und orientierten sich insbesondere an der durchschnittlichen Verfahrensdauer. Als gesetzliche Sanktion bei einer Fristüberschreitung könnte etwa eine Rechtfertigungspflicht des Gerichts bzw. der betreffenden Abteilung des Gerichts statuiert werden. Der Verfasser der vorliegenden Arbeit konnte im Rahmen seiner Gerichtspraxis wiederholt beobachten, dass solche – wenn auch nur gerichtsinternen – Fristen durchaus einen gewissen Beschleunigungseffekt zeitigen. Vgl. dazu den Beschluss des Obergerichts des Kantons Zürich vom 19. November 1996 betreffend die Berichterstattungspflicht der Bezirksgerichte, Arbeitsgerichte, Mietgerichte und der Einzelrichter an den Bezirksgerichten, nach welchem beispielsweise eine Berichterstattungspflicht an die Aufsichtsbehörde besteht, wenn ein Zivilprozess länger als ein Jahr anhängig ist.

VI. Fristvorgaben

tionen verwendet werden, da Erstere die Fristvorgabe zur symbolischen Gesetzgebung abwerten[509] und Letztere klar über das Ziel hinausschiessen[510]. Die adäquate Sanktionierung liegt vielmehr in einer Rechtfertigungspflicht gegenüber der vorgesetzten Behörde und/oder gegenüber dem Gesuchsteller, weil eine solche Rechtfertigungspflicht die betreffenden Behörden zwingt, bei einer Fristüberschreitung ihr Versäumnis zu begründen und den noch benötigten Zeitbedarf offenzulegen; beides hat erfahrungsgemäss einen nicht zu unterschätzenden (positiven) Einfluss auf behördliches Verhalten[511].

---

[509] Immerhin bringen sanktionslose Fristvorgaben den Vorteil mit sich, dass allfällige Fristüberschreitungen eine Verletzung des Rechtsverzögerungsverbots darstellen, was dem Privaten – zumindest theoretisch – eine leichtere gerichtliche Durchsetzbarkeit ermöglicht. Vgl. dazu JÖRG PAUL MÜLLER, S. 505, sowie vorne FN 468.

[510] Da das Instrument der Genehmigungsfiktion zu viele rechtsstaatliche Defizite aufweist und zudem nicht dem schweizerischen Rechtsverständnis entspricht (vgl. vorne VI.B.2.a.), stand es hier zu Lande auch nie ernsthaft zur Diskussion.

[511] In Art. 3 Abs. 4 der – unlängst erlassenen – Verordnung über Ordnungsfristen für die Behandlung von Gesuchen in erstinstanzlichen wirtschaftsrechtlichen Verfahren vom 17. November 1999 (SR 172.010.14; AS 1999, 3472 ff.) findet sich das hier propagierte Sanktionierungsmodell, wobei allerdings eine Begründungs- und Mitteilungspflicht nur besteht, wenn die gesuchstellende Person ein entsprechendes Begehren stellt. Diese Verordnung, welche insbesondere einfachere und schnellere Bewilligungsverfahren bezweckt, findet auf die bodenbezogenen Entscheidverfahren keine Anwendung, da die mit dem Koordinationsgesetz eingeführten Fristbestimmungen vorgehen (Art. 1 Abs. 3 der Verordnung über Ordnungsfristen für die Behandlung von Gesuchen in erstinstanzlichen wirtschaftsrechtlichen Verfahren; BBl 2000, 1011 f.). Vgl. dazu auch hinten VII.B. sowie MARTI, Bundeskoordinationsgesetz, S. 308 f.

VII. Abschliessende Würdigung

A. Das Bundesgesetz über die Koordination und Vereinfachung von Entscheidverfahren

Abschliessend soll eine Gesamtwürdigung des Bundesgesetzes über die Koordination und Vereinfachung von Entscheidverfahren vorgenommen werden. Dabei ist an erster Stelle festzuhalten, dass das neue Koordinationsgesetz – als bisher wohl umfangreichstes Reformvorhaben des Bundes im Bereich des Planungs-, Bau- und Umweltrechts – einen gelungenen legislatorischen Beitrag zur verfahrensrechtlichen Koordination, Vereinfachung und Beschleunigung darstellt, weil sich die Eidgenössischen Räte in gut schweizerischer Manier für eine *pragmatische und ausgewogene gesetzgeberische Lösung* entschieden haben.

Entsprechend der Zielsetzung wurden mit dem Koordinationsgesetz teilweise radikale verfahrensrechtliche Änderungen vorgenommen. Trotzdem liess sich der Bundesgesetzgeber nicht zu einseitigen und wenig durchdachten verfahrensrechtlichen Massnahmen hinreissen, welche bisher erreichte Errungenschaften – wie etwa Vorkehren zum Schutz der natürlichen Lebensgrundlagen – in Frage gestellt hätten. Vielmehr zeigten die Eidgenössischen Räte das notwendige Fingerspitzengefühl, indem sie dem im Rahmen des Koordinationsgesetzes neu eingeführten Konzentrationsmodell mit Anhörungsverfahren ein wirksames Bereinigungsverfahren sowie einen stark verbesserten Rechtsschutz für die Verfahrensbetroffenen zur Seite stellten, um den geäusserten Befürchtungen der Vernachlässigung von Schutzinteressen hinreichend Rechnung zu tragen. Aber auch bei der Zusammenlegung von erstinstanzlichen gestaffelten Verfahren sowie bei den Fristvorgaben liess sich der Bundesgesetzgeber von einer – zumindest in den Grundzügen – ausgewogenen Verfahrensausgestaltung leiten. Diese Ausgewogenheit dürfte ein wesentlicher Grund dafür sein, dass dem Koordinationsgesetz weder auf parlamentarischer Ebene noch ausserparlamentarisch nennenswerter Widerstand erwachsen ist. In diesem Sinn verdient das von Nationalrat Eymann (LPS) anlässlich der Eintretensdebatte zum neuen Koordinationsgesetz abgegebene Votum vollumfänglich Unterstützung:[512]

> "Wir möchten für dieses unspektakuläre, aber wichtige Gesetzeswerk bestens danken und auch auf die Sorgfalt hinweisen, die hier juristisch gewaltet hat."

Diese grundsätzliche Zustimmung zum Bundesgesetz über die Koordination und Vereinfachung von Entscheidverfahren bedeutet allerdings nicht, dass keinerlei Kritik abgebracht wäre. Ein Punkt betrifft die *Einheitlichkeit der Rechtsordnung*. Mit dem neuen Koordinationsgesetz wurde insbesondere eine Eliminierung von historisch gewachsenen, aber sachlich nicht (mehr) gerechtfertigten verfahrensrechtlichen Unterschieden angestrebt. Dementsprechend wählten die Eidgenössischen Räte für sämtliche vom Koordinationsgesetz erfassten Entscheidverfahren das Konzentrationsmodell mit Anhörungsverfahren und legten die erstinstanzlichen gestaffelten Verfahren soweit als möglich nach einheitlichen Kriterien zusammen. Demgegenüber wichen sie – ohne sachliche Notwendigkeit – im Bereich des Rechtsschutzes sowie bei den Fristvorgaben teilweise vom Prinzip der Einheitlichkeit der Rechtsordnung ab[513]. Dies ist zu bedauern, da sich der (Bundes-)Gesetzgeber uneingeschränkt an letzterem Prinzip orientieren sollte[514].

---

[512] Amtl.Bull. NR 1999, 53.
[513] Zu den Einzelheiten vgl. vorne III.D., IV.E., V.F. sowie VI.E.
[514] Vgl. in diesem Zusammenhang auch SCHMITZ, S. 180 f., welcher darauf hinweist, dass die verfahrensrechtliche Harmonisierung nie Selbstzweck sein dürfe und die Einheitlichkeit der Rechtsordnung noch keine Gewähr für Qualität und Sachgerechtigkeit biete. Jedoch müsse der Zersplitterung des Verfahrensrechts dort entgegengewirkt werden, wo keine sachlichen Gründe für die unterschiedlichen Regelungen erkennbar seien, weil eine solche unbegründete Verfahrensvielfalt sowohl bei Behörden wie auch Privaten zu Unsicherheiten und potenziellen Fehlerquellen sowie zu einem erhöhten Zeitbedarf führe.

VII. Abschliessende Würdigung

Ein weiterer Kritikpunkt betrifft die *Kurzlebigkeit der heutigen Gesetzgebung*. Sowohl der Bundesrat als auch die Eidgenössischen Räte müssen sich vorhalten lassen, dass sie in der neueren Gesetzgebung verschiedene verfahrensrechtliche Modelle und Massnahmen begrüssten bzw. einführten und mit dem neuen Koordinationsgesetz – mithin bereits nach wenigen Jahren – wieder ablehnten bzw. aufhoben[515]. Diese wenig beständige Entwicklung lässt sich nicht mit dem Hinweis auf den schnellen Wandel der heutigen Zeit rechtfertigen. Vielmehr haben sich Bundesrat und Parlament dieser Schnelllebigkeit und der damit verbundenen Kurzsichtigkeit unterworfen, ohne dass dafür zwingende Gründe vorgelegen hätten. Zu fordern ist deshalb, dass sich die Gesetzgebung wieder vermehrt mit den Grundsätzen der Ausgestaltung der Rechtsordnung beschäftigt und dadurch auch den wichtigen Aspekten der Rechtssicherheit und Rechtsbeständigkeit Genüge leistet[516]. Ob dies mit der neuen Verfahrensordnung nach dem Bundesgesetz über die Koordination und Vereinfachung von Entscheidverfahren erfolgt ist oder bloss eine weitere Normierung von kurzer Geltungsdauer geschaffen wurde, bleibt abzuwarten.

Schliesslich betrifft ein Kritikpunkt die *Rechtsetzungstechnik*. Mit dem neuen Koordinationsgesetz wurden in sieben Bundesgesetze weitgehend identische Bestimmungen über das Plangenehmigungsverfahren aufgenommen, was m. E. wenig befriedigt[517]. Unter rechtsetzungstechnischen Gesichtspunkten wäre vielmehr eine einheitliche Regelung des Plangenehmigungsverfahrens in einem neu zu schaffenden, selbständigen „Bundesgesetz über die bodenbezogenen Entscheidverfahren" angezeigt

---

[515] Zu den Einzelheiten vgl. vorne III.D. sowie VI.E.
[516] Vgl. in diesem Zusammenhang auch GEORG MÜLLER, N 16, sowie LENDI, S. 27 f. und 30, welcher insbesondere kritisiert, dass sich gesetzgeberische Diskussionen heutzutage vielfach einseitig an der Effizienzfrage orientierten und dabei der Frage nach den sachlichen Gründen und dem Mass zu wenig Beachtung geschenkt werde.
[517] Zu den Einzelheiten vgl. vorne IV.E.

gewesen[518]. Neben der offiziellen Argumentation haben sich Bundesrat und Parlament in ihrem Entscheid zu Ungunsten einer solchen einheitlichen Regelung wohl auch von der Überlegung leiten lassen, dass sie sich mit der Schaffung eines neuen Bundesgesetzes dem Vorwurf der „Anheizung der Regelungsflut" ausgesetzt hätten.

Ein solches neues Bundesgesetz, welches die bodenbezogenen Entscheidverfahren einheitlich regelte, hätte allerdings eine echte Deregulierung bedeutet, weil die nunmehr in den verschiedensten Gesetzen verstreuten Verfahrensbestimmungen in einem Erlass zusammengefasst worden wären, was zu einer merklichen quantitativen Entlastung der Spezialgesetze geführt hätte. Zudem hätten in das neue Bundesgesetz gleichzeitig auch die Bestimmungen über das Anhörungs- und Bereinigungsverfahren sowie diejenigen über die Fristvorgaben integriert werden können[519], womit eine übersichtliche sowie einheitliche Regelung der bodenbezogenen Entscheidverfahren getroffen worden wäre. In die einzelnen Spezialgesetze wäre jeweils nur noch ein Verweis auf das „Bundesgesetz über die bodenbezogenen Entscheidverfahren" aufzunehmen gewesen, wobei den – durchaus bestehenden – sachgebietsspezifischen Eigenheiten mittels Sonderregelungen in den Spezialgesetzen hätte Rechnung getragen werden können[520]. Ein solches rechtsetzungstechnisches Vorgehen hätte nicht

---

[518] Allenfalls hätte auch in einem bereits bestehenden Erlass eine einheitliche Regelung des Plangenehmigungsverfahrens getroffen werden können.

[519] Diese Bestimmungen fanden im Rahmen des Koordinationsgesetzes Aufnahme in das Regierungs- und Verwaltungsorganisationsgesetz (RVOG), was als gesetzgeberische Verlegenheitslösung zu qualifizieren ist. Zu den Einzelheiten vgl. vorne III.C.3.a. sowie VI.D.

[520] Mit dem *Instrument der Verweisung* wäre nicht etwa rechtsetzungstechnisches Neuland betreten, sondern vielmehr bewährte Tradition fortgesetzt worden. So finden sich gerade in den vom Koordinationsgesetz erfassten Spezialgesetzen oftmals Verweise auf das Verfahren nach Enteignungsgesetz, und zwar sowohl nach bisher geltendem wie auch nach neuem Recht (vgl. etwa Art. 39 Abs. 1 aNSG und Art. 26a NSG; vgl. auch vorne IV.B.2.). Berechtigt wären Einwände gegen die vorgeschlagene spezialgesetzliche Aufnahme von Verweisen allerdings insoweit, als dadurch Dop-

VII. Abschliessende Würdigung   211

nur unnötige gesetzgeberische Doppelspurigkeiten verhindert, sondern
diente auch der Entlastung allfälliger zukünftiger Gesetzgebungsprojekte,
indem sich Revisionsarbeiten auf die Änderung des „Bundesgesetzes über
die bodenbezogenen Entscheidverfahren" beschränken könnten, womit
insbesondere die Gefahr der Durchbrechung der verfahrensrechtlichen
Einheitlichkeit im politischen Prozess gebannt bzw. verringert würde.
Umgekehrt könnten auch weitere, nicht vom neuen Koordinationsgesetz
erfasste Spezialgesetze durch die einfache Aufnahme eines Verweises auf
das „Bundesgesetz über die bodenbezogenen Entscheidverfahren" einheitlich nach der verfahrensrechtlichen Konzeption gemäss Koordinationsgesetz ausgestaltet werden. Der Bundesgesetzgeber hat diesen Weg
jedoch nicht beschritten, was – als rechtsetzungstechnische Unergiebig-
keit – zur Folge hat, dass dem Koordinationsgesetz entsprechende Verfahrensbestimmungen in das jeweilige Spezialgesetz aufgenommen werden müssen, wie dies etwa im Vernehmlassungsentwurf zu einem Kernenergiegesetz (E-KEG) vom 6. März 2000 geschehen ist[521].

B. Ausblick

Die gesetzgeberische Entwicklung, wie sie insbesondere mit der Teilrevision des Raumplanungsgesetzes vom 6. Oktober 1995 eingeläutet und mit
dem Bundesgesetz über die Koordination und Vereinfachung von Entscheidverfahren fortgesetzt wurde, dürfte noch nicht ihren endgültigen
Abschluss gefunden haben. Vielmehr deutet einiges darauf hin, dass sich

---

pelverweisungen entstünden (das Spezialgesetz verweist auf das „Bundesgesetz
über die bodenbezogenen Entscheidverfahren", welches wiederum auf das Enteignungsgesetz verweist). Im Interesse der Übersichtlichkeit müssten solche Doppel-
verweisungen so weit als möglich vermieden werden, was etwa durch eine partielle
Zusammenlegung des „Bundesgesetzes über die bodenbezogenen Entscheidverfahren" mit dem Enteignungsgesetz erreicht werden könnte. Zum Rechtsetzungsin-
strument des Verweises vgl. auch GEORG MÜLLER, N 305 ff.
[521] Zu den Einzelheiten vgl. vorne III.B.3., III.C.3.a. sowie IV.B.2.

die politischen Instanzen dem nach wie vor bestehenden Handlungsbedarf bewusst sind und diesbezüglich Abhilfe schaffen wollen.

So unterzog der Bundesrat – im Interesse der Deregulierung und administrativen Entlastung von Industrie und Gewerbe – sämtliche wirtschaftsrechtlichen Verfahren einer umfassenden Überprüfung und unterbreitete dem Parlament im Verlauf des Jahrs 1999 zwei entsprechende Berichte, in welchen nicht nur verfahrensrechtliche Problemstellungen und Verbesserungsmöglichkeiten aufgezeigt werden, sondern auch eine Darstellung bereits realisierter Massnahmen erfolgt[522]. Dabei werden insbesondere die Rechtsanpassungen, wie sie mit dem Koordinationsgesetz stattfanden, als *vorbildliche Regelungsmodelle für andere Bereiche wirtschaftsrechtlicher Verfahren* angeführt[523], weshalb die im Bundesgesetz über die Koordination und Vereinfachung von Entscheidverfahren getroffenen Verfahrenslösungen in weiteren Reformvorhaben ihren Niederschlag finden dürften.

Weiter hat Nationalrat Hegetschweiler (FDP) im Herbst 1998 eine von 41 Nationalräten mitunterzeichnete parlamentarische Initiative eingereicht, wonach ein Bundesrahmengesetz zur *Vereinheitlichung der Begriffe, Messweisen und Verfahren im kantonalen und kommunalen Baurecht* geschaffen werden soll. Zur Begründung wurde im Wesentlichen

---

[522] Bericht des Bundesrates über ein Inventar und eine Evaluation der wirtschaftsrechtlichen Verfahren in der Bundesgesetzgebung vom 17. Februar 1999 (BBl 1999, 8387 ff.); Bericht des Bundesrates über Massnahmen zur Deregulierung und administrativen Entlastung vom 3. November 1999 (BBl 2000, 994 ff.). Vgl. in diesem Zusammenhang auch die Verordnung über Ordnungsfristen für die Behandlung von Gesuchen in erstinstanzlichen wirtschaftsrechtlichen Verfahren vom 17. November 1999 (SR 172.010.14; AS 1999, 3472 ff.; vgl. auch vorne VI.E.) sowie MARTI, Bundeskoordinationsgesetz, S. 308 ff.
[523] Vgl. etwa BBl 1999, 8395, 8432 f., 8453, 8457 ff., 8563, 8567 und 8571; BBl 2000, 1011 f. und 1017 f. Gleichzeitig wird in beiden Berichten darauf hingewiesen, dass sich bei

VII. Abschliessende Würdigung

angeführt, dass die 26 verschiedenen kantonalen Planungs- und Baugesetze und das Vielfache an kommunalen Bau- und Zonenordnungen ein weltweit einzigartiges Spektrum von baurechtlichen Normen mit sich bringen würden, was u. a. zu einer erheblichen Verteuerung der Bautätigkeit in der Schweiz führe[524].

In der Herbstsession 1999 wurde diese parlamentarische Initiative vom Nationalrat behandelt. Dabei wies die vorberatende Kommission in ihren Erwägungen darauf hin, dass ein solches Bundesrahmengesetz nicht ohne Erweiterung der verfassungsmässigen Kompetenzen des Bundes geschaffen werden könne, da nach geltender Rechtslage die Kantone für den Bereich der Baupolizei zuständig sind[525]. Allerdings habe der Bund – im Rahmen seiner bestehenden Kompetenzen – mit der Teilrevision des Raumplanungsgesetzes vom 6. Oktober 1995, dem Erlass des Koordinationsgesetzes sowie dem vor seiner parlamentarischen Verabschiedung stehenden Bauproduktegesetz[526] bereits wichtige Schritte vollzogen. Weiter seien auf kantonaler Ebene Bestrebungen im Gange, mittels Konkordaten das öffentliche Baurecht zu vereinheitlichen. Vor diesem Hinter-

---

den bodenbezogenen Entscheidverfahren keine grundsätzlichen Neuerungen aufdrängen.

[524] Parlamentarische Initiative 98.439 vom 9. Oktober 1998 (abgedruckt in Amtl.Bull. NR 1999, 1964 f.). In diesem Sinn äusserte sich auch Ständerat Bisig (FDP) anlässlich der Eintretensdebatte zum neuen Koordinationsgesetz (Amtl.Bull. StR 1998, 1063).

[525] Vgl. dazu die Bestimmung von Art. 75 Abs. 1 BV (Art. 22^{quater} Abs. 1 aBV), nach welcher dem Bund nur im Bereich der Raumplanung, nicht aber in demjenigen des öffentlichen Baurechts eine Grundsatzgesetzgebungskompetenz zukommt. Vgl. auch vorne FN 94.

[526] Das Bundesgesetz über Bauprodukte (Bauproduktegesetz, BauPG) vom 8. Oktober 1999 regelt das Inverkehrbringen von Bauprodukten, welche zum dauerhaften Einbau in Werke des Hoch- oder Tiefbaus hergestellt wurden (Art. 1 Abs. 1 i. V. m. Art. 2 lit. a BauPG). Das Bauproduktegesetz wurde am 26. Oktober 1999 im Bundesblatt publiziert (BBl 1999, 8758 ff.); bei Redaktionsschluss dieser Arbeit war die Inkraftsetzung noch ausstehend.

grund stellte die vorberatende Kommission in Frage, ob das propagierte Bundesgesetz mit dazu gehöriger Verfassungsänderung das notwendige und richtige Instrument zur Rechtsvereinheitlichung sei. Der Grossen Kammer wurde deshalb vorgeschlagen, anstelle der parlamentarischen Initiative eine offener formulierte Motion zur Vereinheitlichung des Baurechts zu überweisen, was vom Plenum relativ knapp gutgeheissen wurde[527].

Dem Ständerat ging allerdings auch der Motionstext noch zu weit, weshalb er die Motion anlässlich ihrer parlamentarischen Beratung in der Frühjahrssession 2000 in ein Postulat umwandelte. Die Standesvertreter wiesen darauf hin, dass es sich beim Baurecht um eine kantonale Aufgabe handle, welche einer bundesrechtlichen Vereinheitlichung weder bedürfe noch zugänglich sei. Aus diesem Grund müsse einer Regelung auf Konkordatsstufe der Vorzug gegeben werden. Mit dem Instrument des Postulats könne der Bundesrat nach einer gewissen Zeit Bericht erstatten, ob die Bemühungen der Kantone zum Ziel führten oder ob allenfalls seitens des Bundes Empfehlungen, Richtlinien oder Mustererlasse zur Vereinheitlichung des Baurechts auszuarbeiten seien[528].

Diese Ausführungen lassen erkennen, dass die Harmonisierung des öffentlichen (kantonalen) Baurechts kein leichtes Unterfangen sein dürfte,

---

[527] Amtl.Bull. NR 1999, 1965 ff. Mit 69 zu 64 Stimmen wurde der parlamentarischen Initiative Hegetschweiler keine Folge gegeben. Gleichzeitig wurde jedoch die Motion UREK-NR 98.439 vom 7. September 1999 mit folgendem Wortlaut überwiesen (Amtl.Bull. NR 1999, 1970): „Der Bundesrat wird beauftragt, geeignete Massnahmen zur Vereinheitlichung der kantonalen und kommunalen Bauvorschriften zu treffen. In Zusammenarbeit mit den Kantonen und einer repräsentativen Vertretung von Gemeinden und grossen Städten soll bis Ende 2005 eine Vereinheitlichung insbesondere bezüglich der Begriffe und der Messweisen erreicht werden." Es fällt auf, dass im Motionstext die Vereinheitlichung des kantonalen Bauverfahrensrechts keine explizite Erwähnung findet.
[528] Amtl.Bull. StR 2000, 42 ff.

VII. Abschliessende Würdigung

zumal die Meinungen über das gesetzgeberische Vorgehen angesichts der bestehenden föderalistischen Strukturen weit auseinander gehen. Immerhin besteht eine weitgehende politische Einigkeit, dass eine *formelle Vereinheitlichung des kantonalen Baurechts* im Sinn einer Harmonisierung der Begriffe, Messweisen und Verfahren angezeigt ist[529]. Eine solche formelle Harmonisierung könnte dabei insbesondere auch die in den letzten Jahren in den Kantonen erfolgten Bemühungen zur verfahrensrechtlichen Koordination, Vereinfachung und Beschleunigung auf einen gemeinsamen Nenner bringen und allenfalls sogar mit den im neuen Koordinationsgesetz festgelegten Grundsätzen abstimmen, womit die Verfahrensvielfalt und -divergenz nicht nur in horizontaler, sondern auch in vertikaler Hinsicht abgebaut würde.

Was den Weg zu diesem Ziel betrifft, so sollte – entgegen der in den Eidgenössischen Räten vielfach geäusserten Ansicht – eine *bundesrechtliche Lösung* angestrebt werden, welche die Harmonisierungsgrundsätze gesamtschweizerisch und zwingend festlegt. Wohl bedingt dieses Vorgehen eine Verfassungsänderung[530], doch sind die Kompetenzverschiebung und der damit verbundene Zeitbedarf in Kauf zu nehmen, weil einer Konkordatslösung bzw. einer Statuierung unverbindlicher Empfehlungen, Richtlinien oder Mustererlasse der gravierende Nachteil anhaftet, dass keine Gewähr für eine einheitliche Umsetzung in sämtlichen Kantonen besteht. Angesichts der erfolgreich in die Wege geleiteten Justizreform, welche u. a. eine Vereinheitlichung des Zivil- und Strafprozessrechts bringt, dürfte auch der Zeitpunkt günstig sein, eine bundesrechtliche Lösung,

---

[529] In der Lehre wird eine Harmonisierung des kantonalen Baurechts schon seit längerem gefordert. Vgl. etwa MARTI, Verfahrensvereinfachung, S. 76 f., sowie SCHWEIZER, Verwaltungsprozessrecht, S. 199 ff., welcher sich allerdings in allgemeiner Weise mit der Vereinheitlichung des öffentlichen Verfahrensrechts auseinander setzt.

[530] Vgl. dazu FN 525.

welche zumindest teilweise an den Grundfesten der föderalistischen Ordnung rüttelt, voranzutreiben[531].

Allerdings sollte der Gesetzgeber sein Augenmerk nicht nur auf die Vereinheitlichung von Begriffen, Messweisen und Verfahren richten, sondern in grundsätzlicher Weise für eine verbesserte *Harmonisierung des materiellen Planungs-, Bau- und Umweltrechts* sorgen. Diesem Aspekt ist bisher zu wenig Bedeutung zugemessen worden, obwohl gerade darin eine der Hauptursachen für das teilweise Ungenügen des Verfahrensrechts liegt. Letzteres stellt immer nur ein Abbild der materiellrechtlichen Ordnung dar, weshalb verfahrensrechtliche Massnahmen zur Koordination, Vereinfachung und Beschleunigung allfällige materiellrechtliche Defizite weder abzuändern noch zu überwinden vermögen. Somit ist der Gesetzgeber gefordert, das materielle Planungs-, Bau- und Umweltrecht nach sachlich oder politisch nicht (mehr) gerechtfertigten Divergenzen zu durchforsten und diesbezüglich Abhilfe zu schaffen[532].

---

[531] Die mit der Justizreform angestrebte Vereinheitlichung des Zivil- und Strafprozessrechts (vgl. Art. 122 Abs. 1 und Art. 123 Abs. 1 BV) ging ohne nennenswerte Nebengeräusche über die politische Bühne, was angesichts des bisher mühevollen und langwierigen Wegs zur Realisierung dieses Vorhabens alles andere als selbstverständlich erscheint. Eine nicht zu unterschätzende Rolle spielte dabei wohl die Einsicht, dass die im Prozessrecht nach wie vor bestehende kantonale Vielfalt insbesondere aufgrund der immer häufigeren Eingriffe von Bundesgesetzgeber und Bundesgericht weitgehend ihre sachliche Begründung verloren hat. Für die Harmonisierung im Zivilprozessrecht vgl. etwa OSCAR VOGEL, Grundriss des Zivilprozessrechts und des internationalen Zivilprozessrechts der Schweiz, 6. Auflage, Bern 1999, S. 57 ff., insb. 79 ff.

[532] In diesem Sinn auch MARTI, Gesetzgebung, S. 19 f.; SCHMITZ, S. 176 f. Vgl. dazu auch vorne V.C.3.

Sachregister

A

Anhörungsverfahren	I.D.; II.C.2.c.; II.C.3.; II.D.2.; II.D.3.; III.B.3.a.; III.C.; III.D.; V.B.1.c.; V.B.2.a.; V.F.; VI.D.; VI.E.; VII.A.
Arbeitsgesetz	II.D.3.
Atomenergie	siehe *Kernenergie*
Auflageprojekt	II.C.2.d.
Aufschiebende Wirkung	V.D.
Aufsichtsbeschwerde	VI.B.1.c.
Ausnahmekatalog	V.B.1.b.; V.B.3.; V.F.
Aussteckung	IV.A.

B

Bahn 2000	II.C.2.c.
Baukonzession	IV.C.3.; V.E.
Baupolizei	VII.B.
Bauproduktegesetz	VII.B.
Bauten und Anlagen	I.A.; I.C.; II.A.; II.C.1.; II.C.5.; II.C.6.; II.D.1.; III.B.3.b.; III.C.3.a.; IV.C.; V.B.1.b.; V.B.1.c.; V.B.2.b.; V.B.3.; V.E.; V.F.; VI.C.; VI.D.
Begriff	I.D.; II.D.3.; III.B.1.; III.B.3.a.; IV.B.; V.C.1.; V.C.2.a.; VI.B.1.a.; VI.B.2.; VI.D.; VII.B.
Behandlungsfristen	siehe *Fristvorgaben*
Behördenbeschwerde	IV.D.3.; V.C.1.; V.C.2.
Bereinigung	II.D.2.; II.D.3.; III.B.3.a.; III.C.2.c.; III.C.3.a.; III.C.3.c.; III.D.; V.C.2.c.; VII.A.

Bereinigungsverfahren	siehe *Bereinigung*
Beschleunigung	I.B.; I.C.; II.C.1.; II.C.2.c.; II.C.6.; III.A.; III.C.3.b.; IV.A.; IV.B.2.; V.A.; V.B.1.b.; V.B.1.c.; V.B.2.a.; V.B.3.; V.C.2.b.; V.C.2.c.; V.D.; V.E.; V.F.; VI.; VII.A.
Beschleunigungsgebot	VI.B.1.
Beschwer	V.C.2.
Beschwerde an den Bundesrat	II.C.2.b.; V.B.1.b.; V.B.3.; V.C.1.
Beschwerdelegitimation	II.C.4.; V.C.; VI.B.2.a.
Beschwerderecht	V.C.; V.D.; V.F.
Betrieb eines Flughafens	IV.C.3.
Bewilligungshoheit	I.C.; II.B.1.; II.C.6.; II.D.1.; II.D.2.; III.B.2.c.; III.D.; V.B.1.b.; V.E.
Bewilligungsverfahren	I.A.; II.A.; II.C.3.; II.C.4.; II.C.6.; III.B.; V.B.1.b.; V.C.3.; V.E.
Bodenbezogene Entscheidverfahren	I.B.; I.C.; II.C.1.; II.D.2.; III.B.2.c.; III.D.; IV.A.; IV.C.3.; V.B.1.b.; V.B.2.a.; V.B.3.; VI.C.; VI.D.; VII.
Bund	I.C.; II.B.; II.C.3.; II.D.2.; II.D.3.; IV.C.1.; IV.D.; V.B.1.a.; V.B.1.b.; V.C.2.c.; VI.C.; VI.D.; VII.B.
Bundesaufgabe	IV.D.2.; IV.D.3.; V.C.2.b.
Bundesgericht	II.B.; II.C.6.; III.B.2.a.; III.C.2.a.; III.C.3.c.; IV.D.1.; V.B.1.a.; V.B.1.b.; V.B.2.a.; V.B.2.b.; V.B.3.; V.C.2.a.; V.C.2.b.; V.C.3.; V.D.; V.F.; VI.B.1.b.; VI.D.
Bundesinventar	IV.D.3.
Bundessubvention	siehe *Subventionsverfahren*
Bundesverwaltungsgericht	V.B.2.a.; V.D.; V.F.

C

Chrüzlen I	II.B.3.; III.B.2.a.; IV.D.1.; V.B.1.a.

D

Datenschutz	II.D.3.
Demokratie	V.E.
Deregulierung	II.C.1.; IV.E.; VII.A.
Detailprojektgenehmigung	IV.C.1.
Differenz	III.C.3.c.

E

Einheit der Materie	II.D.3.
Einheitlichkeit der Rechtsordnung	III.B.1.a.; III.D.; IV.E.; V.B.1.b.; V.F.; VI.E.; VII.A.
Einspracheverfahren	V.C.2.b.; V.D.
Einvernehmensverpflichtung	III.C.1.
Eisenbahn	I.C.; II.C.2.; II.D.2.; II.D.3.; III.B.2.b.; III.C.2.b.; III.D.; IV.B.1.; V.A.; V.B.1.b.; V.B.1.c.; V.B.2.b.; V.B.3.; V.C.2.c.; V.E.; V.F.; VI.C.; VI.E.
Eisenbahn-Nebenanlage	III.C.2.c.; V.C.2.c.
Elektrische Anlage	II.D.2.; III.B.3.a.; IV.B.2.; V.B.3.
Enteignung	II.A.; II.C.2.; II.D.2.; IV.B.; IV.C.1.; V.B.1.b.; V.B.3.; VII.A.
Enteignungsverfahren	siehe *Enteignung*
Entlastung des Bundesgerichts	V.B.2.a.
Entschädigung	siehe *Prozessentschädigung*
Entscheidungsfrist	VI.B.2.c.; VI.C.; VI.D.
Entscheidungskonzentration	III.B.1.c.; IV.A.
Erteilung des Enteignungsrechts	IV.B.2.
Expropriation	siehe *Enteignung*

F

Fachbehörde	I.D.2.; II.D.2.; III.B.3.a.; III.C.; V.B.1.c.; V.C.2.c.; VI.B.2.a.; VI.D.
Fernmeldewesen	V.B.2.b.
Fiktion	siehe *Genehmigungsfiktion*
Flugfeld	siehe *Flugplatz*
Flughafen	siehe *Flugplatz*
Flugplatz	I.C.; II.C.3.; IV.C.3.; V.B.1.c.; V.B.3.; V.D.; V.E.; V.F.
Flugplatz-Nebenanlage	III.C.2.c.; V.C.2.c.
Föderalismus	VII.B.
Formelle Beschwer	siehe *Beschwer*
Formelle Koordination	siehe *Koordination*
Formelle Rechtsverweigerung	VI.B.1.a.
Fristarten	VI.B.2.
Fristvorgaben	I.C.; II.C.1.; II.C.2.c.; II.C.6.; II.D.2.; II.D.3.; III.C.3.b.; VI.; VII.A.
Fuss- und Wanderweggesetz	V.C.1.; V.C.2.b.

G

Gabelung des Rechtswegs	V.B.1.b.; V.B.3.
Gemeinde	II.C.2.; II.C.4.; IV.A.; IV.D.2.; V.C.1.; V.C.2.b.; V.C.2.c.
Gemeindebeschwerde	siehe *Behördenbeschwerde*
Genehmigungsfiktion	VI.B.2.a.; VI.C.; VI.D.; VI.E.
Gesamtentscheid	I.D.2.; II.D.2.; III.B.2.c.; III.B.3.; III.B.3.b.; III.C.1.
Gesetz	I.C.; II.B.3.; V.B.1.a.; VI.D.; VI.E.
Gesetzeskonkurrenz	III.A.
Gewässerschutz	I.A.; II.C.3.; III.B.2.b.; III.C.2.b.; V.C.2.c.
Grenzkraftwerk	IV.C.1.
Grossprojekt	I.C.; II.C.2.c.; II.D.1.; IV.C.3.; V.E.

H

Harmonisierung	I.A.; II.B.1.; II.C.4.; II.D.2.; III.B.3.b.; III.D.; IV.B.2.; IV.C.3.; IV.E.; V.B.1.a.; V.B.2.a.; V.C.1.; V.C.2.b.; V.C.2.c.; V.C.3.; V.F.; VII.
Hierarchieprinzip	III.C.3.c.
Hochspannungsleitung	II.A.

I

IDAG	siehe *Interdepartementale Arbeitsgruppe*
Ideelle Verbandsbeschwerde	siehe *Beschwerderecht*
Ideeller Verband	siehe *Umweltorganisation*
Informelle Differenzbereinigung	III.C.3.c.
Infrastrukturprojekt	siehe *Grossprojekt*
Inkraftsetzung	II.D.4.
Instanzenzug	siehe *Rechtsmittelweg*
Integrale Behördenbeschwerde	V.C.2.b.; V.C.2.c.
Interdepartementale Arbeitsgruppe	II.D.1.; II.D.2.
Interessenabwägung	II.B.2.; III.B.3.a.; III.C.1.; IV.B.2.; VI.B.2.a.
Inventar	siehe *Bundesinventar*

K

Kanton	I.C.; II.B.; II.C.2.; II.C.3.; II.C.6.; II.D.3.; III.B.2.b.; III.B.3.b.; III.C.2.c.; III.C.3.c.; IV.A.; IV.C.1.; IV.D.; V.B.1.a.; V.B.1.b.; V.C.2.a.; V.C.2.c.; VI.C.; VI.D.; VII.B.
Kantonsbeschwerde	siehe *Behördenbeschwerde*
Kernenergie	II.D.2.; III.B.3.b.; III.C.3.a.; IV.B.2.; V.B.2.b.; V.E.; VII.A.

Killerentscheid	III.C.1.
Kognition	V.B.2.a.; V.F.
Kommunikationskommission	III.B.3.a.
Kompetenzattraktion	V.B.1.b.; V.B.3.
Kompetenzverlagerung	III.B.3.a.
Konkordat	VII.B.
Konzentrationsbehörde	I.D.2.b.; II.C.6.; II.D.2.; III.B.1.c.; III.B.2.c.; III.B.3.a.; III.C.; IV.B.2.; V.B.1.b.; V.B.1.c.; V.B.2.a.; V.C.2.c.; VI.D.
Konzentrationsmodell	I.D.; II.B.3.; II.C.2.c.; II.C.3.; II.C.4.; II.C.6.; II.D.2.; II.D.3.; III.B.; III.D.; IV.A.; V.B.1.; V.B.2.a.; V.F.; VII.A.
Konzession	II.C.3.; II.D.2.; IV.C.; V.F.
Konzessionsverfahren	siehe *Konzession*
Koordination	I.B.; I.C.; II.B.; II.C.6.; II.D.; III.A.; III.C.; III.D.; IV.A.; IV.D.1.; V.A.; V.B.1.a.; V.B.1.b.; V.C.2.b.; V.C.2.c.; V.C.3.; V.E.; V.F.; VII.A.
Koordinationsmodell	I.D.; II.B.3.; II.C.6.; III.B.1.b.; III.B.2.a.; III.B.2.b.; V.B.1.b.
Koordinationspflicht	I.D.2.; II.B.; III.C.2.a.; IV.D.1.; V.B.1.a.
Kosten	siehe *Prozesskosten*
Kreditbewilligungsverfahren	IV.D.1.
Kurzlebigkeit der Gesetzgebung	III.D.; VII.A.

L

LA	siehe *Leitender Ausschuss*
Landumlegungsverfahren	II.C.2.c.; V.B.3.
Legalitätsprinzip	IV.A.
Leitbehörde	siehe *Konzentrationsbehörde*
Leitender Ausschuss	II.D.1.

Sachregister 225

Luftfahrt	II.C.3.; III.B.2.b.; III.C.2.b.; III.D.; IV.C.3.; V.B.1.c.; V.B.3.; V.C.2.c.; V.F.

M

Mantelerlass	II.D.2.; II.D.3.; III.B.3.b.; III.D.; V.B.2.a.
Masseneinsprachen	V.E.
Materielle Beschwer	siehe *Beschwer*
Materielle Koordination	siehe *Koordination*
Materielles Recht	III.A.; III.B.3.b.; III.C.; V.C.2.b.; V.C.3.; V.E.; V.F.; VII.B.
Maximalfrist	VI.B.2.b.; VI.C.; VI.D.
Melioration	IV.D.2.; IV.D.3.
Militär	II.C.5.; III.B.2.b.; III.B.3.b.; III.C.2.b.; III.D.; IV.B.1.; V.B.1.b.; V.B.1.c.; V.B.2.b.; V.B.3.; V.E.; V.F.
Militärische Bauten und Anlagen	siehe *Bauten und Anlagen*
Missbräuchliche Beschwerde	V.D.

N

Nachträgliche Einsprache	IV.B.2.
Nationalstrasse	I.C.; II.C.2.d.; II.D.2.; II.D.3.; IV.B.1.; V.B.3.; V.E.
Natur- und Heimatschutz	II.C.2.d.; II.C.4.; IV.D.2.; IV.D.3.; V.C.
NEAT	II.C.2.d.
Nebenbewilligungsbehörde	siehe *Fachbehörde*
New Public Management	VI.A.
Normalfrist	III.C.3.b.; VI.B.2.b.; VI.C.; VI.D.; VI.E.
Normenkollision	III.A.

O

Öffentliche Auflage	II.C.2.b.; IV.A.
Öffentlicher Verkehr	V.B.3.; V.F.
Öffentlichkeitsarbeit	V.C.3.
Ordnungsfrist	VI.B.2.; VI.D.

P

Parlamentarische Beratung	II.D.3.
Personelle Zusammensetzung von Behörden	III.B.3.a.; V.B.2.a.
Plangenehmigungsverfahren	II.A.; II.C.2.; II.C.3.; II.C.4.; II.D.2.; III.B.3.b.; IV.; V.B.1.b.; V.B.3.; VII.A.
Popularbeschwerde	V.C.2.a.
Postgesetz	V.B.2.b.; V.B.3.; V.F.
Projektgenehmigungsverfahren	IV.B.1.
Projektspezifische Arbeitsgruppe	II.D.1.
Projektunterlagen	IV.C.1.
Prozessentschädigung	V.D.
Prozesskosten	V.D.
Prozessökonomie	II.C.2.c.; V.C.2.b.; VI.A.
Publikation	II.C.4.; II.D.4.; IV.A.; V.C.2.b.; V.C.2.c.

Q

Querulatorische Beschwerde	V.D.
Quorum	V.C.3.

R

Rahmenkonzession	IV.C.3.
Raumplanung	I.A.; II.C.2.d.; II.C.6.; III.B.2.b.; III.B.3.b.; V.B.1.b.; V.C.2.b.; V.C.3.; VI.B.2.a.; VI.C.; VI.D.; VI.E.; VII.B.
Rechtfertigungspflicht	VI.B.2.a.; VI.C.; VI.D.; VI.E.
Rechtliches Gehör	IV.A.; V.D.
Rechtsbeständigkeit	siehe *Rechtssicherheit*
Rechtsetzungstechnik	II.C.2.d.; III.C.3.a.; IV.E.; VI.D.; VII.A.
Rechtsgleichheit	III.B.1.b.; VI.B.1.c.; VI.C.; VI.D.
Rechtsmittelbehörde	siehe *Rechtsmittelinstanz*
Rechtsmittelinstanz	II.B.2.; II.C.2.c.; II.D.2.; II.D.3.; III.C.3.c.; V.B.; V.F.; VI.B.2.a.
Rechtsmittelweg	II.C.2.c.; II.D.2.; II.D.3.; V.B.; V.F.
Rechtsschutz	II.C.6.; II.D.2.; II.D.3.; III.B.3.a.; III.C.2.c.; III.C.3.c.; IV.B.2.; V.; VI.B.1.; VI.B.2.a.; VI.E.; VII.A.
Rechtssicherheit	II.D.4.; III.B.1.b.; IV.D.2.; V.C.2.c.; V.C.3.; V.F.; VI.C.; VI.D.; VII.A.
Rechtsverweigerung	VI.B.1.
Rechtsverzögerung	VI.B.1.; VI.C.; VI.D.; VI.E.
Rechtsverzögerungsbeschwerde	VI.B.1.c.
Rechtsweggarantie	V.B.3.
Referendum	V.E.
Regelfrist	siehe *Normalfrist*
Rekurskommission	II.D.2.; II.D.3.; V.B.1.c.; V.B.2.; V.B.3.; V.D.; V.F.
Richterliche Unabhängigkeit	V.B.2.a.
Rodung	II.A.; II.C.5.; II.D.2.; II.D.3.; III.C.2.c.
Rohrleitung	II.D.2.; IV.B.; IV.C.2.; V.B.3.

S

Sachliche Zuständigkeit	V.B.2.b.
Sanktionierung	III.C.3.b.; VI.B.2.a.; VI.C.; VI.D.; VI.E.
Schadenersatz	V.D.
Schätzungskommission	siehe *Schätzungsverfahren*
Schätzungsverfahren	II.C.2.; IV.B.
Schiedskommission	V.B.2.a.; V.D.
Seilbahn	II.D.2.
Separationsmodell	I.D.; III.B.1.a.; III.B.2.a.; III.B.2.b.
Spezialbewilligungsbehörde	siehe *Fachbehörde*
Spezialerlass	III.C.3.a.; III.D.; IV.A.; IV.B.2.; IV.C.; IV.E.; V.B.1.a.; V.B.2.a.; V.B.3.; V.D.; V.F.; VII.A.
Spezialgesetz	siehe *Spezialerlass*
Spezialverwaltungsgericht	V.B.2.a.
Staatshaftung	V.B.2.a.; V.D.; VI.B.1.c.; VI.B.2.a.
Stellungnahme	I.D.2.b.; II.C.2.b.; III.C.1.; III.C.2.c.; III.C.3.b.; IV.A.; IV.D.3.; VI.B.2.c.; VI.D.
Subventionsgesetz	IV.D.3.
Subventionsverfahren	II.C.4.; IV.D.
Suspensivwirkung	siehe *Aufschiebende Wirkung*
Symbolische Gesetzgebung	VI.B.2.b.; VI.E.
Systematik	III.C.3.a.; VI.E.

T

Terminologie	siehe *Begriff*
Touristische Transportanlage	II.D.2.

Sachregister 229

U

Umweltorganisation	II.C.2.c.; II.C.4.; IV.D.2.; V.C.; V.F.
Umweltschutz	I.A.; II.C.2.d.; II.D.2.; III.B.3.b.; III.C.2.b.; V.C.; VII.A.
Umweltverträglichkeitsprüfung	II.C.1.; II.C.2.c.; II.C.2.d.; III.C.2.b.; III.C.3.b.; IV.D.2.; IV.D.3.
Unabhängige Beschwerdeinstanz für Radio und Fernsehen	V.B.2.a.
Unechte Konzentration	III.B.1.c.

V

Verbandsbeschwerderecht	siehe *Beschwerderecht*
Vereinfachtes Verfahren	II.C.2.a.; III.C.3.b.; IV.A.; IV.C.1.; V.D.
Vereinfachung	I.B.; I.C.; II.C.2.c.; II.C.6.; III.A.; IV.A.; IV.E.; V.A.; V.B.1.b.; V.E.; V.F.; VII.A.
Vereinheitlichung	siehe *Harmonisierung*
Vereitelung von Bundesrecht	III.B.3.b.; V.C.2.b.; V.C.2.c.
Verfahrensausgestaltung	I.D.2.; III.; IV.; V.B.2.a.; VII.A.
Verfahrensbeschleunigung	siehe *Beschleunigung*
Verfahrensdauer	VI.
Verfahrenskonzentration	IV.A.; IV.C.
Verfahrensökonomie	siehe *Prozessökonomie*
Verfahrensvereinigung	siehe *Verfahrenszusammenlegung*
Verfahrenszusammenlegung	II.C.2.c.; II.C.5.; II.D.2.; II.D.3.; IV.; VII.A.
Verhandlungslösung	V.C.2.b.; V.C.3.
Verordnung	I.C.; II.C.1.; II.D.2.; II.D.4.; III.C.2.b.; IV.A.; IV.D.2.; IV.E.; V.C.1.; VI.D.; VI.E.
Verwaltungsgerichtsbeschwerde	II.C.2.; II.D.2.; II.D.3.; V.B.1.b.; V.B.1.c.; V.B.3.; V.C.1.; V.C.2.a.; V.D.; V.F.; VI.B.1.c.

Verwaltungsökonomie	siehe *Prozessökonomie*
Verweis	III.C.3.a.; VII.A.
Verwirkungsfrist	VI.B.2.; VI.D.
Vorprojekt	II.C.2.d.
Vorprüfungsverfahren	II.C.2.c; II.C.2.d.; VI.C.

W

Waldrodung	siehe *Rodung*
Wasserkraftwerk	II.D.2.; IV.C.1.
Wasserwirtschaft	IV.C.1.; V.B.2.b.
Weisung	III.C.3.c.
Widerspruchslosigkeit der Rechtsordnung	III.B.1.a.; V.B.1.b.
Wirkungsorientierte Verwaltungsführung	VI.A.

Z

Zeitlicher Aspekt der Koordination	III.A.
Zivilprozess	VI.E.; VII.B.
Zusammenlegung	siehe *Verfahrenszusammenlegung*
Zuständigkeitskonzentration	III.B.1.c.
Zuständigkeitsordnung	III.B.1.; III.B.3.a.; V.B.2.; VII.B.
Zustimmungsverfahren	I.D.; II.C.2.c; II.C.3.; II.C.4.; II.D.3.; III.C.1.; III.C.2.; III.D.